AF556606

Roland Voggenauer
Carsten Peters

64 Unsterbliche Schachpartien

Eine Sammlung schachlicher Kunstwerke aus 400 Jahren Schachgeschichte

Joachim Beyer Verlag

ISBN 978-3-95920-211-4

1. Auflage 2024

© by Joachim Beyer Verlag

Ein Imprint des Schachverlag Ullrich, Zur Wallfahrtskirche 5, 97483 Eltmann

Alle Rechte vorbehalten. Nachdruck, jegliche Vervielfältigung oder Fotokopie, sowie Übertragung in elektronische Medien, nur mit schriftlicher Zustimmung des Verlags.

Umschlagbild: Adobe Stock MYKHAILO

Herausgeber: Robert Ullrich

Inhalt

Vorwort

Eine Frage wollen wir direkt vorwegnehmen:

Warum sollten heute noch *Schachbücher* geschrieben werden?

Anders gefragt: Warum sollten sie *gelesen* werden?

Oder ganz allgemein gefragt: Warum sollten überhaupt noch Bücher zur Hand genommen werden?

Alles, was digitalisiert werden kann, ist im Netz abrufbar, oft sogar frei verfügbar – und das gilt nicht nur für Texte jeder Art, sondern auch für Musik und andere „Genuss"-Güter, also auch für Schachpartien.

An der Beantwortung dieser Fragen wollen wir uns gar nicht erst versuchen, sondern uns damit begnügen festzustellen, dass sie berechtigt sind, aber dass wir es dem geneigten Leser überlassen wollen, sich dazu eine Meinung zu bilden; und wenn jemand dieses Buch jetzt in Händen hält, dann sind wir uns fast sicher, dass er oder sie diese Fragen in unserem Sinne beantwortet hat.

Mit dieser Sammlung wollen wir nämlich den Spieler erreichen, der in erster Linie die Unterhaltung im Schachspiel sucht und den Genuss nachempfinden kann, den eine gute Partie den Nachspielenden bereitet. Wir sind der Meinung, dass dieser Genuss am ehesten unmittelbar am Brett erlebbar ist, mit der Bewegung echter Figuren auf einem wirklichen Schachbrett, daneben eine Tasse Kaffee oder Tee, ein Bier oder ein Glas Wein.

Mit anderen Worten: Wir richten uns an Leser und Schachspieler, die auch das *haptische* Erlebnis brauchen, um eine Schachpartie wirklich genießen zu können. Und dazu passt ein gut lesbares Buch besser als ein blinkender Bildschirm.

Zu dieser Zielgruppe der Genuss-Spieler mit einer Vorliebe für ein echtes Schachspiel gehören auch die Autoren selber, und damit einhergehend sehen wir als unsere Leser eher die begeisterten Laien als die abgeklärten Profis – oder die, die es werden wollen. Wir wenden uns explizit nicht (!) an die Analysten, die Schach am Rechner spielen und schematische Figuren auf 64 Feldern am Bildschirm verfolgen, wo die Stellungen immer wieder auf Knopfdruck oder Mausklick neu erzeugt, vor- und zurückgespult werden können. Dieses Buch ist nicht gedacht für jemanden, der sich in sich weit verästelnde Zugfolgen und Analysen vertiefen möchte, um gezielt die möglichst erfolgversprechendsten Strategien abzuleiten.

All das hat seinen Sinn und seine Berechtigung, und wer das sucht, der wird genau das in vielen Büchern und noch mehr Datenbanken finden. Wir aber glauben, dass diese Herangehensweise der Schönheit des Spiels der Schachgöttin Caissa nicht gerecht wird, weil sie eben auch nicht die tatsächliche Spiel-Situation abbildet. Wir plädieren dafür, die Partien so zu erleben wie sie in der Regel auch entstanden sind, nämlich an einem wirklichen Brett, wo es der Phantasie und dem Vorstellungsvermögen der Spieler überlassen ist, wie die nächsten 3 bis 5 Züge aussehen könnten, und wo dann das Gefühl für eine Stellung darüber entscheidet, in welche Abzweigung der imaginären Analyse man einbiegt.

Viel ist ja über die Wirkung des Schachspiels auf die geistige und auch die soziale Entwicklung, speziell bei Kindern, geschrieben worden. Wir sind davon überzeugt, dass sich diese positiven Effekte – auch bei Erwachsenen – am deutlichsten dann entfalten, wenn das Spiel auch sensorisch erlebt wird. Dass ein Brett und Figuren eine andere psychologische Wirkung erzeugen als Bildschirm und Tastatur, weiß sicher jeder aus Erfahrung. Und genau das nachzubilden, das ist unser Ansinnen. Daraus folgt fast zwingend, dass unsere Analysen und Kommentare sich auf eine überschaubar geringe und menschlich nachvollziehbare Zugtiefe beschränken müssen, und dass wir die Partien wiedergeben bis entweder der Mattzug erfolgt oder es wirklich eindeutig erkennbar ist, dass eine Stellung als verloren, gewonnen oder auch unentschieden – remis – bewertet werden kann.

Wir haben hier 64 Partien zusammengestellt, von denen wir glauben, dass sie einige der genialsten und schönsten Züge und Kombinationen der Schachgeschichte enthalten. Unsere Auswahl ist natürlich vollkommen subjektiv: Sie umfasst weder die wichtigsten Partien der Geschichte, noch finden wir hier ausschließlich die allergrößten Protagonisten des Schachs. Selbstverständlich sind einige der herausragendsten Partien der größten Meister des „königlichen Spiels" dabei – inklusive fast aller Weltmeister – doch wichtiger als die Namen der Spieler sind uns die Partien selbst. Nicht wenige sind darunter, die sogar eigene Namen führen, häufig aus dem Bereich der „Unsterblichkeit" oder mit Bezug zu einzelnen Ländern und Nationen. Über Sinn und Zweck solcher Attribute darf man natürlich geteilter Meinung sein, aber unseres Erachtens sind diese Titel meistens nicht ohne Grund vergeben worden, denn all diese Partien sind in der Tat Kunstwerke, die eine gesonderte Benennung verdienen, auch wenn sie eigentlich für sich selbst sprechen. Und um sie besser einordnen zu können, gehen wir ergänzend auch kurz auf die Biografien der jeweiligen SpielerInnen sowie die Umstände der Partien ein. Außerdem haben wir den einzelnen Kapiteln einen Überblick über die fünf Epochen vorangestellt, denen wir die 64 Partien zugeteilt haben.

Damit bleibt uns nur noch zu sagen, dass wir unseren Lesern und Leserinnen den gleichen Genuss am Brett wünschen, den wir bei der Zusammenstellung der Partien hatten.

Roland Voggenauer, Zürich

Carsten Peters, München

Liste der Partien

1. Alte Meister

2. Erste Profis

3. Neue Schulen

4. Neue Systeme

5. Neue Meister

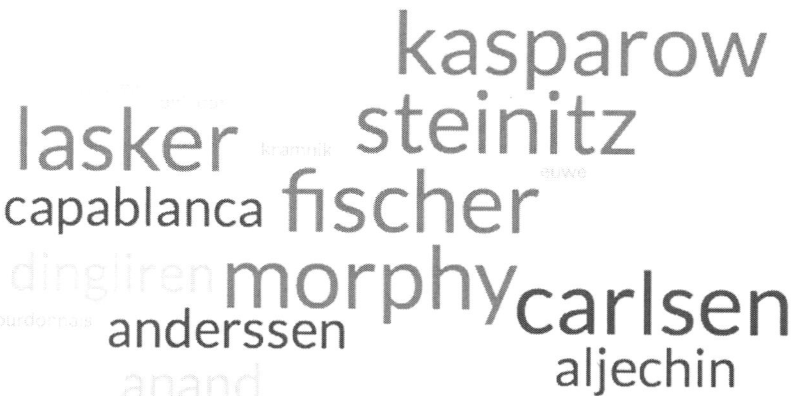

1. Alte Meister

0. Irgendwer – Irgendwer (überall, jederzeit)

1. Damiano – N.N. (Italien, 1520)

2. Ruy López – Bona da Cutro (Madrid, 1560)

3. Greco – N.N. (Italien, 1620)

4. Legall – St. Brie (Paris, 1750)

5. Bowdler – Conway (London, 1788)

6. Smith – Philidor (London, 1790)

Mit diesem ersten Kapitel wollen wir uns erstmal ein wenig „warmlaufen" bzw. die Finger lockern, indem wir uns ein paar Partien aus der Zeit vor 1800 anschauen werden. Diese Zeit darf man vielleicht als die Kindheitsjahre des modernen Schachs bezeichnen, denn sie war geprägt einerseits von der Entstehung der auch heute noch gültigen Regeln und andererseits von ersten Gehversuchen in Richtung einer systematischen Behandlung des Spiels.

Allerdings ist diese Zeit leider sehr arm an berühmten und wirklich guten Partien, was natürlich nicht heißt, dass es damals keine herausragenden Partien gegeben hat; nur wurden die allerwenigsten Partien davon notiert oder dokumentiert, so dass sie eben verloren gegangen sind. Zu den bekanntesten und interessantesten dürften die beiden letzten Partien in diesem Kapitel gehören, das wir ansonsten bewusst sehr kurzhalten werden.

Das Schachspiel, wie wir es kennen, entstand erst gegen Ende des 15. Jahrhunderts, und zwar im heutigen Spanien. Die nordafrikanischen Mauren hatten die iberische Halbinsel ab dem 10. Jahrhundert bevölkert und eine Vorläuferform des heutigen Schachspiels, genannt *Schatrandsch*, nach Europa gebracht. Die Wurzeln dieses Spiels reichen bis ins 6. Jahrhundert zurück. Aus Indien kommend war es über Persien und Arabien westwärts gewandert und natürlich im Laufe der Zeit in den verschiedenen Regionen und Kulturen immer wieder angepasst worden; so auch in Spanien, wo die wesentliche Neuerung schließlich in einer Änderung der Gangarten von Läufer und Dame bestand.

Vor diesem Hintergrund nimmt es nicht wunder, dass die besten Spieler in der Frühzeit des Schachs auf der iberischen Halbinsel zu finden waren. Einem davon werden wir in diesem Kapitel auch direkt begegnen, nämlich **Pedro Damiano**, dem wir das erste ernst zu nehmende Schachbuch Europas verdanken. Einem anderen Iberer werden wir im gesamten Buch immer wieder indirekt begegnen: **Ruy López**, einem spanischen Priester, auf den die „Spanische Eröffnung" zurückgeht.

Ab etwa 1600 setzen dann aber italienische Schachspieler die wesentlichen Akzente in der Weiterentwicklung des Spiels. Allen voran muss man hier den aus

Kalabrien stammenden **Gioachino Greco** nennen, den wir auch in diesem einführenden Kapitel noch sehen werden.

Aus dieser frühen Blütezeit der spanischen, oder eigentlich der iberischen, und italienischen Epoche sind naturgemäß leider sehr viel weniger Partien überliefert als aus späteren Epochen, und oft handelt es sich dabei höchstwahrscheinlich eher um „Studien“ als um wirkliche Partien. Diese dienten oft einfach der Darstellung überraschender Eröffnungsfallen, weswegen die betrachtete Zugfolge entsprechend relativ kurz ist. Diese Kategorie der Fallen im Frühstadium einer Partie ist äußerst umfangreich besetzt, und auch in der modernen Literatur finden wir dazu immer noch etliches Material dazu, das heute das gesamte Spektrum der Eröffnungstheorie abdeckt.

Demgegenüber behandelten die „alten Meister“ im Wesentlichen nur die klassischen Eröffnungen, die in der Zeit populär waren, nämlich besagte „Spanische“ und „Italienische“ Partie. Da diese allerdings auch heute noch viel gespielt werden, sind die „alten Schinken“ immer noch ein absolutes Muss und eine Quelle für ein besseres Spielverständnis, auch über die Eröffnungsphase hinaus. Gerade von Greco sind Dutzende Partien, Studien und Analysen tatsächlich gut dokumentiert und mit moderner Notation direkt nachspielbar. Ihn und seine Zeitgenossen zu studieren, dürfen wir wärmstens empfehlen, denn das vermittelt eine eher intuitive Herangehensweise an das Figuren- und Kombinationsspiel, im Gegensatz zum modernen Positionsspiel, das erst sehr viel später entwickelt wurde und auch schwieriger zu erlernen ist.

Nach den Italienern setzten sich ab etwa 1700 französische Spieler an die Spitze des europäischen Schachspiels. Dies lag zu einem großen Teil sicher daran, dass sich in Frankreich eine rege Schachszene in den Kaffeehäusern der Hauptstadt Paris bildete; vor allem im „**Café de la Régence**“ (s. Bild) fanden sich regelmäßig alle damaligen nationalen und internationalen Größen des Schachspiels ein.

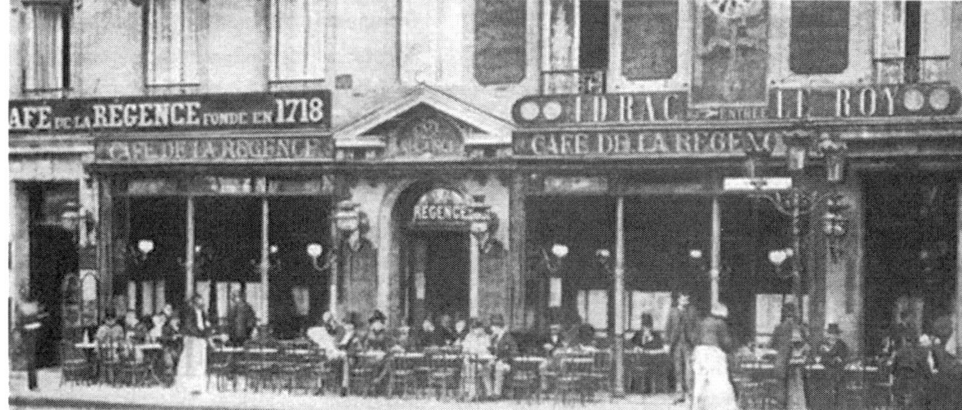

Zwei Namen, denen wir auch später wieder begegnen werden, sind hier zu nennen, nämlich **Philidor** und **La Bourdonnais**. Die beiden werden als erste inoffizielle

Weltmeister in der Geschichte des Schachs geführt, und sie sind dort ein- und ausgegangen.

Und nach den Franzosen kamen die Engländer, dann die Deutschen und schließlich die Russen, so dass Schach sich tatsächlich oft in und über einzelne Länder hinaus weiterentwickelt hat. Aber davon später mehr …

Partie 0

Irgendwer – Irgendwer

(überall, jederzeit)

Läuferspiel

An den Anfang unserer Sammlung stellen wir eine Partie, die man nicht datieren kann, die aber sicher aus der Frühzeit des Schachs stammt und wahrscheinlich auch heute noch häufig genauso gespielt wird. Sie endet mit einem klassischen Mattbild, dem sogenannten „**Schäfermatt**“, dem die meisten Spieler wahrscheinlich ganz am Anfang ihrer Karriere begegnet sein dürften. Deswegen steht es auch hier am Anfang – allerdings als „Nummer Null“ und damit außer Konkurrenz zu den anderen 64 Partien.

1. e2–e4 e7–e5

2. Lf1–c4 Sb8–c6

3. Dd1–f3?! ...

Zunächst zielt der weiße Läufer allein auf den Schwachpunkt f7, und anschließend gesellt die Dame sich dazu, was insgesamt die Mattdrohung ausmacht. Schwarz könnte natürlich leicht parieren, zieht aber falsch, nämlich:

3. ... d7–d6?

Was folgt, ist der Dolchstoß, nämlich das Matt durch:

4. Df3xf7#

Warum die Zugfolge „**Schäfermatt**“ heißt, ist nicht wirklich klar; in anderen Sprachen verwendet man „Schüler“- oder „Kindermatt“, was die Sache eher trifft.

Selbstverständlich kann das Bild auch durch eine abgewandelte Reihenfolge der Züge entstehen, und mit einem Zug mehr kann auch Schwarz den weißen König in ähnlicher Manier schachmatt setzen. Noch schneller als durch das Schäfermatt kann das Spiel durch das sogenannte „***Narrenmatt***“ beendet werden:

1. f2–f3 e7–e5

2. g2–g4? Dd8–h4#

Hier muss der Name nicht weiter erklärt werden, denn es ist das schnellstmögliche Matt, auf das wahrscheinlich nur ein „Narr“ hereinfällt. Es kann schon im zweiten Zug erfolgen, weil Weiß als Anziehender auch den ersten Fehler machen kann.

Und tatsächlich ist es in verschiedenen, allerdings subtileren Varianten, noch bis in moderne Zeiten überliefert; in einer Partie aus dem Jahr 1924 geschah zum Beispiel:

1. d2–d4 Sg8-f6

2. Sb1-d2 e7-e5

3. d4xe5 Sf6-g4

4. h2-h3? Sg4-e3

Der Springer greift die hoffnungslos eingeschlossene Dame an. Nach ...

5. f2xe3 ...

... kommt das Motiv des Narrenmatts zum Tragen mit ...

5. ... Dd8-h4+

... und das Matt folgt direkt darauf.

Partie 1

<u>Damiano</u> – N.N.

(Rom, 1520)

Damiano Verteidigung

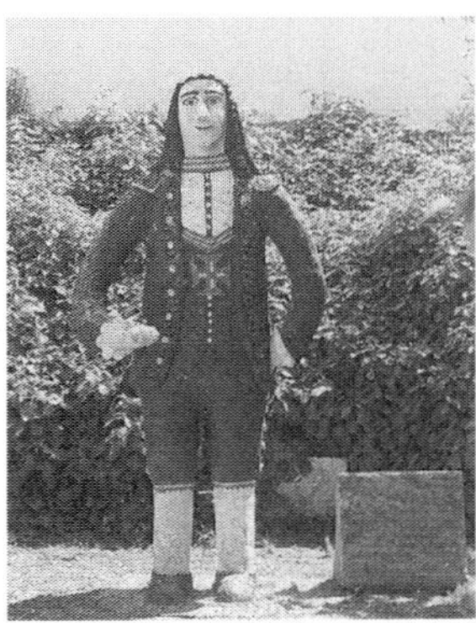

Pedro Damiano war ein Apotheker aus Portugal, der wegen seiner jüdischen Herkunft aus seiner Heimat fliehen musste. Zuflucht fand er im damaligen Italien, wo er vermutlich gegen 1544 starb; und mehr ist über sein Leben praktisch nicht bekannt. Er hinterließ uns allerdings das zweite Schachbuch der Geschichte. Darin analysiert er eine Reihe von Kompositionen und Partieanfängen, also Eröffnungen, und formuliert allgemeine Stellungsratschläge, die man auch heute noch beherzigen darf. Seine Heimatstadt Odemira hat ihm sogar ein Denkmal gesetzt.

Die Partie hier findet sich in seinem besagten Buch und mündet in ein witziges Matt mit Läufer und Bauer.

1. e2-e4 e7-e5

2. Sg1-f3 f7-f6?

Dieser Zug von Schwarz ist ein untauglicher Versuch, den Bauern auf e5 gegen den Angriff des Springers zu decken. Diese Verteidigung wurde zwar nach Damiano benannt, aber er selbst hat sie weder aufgebracht noch empfohlen – im Gegenteil: Tatsächlich wurde sie schon in einem früheren Lehrbuch, nämlich dem ersten historischen Schachbuch von Lucena, genannt und widerlegt.

3. Sf3xe5 f6xe5??

Und das ist jetzt schon ein grober Schnitzer! Mit dem Gegenangriff auf den Springer durch 3. ... De7 hätte Schwarz den Schaden begrenzen können, so aber öffnet er den Königsflügel weit und ermöglicht es damit der weißen Dame, dort mit Macht einzufallen.

4. Dd1-h5+ ...

Dieses Schachgebot wird uns in ähnlicher Form auch in vielen anderen Partien begegnen. Hier würde nun nach 4. ... g6 die Dame den Bauern auf e5 mit Schach schlagen und dann den Turm h8 erobern. Also muss der schwarze König ziehen ...

4. ... Ke8-e7

5. Dh5xe5+ Ke7-f7

... und einmal herausgelockt, kann er durch weitere Schachgebote eingekesselt werden.

6. Lf1-c4+ d7-d5

7. Lc4xd5+ Kf7-g6

8. f2-f4? ...

Streng genommen hätte Weiß hier besser 8. h4 gezogen, aber nach dem Textzug ist die Drohung 9. f5+ schön zu sehen, und die beantwortet Schwarz mit der Schaffung eines „Schlupflochs" für den König.

8. ... h7-h6?

9. f4-f5+ Kg6-h7

10. Ld5-f7 ...

Jetzt droht 11. Lg6#, und das „Schlupfloch" entpuppt sich als „Mausefalle". Mit 8. ... h5 hätte Schwarz sich mehr Platz schaffen können. So aber muss er das Feld g6 decken und weiteren Raum für den Rückzug schaffen.

10. ... Sg8-e7

11. De5-g3 ...

Droht das Damenopfer 12. Dg6+ und das Matt durch 13. fxg6# an.

11. ... Sb8-c6?

Der Zug hilft natürlich gar nicht gegen die Drohung. Stattdessen wäre 11. ... Dd6 gefragt gewesen, aber mit dem Springerzug ist die Sache vorbei.

12. Dg3-g6+ Se7xg6

13. f5xg6#

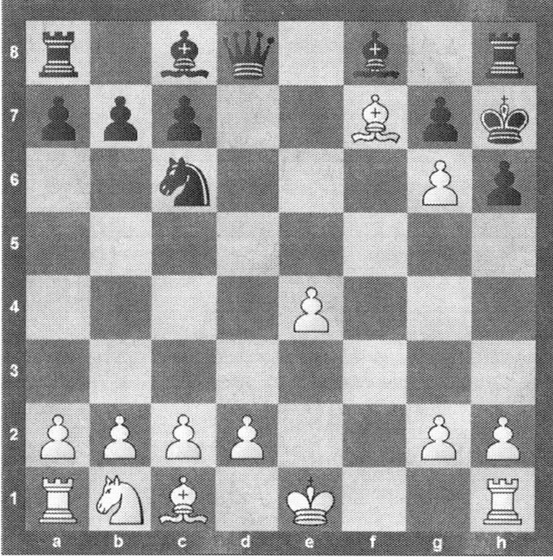

Partie 2

<u>Ruy López</u> – Bona da Cutro

(Madrid, 1560)

Königsgambit

Ruy López de Segura, geboren um 1530 im Süden Spaniens, lebte als Priester am Hofe Philipp des Zweiten in Madrid, wo er sich einen Ruf als guter Schachspieler erarbeitete. Er bereiste u.a. Italien, wo er auf das zitierte Werk von Damiano stieß. Dieses hielt er jedoch für dringend verbesserungswürdig, und so hinterließ auch er uns einen Schachbuchklassiker, in dem er u.a. die nach ihm benannte „Spanische Eröffnung" analysierte. Er starb etwa 1580.

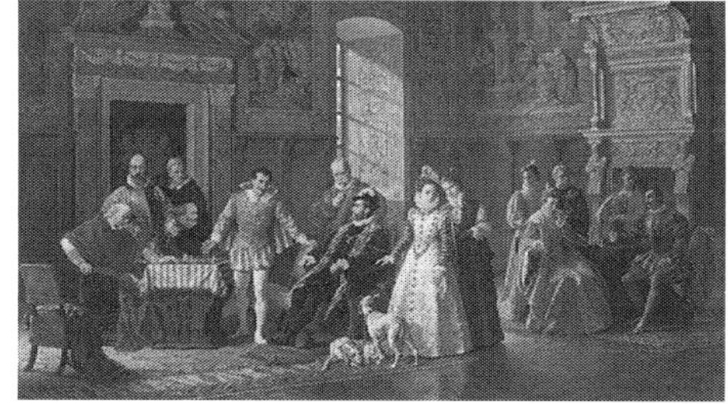

Giovanni Leonardo di Bona da Cutro, geboren 1542 in Kalabrien, war einer der stärksten Spieler seiner Zeit. Seine Schachreisen führten ihn durch Italien und bis nach Frankreich und Spanien, wo er 1575 das erste internationale Turnier von Madrid gewann und auch Ruy López besiegte. Er starb etwa 1597.

Das Bild zeigt die beiden bei oder nach einer Partie am spanischen Hof: Ruy López, sitzend, sinniert über die Stellung, die Giovanni di Bona, stehend, dem König erläutert.

1. e2-e4 e7-e5

2. f2-f4 d7-d6?!

Das Königsgambit, das Schwarz ruhig mit 2. ... exf4 hätte annehmen können, aber Giovanni bleibt passiv und deckt den angegriffenen e-Bauern.

3. Lf1-c4 c7-c6?!

4. Sg1-f3 Lc8-g4?

Weiß hat zwei normale Entwicklungszüge gemacht, Schwarz bereitet offenbar b5 vor und fesselt den Springer als Deckung für e5, aber das ist schlecht berechnet, denn wenn Weiß jetzt den schwarzen König nach f7 locken kann, ...

5. f4xe5 d6xe5

6. Lc4xf7+ Ke8xf7

... dann kann er ihn dort einem weiteren Schachgebot aussetzen, ...

7. Sf3xe5+ Kf7-e8

8. Dd1xg4 ...

... das die Fesselung des Springers elegant überwindet. Und nach diesen Abtauschen ist die Stellung schon verloren, denn mit zwei Bauern weniger steht der schwarze König fast „nackt" vor den beiden weißen Angreifern. Es droht 9. De6+, wogegen er sich nur unzureichend verteidigen kann.

8. ... Sg8-f6

9. Dg4-e6+ Dd8-e7

Und dann kann Weiß das gleiche Motiv der „Hinlenkung" – diesmal mittels eines Damentauschs – nochmal anwenden.

10. De6-c8+ De7-d8

11. Dc8xd8+ Ke8xd8

Jetzt hat er den schwarzen König nach d8 geschickt, wo er der Springergabel ausgesetzt wird.

12. Se5-f7+

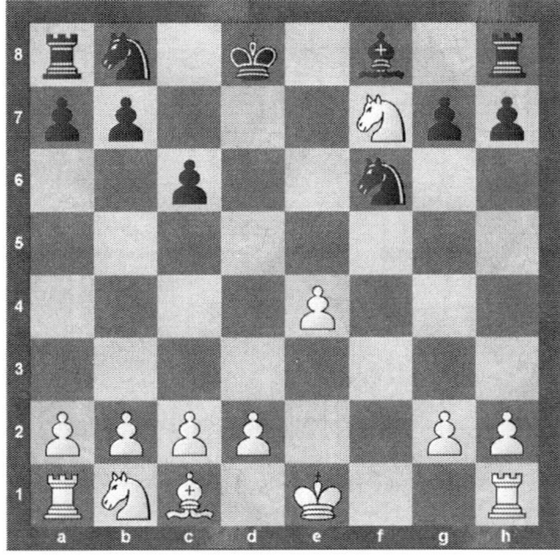

Und nach diesen beiden kleinen Kombinationen mit jeweils ähnlichem Motiv gewinnt Weiß die Qualität und sollte dann auch keine Probleme mehr haben, die Partie zu gewinnen.

Es könnte folgen:

12. ... Ke8 13. Sxh8 Sxe4 14. 0-0 Sd6 15. Te1+ Le7 16. d4, wonach dann 17. Lg5 droht. Nach z.B. 16. ... h6 wäre 17. Sg6 entscheidend.

Partie 3

<u>Greco</u> – N.N.

(Italien, 1620)

Unregelmäßig

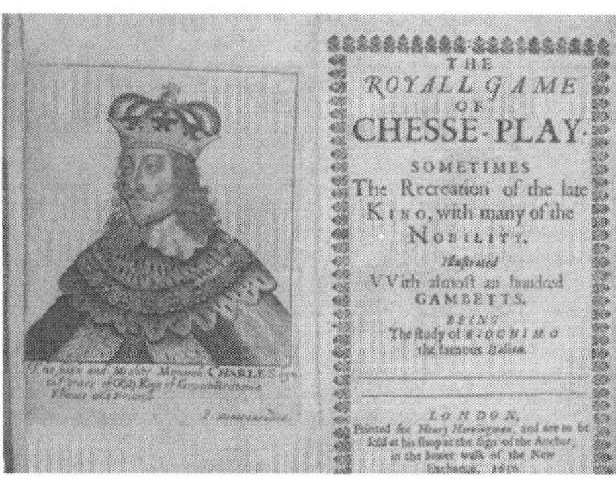
THE ROYALL GAME OF CHESSE-PLAY.

SOMETIMES The Recreation of the late KING, with many of the NOBILITY.

With almost an hundred GAMBETTS.

LONDON,

Gioachino Greco war der bedeutendste Schachspieler des frühen 17. Jahrhunderts. Geboren um 1600 in Kalabrien, betrat er knapp 20-jährig die Schachbühne in Rom, setzte sich schnell an die Spitze der damaligen Szene in Italien und später auch im restlichen Europa. Er starb in jungen Jahren schon 1634, aber er hat uns ein Schachbuch hinterlassen, das seinerzeit bahnbrechend war und heute zu den Schachbuchklassikern gerechnet werden muss. Es enthält eine Sammlung von Partien, die allesamt um das Jahr 1620 herum datiert sind und viele überraschende Kombinationen aufzeigen.

Die folgende Partie stammt aus diesem Buch und endet mit einem Schlussbild, das als „**Grecos Matt**" auch in anderen Lehrbüchern geführt wird.

1. e2-e4 b7-b6

2. d2-d4 Lc8-b7

Weiß besetzt das Zentrum, Schwarz versucht, es mit dem Läufer zu attackieren, der auch schon auf die absehbare weiße Rochadestellung zielt.

3. Lf1-d3 f7-f5

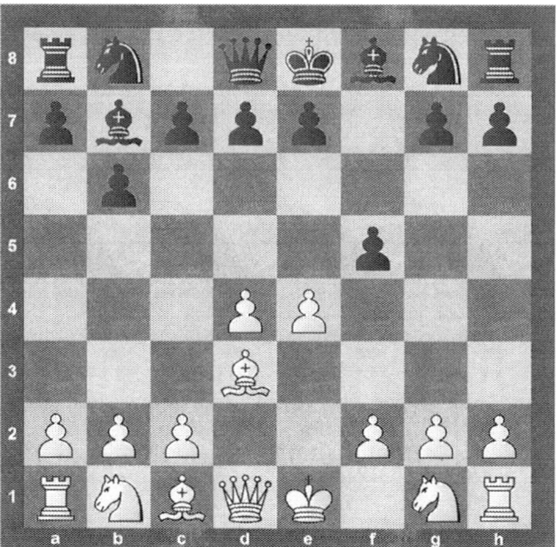

Beide Seiten versuchen, Kontrolle über das Zentralfeld e4 zu erlangen. Schwarz hält seinen Bauern f5 für praktisch unschlagbar, da er den e-Bauern angesichts der Bedrohung des Bauern g2 durch den Läufer auf b7 als gefesselt ansieht. Dies aber ist nicht ganz richtig.

4. e4xf5 Lb7xg2

5. Dd1-h5+ ...

Schlagartig folgt ein bedrohliches Schachgebot, gegen das es nur einen Zug gibt.

5. ... g7-g6

Den Bauern kann Weiß jedoch aus dem Weg räumen.

6. f5xg6 ...

Nun droht Matt nach Abzug des g-Bauern, was Schwarz zunächst noch entkräften kann ...

6. ... Sg8-f6

... aber davon unbeeindruckt opfert Weiß die Dame ...

7. g6xh7+ Sf6xh5

... und setzt matt durch den Läufer:

8. Ld3-g6#

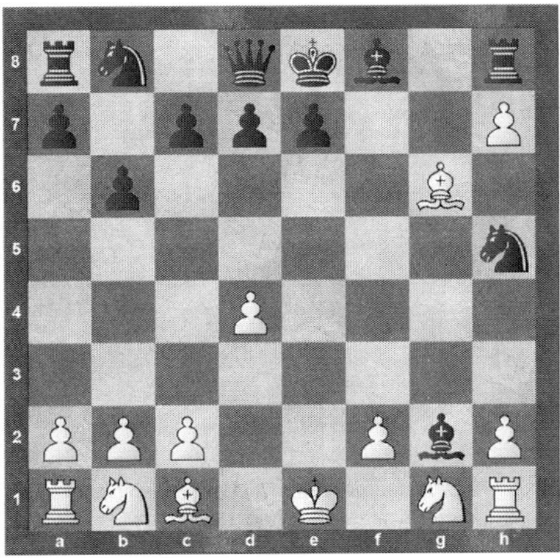

Ein Matt, das an das Narrenmatt erinnert.

Partie 4

Legall –St. Brie

(Paris, 1750)

Läuferspiel

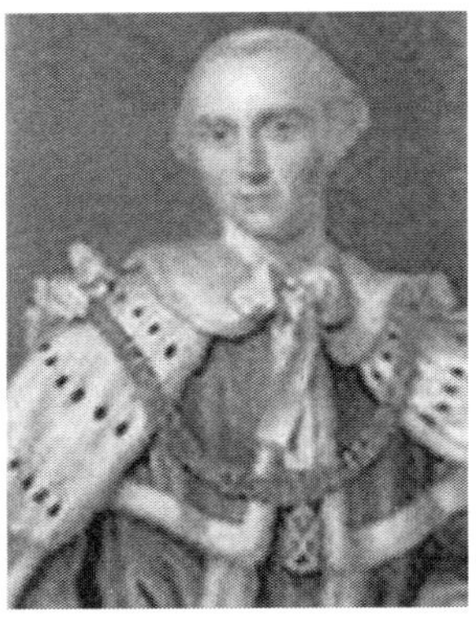

François Antoine de Legall *(*1702 bis 1792) kann man als einen der ersten französischen Schachprofis ansehen, denn er spielte bis ins hohe Alter im berühmten Pariser „Café de la Régence" um Wetteinsätze. Dort muss er auch auf Philidor (s. Partie 6) getroffen sein, dessen Lehrer er wurde und hinter dem er dann später jahrelang die Nummer Zwei in Frankreich blieb. Im Gegensatz zu seinem berühmten Schüler hat er uns aber – außer der hier gezeigten – keine weiteren Partien hinterlassen.

Sein Gegenüber, **Chevalier de St. Brie,** blieb der Nachwelt ansonsten unbekannt.

Die folgende Partie ist höchstwahrscheinlich in den 50er Jahren des 18. Jahrhunderts im Café de la Régence gespielt worden und hat Legall berühmt gemacht, denn ihr abschließendes Mattbild trägt seinen Namen: **Legalls Matt**. Da die Partie in der Operette „Der Seekadett" als Lebendschachpartie aufgeführt wurde, ist das Mattbild bei uns unter dem Namen „**Seekadettenmatt**" bekannt. Sie ist ein schönes Beispiel für eine Eröffnungsfalle, die – frei nach dem Motto „Wer anderen eine Grube gräbt, ..." – auch nach hinten losgehen kann.

1. e2–e4	**e7–e5**
2. Lf1–c4	**d7–d6**
3. Sg1–f3	**Sb8–c6**
4. Sb1–c3	**Lc8–g4**

Die ersten Züge drehen sich um das Feld e5. Der schwarze Bauer wird vom Springer angegriffen, und dies versucht Schwarz dadurch zu parieren, dass der Springer durch den Läufer an die Dame gefesselt wird. Das allerdings wird von Weiß ignoriert, d.h. er opfert die Dame.

5. Sf3xe5?	**...**

Und das ist eigentlich ein grober Fehler, denn mit 5. ... Sxe5 hätte Schwarz jetzt eine Figur gewinnen und den Läufer auf g4 decken können, aber Legall rechnete natürlich damit, dass der Chevalier der Versuchung nicht würde widerstehen können, und er behielt recht.

5. ...	**Lg4xd1??**

Nach diesem gierigen Zugriff auf die weiße Dame ist die Partie zwingend verloren, denn jetzt wird der schwarze König Opfer der drei weißen Leichtfiguren.

6. Lc4xf7+	**Ke8–e7**
7. Sc3–d5#	

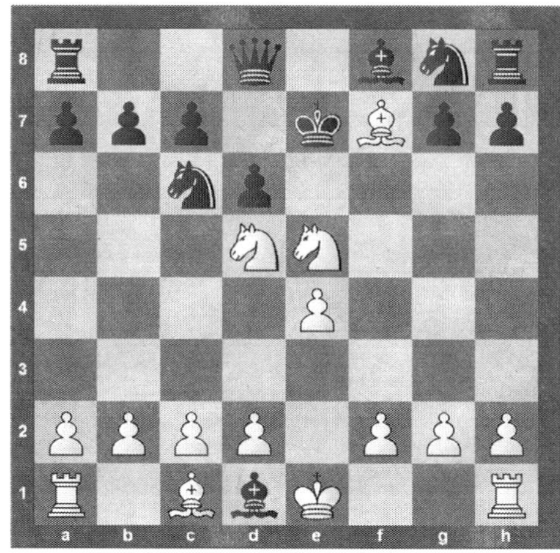

Von diesem Mattmotiv gibt es zahlreiche Varianten. In dieser hier macht Schwarz im 5. Zug den entscheidenden Fehler, die Dame zu schlagen. Bei korrektem Spiel hätte er relativ sicher die gesamte Partie für sich entschieden, denn der Überlieferung nach hatte Legall seinem Gegner sogar einen Turm vorgegeben. Und wahrscheinlich erklärt das, warum er die gewagte Falle stellte.

Partie 5

<u>Bowdler</u> – Conway

(London, 1788)

Läuferspiel

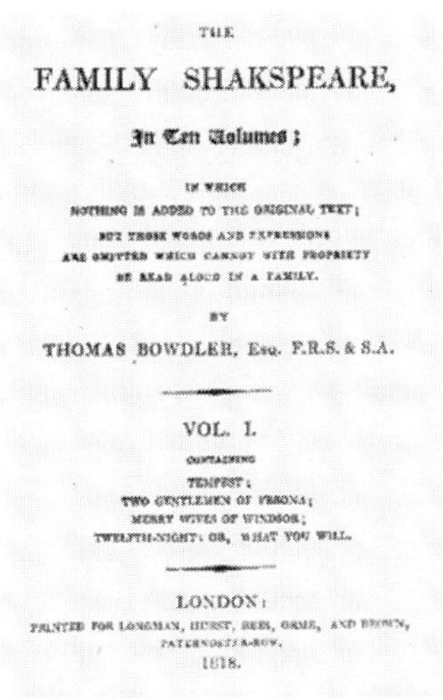

THE

FAMILY SHAKSPEARE,

In Ten Volumes;

IN WHICH
NOTHING IS ADDED TO THE ORIGINAL TEXT;
BUT THOSE WORDS AND EXPRESSIONS
ARE OMITTED WHICH CANNOT WITH PROPRIETY
BE READ ALOUD IN A FAMILY.

BY

THOMAS BOWDLER, Esq. F.R.S. & S.A.

VOL. I.

CONTAINING
TEMPEST;
TWO GENTLEMEN OF VERONA;
MERRY WIVES OF WINDSOR;
TWELFTH-NIGHT: OR, WHAT YOU WILL.

LONDON:
PRINTED FOR LONGMAN, HURST, REES, ORME, AND BROWN,
PATERNOSTER-ROW.
1818.

Thomas *Bowdler* (1754 – 1825) war ein englischer Arzt, der zu Lebzeiten dadurch Aufsehen erregte, dass er eine „jugendfreie“ Version der Werke von William Shakespeare veröffentlichte, einen „Familien-Shakespeare“. Dafür erntete er jedoch mehr Belustigung als Achtung. Letztere erlangte er eher durch seine Schachpartien, von denen er einige gegen den damals stärksten Schachspieler der Welt, den Franzosen Philidor (s. Partie 6), spielte.

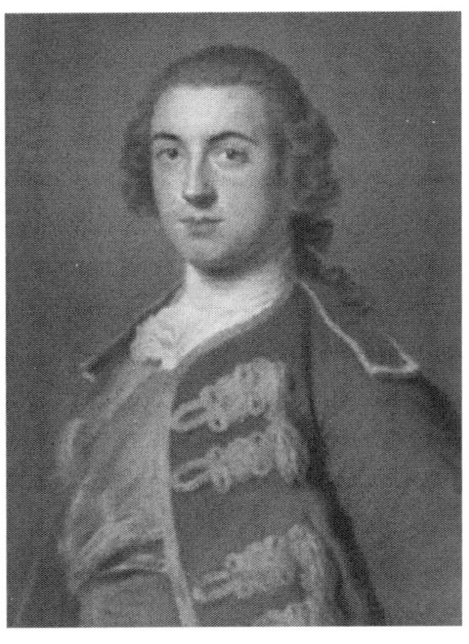

Henry *Conway* *(1719 – 1795)* war ein unbekannter Schachamateur, aber ein bekannter britischer General und Politiker.

Die folgende Partie gewann Bowdler spektakulär nach einem doppelten Turmopfer.

1. e2–e4	**e7-e5**
2. Lf1-c4	**Lf8-c5**

Das ist das klassische Läuferspiel.

3. d2-d3	**c7-c6**
4. Dd1-e2	**d7-d6**

Beide Seiten entwickeln sich zunächst langsam, aber dann öffnet Weiß die Stellung mit dem Vormarsch des f-Bauern.

5. f2-f4	**e5xf4**
6. Lc1xf4	**Dd8-b6**

Die Dame bedroht gefährlich den Bauern b2 und dann auch den Turm auf a1, was Weiß mit 7. Lb3 hätte abwehren können. Außerdem wird auch der Springer auf g1 attackiert. All das scheint Weiß nicht zu kümmern: Statt zu verteidigen, bereitet er den Angriff vor.

7. De2-f3? Db6xb2

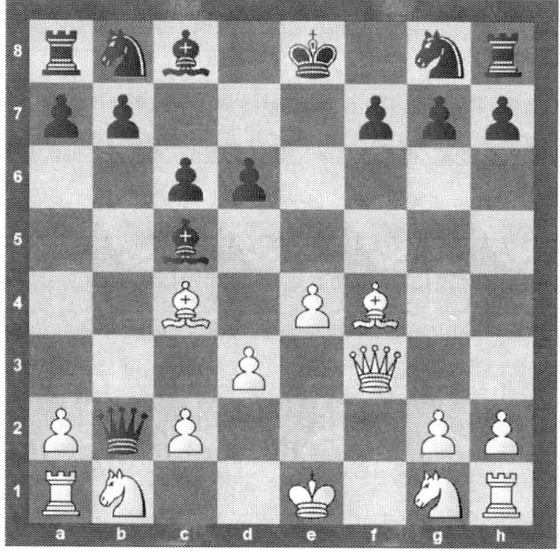

Danach ist der weiße Turm nicht zu retten, und objektiv steht Schwarz auf Gewinn, aber jetzt folgt der entscheidende Einschlag auf f7.

8. Lc4xf7+ ...

Schwarz kann jetzt den Läufer nicht schlagen, denn nach dem Abzugsschach durch 9. Le5+ würde er die Dame und sicher auch das Spiel verlieren.

8. ... Ke8-d7

9. Sg1-e2 Db2xa1

10. Ke1-d2 ...

Das deckt zumindest den Springer, und mit dem passiven Rückzug der Dame nach f6 hätte Schwarz jetzt die Partie gewinnen können. Stattdessen will er aktiv weiterspielen und versucht, den weißen König wieder zurückzudrängen.

10. ... Lc5-b4+

11. Sb1-c3 ...

Offenbar wäre 11. c3 besser gewesen, aber Weiß sucht die spektakuläre Fortsetzung der Partie, und Schwarz spielt mit.

11. ... Lb4xc3+

12. Se2xc3 Da1xh1

Das zweite Turmopfer, und Weiß scheint verloren, aber jetzt folgt der nächste Angriff.

13. Df3-g4+ Kd7-c7

14. Dg4xg7 Sb8-d7

Der Turm h8 wäre eh nicht zu retten, aber Weiß verschmäht ihn ...

15. Dg7-g3 ...

...und droht stattdessen mit 16. Ld6+. Schwarz hätte jetzt seinen Springer g8 aktivieren sollen, aber er schafft seinem König lieber ein Fluchtfeld.

15. ... b7-b6

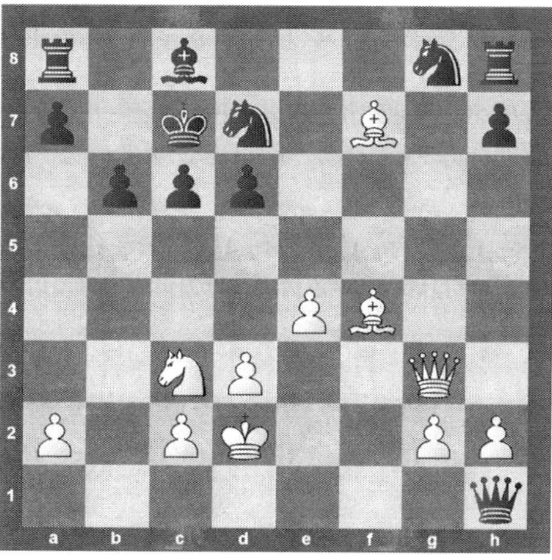

16. Sc3-b5+! ...

Ein großartiges Springeropfer, mit dem Weiß den Plan verfolgt, die schwarze Bauernstellung auf dem Damenflügel aufzubrechen. Der Plan geht auf ...

16. ... c6xb5?

... und damit ist die Partie verloren. 16. ... Kb8 hätte sie gerettet, denn tatsächlich steht Schwarz hier noch auf Gewinn.

17. Lf4xd6+ Kc7-b7

18. Lf7-d5+ Kb7-a6

Das Netz zieht sich zu. Schwarz hat zwar noch das Schlupfloch auf a6, aber durch …

19. d3-d4 …

… bringt sich die Dame wieder ins Spiel, indem sie nach a3 zielt. Und dann kann Schwarz das Matt nur noch hinauszögern.

19. … b5-b4

20. Ld6xb4 Ka6-b5

21. c2-c4+! …

Noch ein feines Läuferopfer, aber dann ist Schluss.

21. … Kb5xb4

22. Dg3-b3+ Kb4-a5

23. Db3-b5#

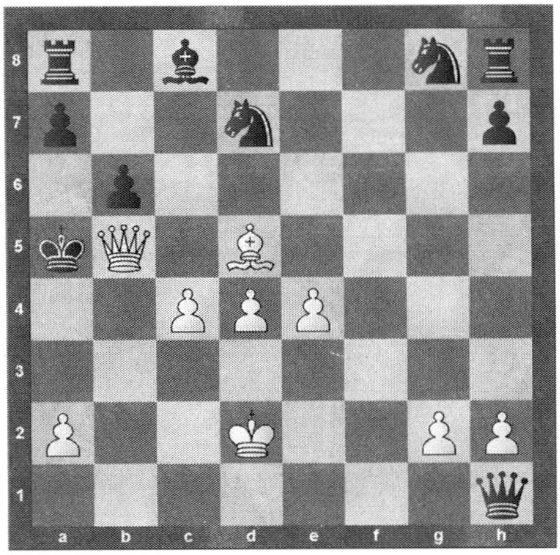

Partie 6

Smith – Philidor

(London, 1790)

Läuferspiel

Andrew Smith war ein weithin unbekannter Captain, und sein Kontrahent hier war der damalige inoffizielle Weltmeister.

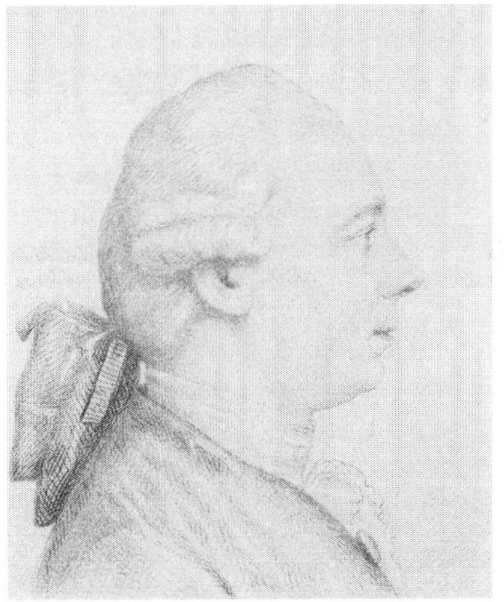

François-André Danican Philidor, geboren 1726 in Nordfrankreich, war ursprünglich als Musiker und Komponist am Hofe Ludwig des XV. von Frankreich tätig. Er widmete sich jedoch früh schon mehr dem Schachspiel als der Musik und galt schnell als bester Spieler seiner Zeit. Heute wird er als erster inoffizieller Weltmeister geführt.

Sein Schachbuch *L' analyse du jeu des échecs* gehört nach wie vor zu den Standardwerken der Schachliteratur und die nach ihm benannte Philidor Verteidigung: 1. e4 e5, 2. Sf3 d6 wird auch heute noch gespielt. Er bezeichnete die Bauern als die „Seele" des Schachspiels und stellte sich damit gegen die weitläufige Meinung seiner Zeitgenossen, die in ihnen eher „Kanonenfutter“ sahen. Philidor reiste zeit seines Lebens als Spieler durch halb Europa. Er hielt sich viel in England auf und konnte die dort aufkommende Schachszene nachhaltig beeinflussen. 1795 verstarb er in London.

Die folgende Partie spielte er 1790 bei einem Simultanturnier in London. Sie ist gekennzeichnet durch einen überlegenen Einsatz der Bauern.

1. e2-e4 e7-e5

2. Lf1-c4 Sg8-f6

3. d2-d3 c7-c6

4. Lc1-g5 h7-h6

Weiß fesselt den Springer f6, um einerseits den Druck gegen seinen e-Bauern abzuschwächen und andererseits der Durchsetzung von d5 entgegenzuwirken. Den Läufer aber kann Schwarz mit dem h-Bauern angreifen und somit den Rückzug oder, wie hier gespielt, den Abtausch erzwingen.

5. Lg5xf6 Dd8xf6

Nach dieser Aufgabe des Läuferpaars hat Philidor schon jetzt den Anzugsvorteil ausgeglichen.

6. Sb1-c3 b7-b5

7. Lc4–b3 a7-a5

Die schwarzen Bauern rücken aggressiv gegen die weißen Leichtfiguren am Damenflügel vor und drohen, im nächsten Zug den Läufer zu fangen, so dass Weiß ein Schlupfloch auf a2 schaffen muss.

8. a2-a3 Lf8-c5

Da ist es wieder, das drohende „Schäfermatt“ auf f2.

9. Sg1-f3 d7-d6

10. Dd1-d2 Lc8-e6

Ein überraschender Zug, denn er bietet den Abtausch der Läufer an, was auch geschieht.

11. Lb3xe6 f7xe6

Der resultierende Doppelbauer schwächt zwar die Verteidigung der schwarzen Königsstellung, aber durch die Öffnung der f-Linie wird Philidors Angriff entscheidend unterstützt.

12. 0-0 g7-g5

Schwarz setzt seine Strategie der aggressiven Bauernzüge fort.

13. h2-h3 Sb8-d7

14. Sf3-h2 ...

Mit den letzten beiden Zügen plant Weiß, den Springer nach g4 zu entwickeln, was Schwarz aber durch ein weiteres Vorrücken des h-Bauern unterbinden kann. Besser wäre 13. Tad1 bzw. 14. b4 gewesen.

14. ... h6-h5

15. g2-g3 ...

Weiß will den schwarzen Bauern etwas entgegensetzen. Der f-Bauer ist durch den Läufer auf c5 gefesselt.

15. ... Ke8-e7

Dadurch werden die beiden Türme verbunden.

16. Kg1-g2 ...

Weiß entfesselt seinen f-Bauern, um ihn nach vorne zu bringen.

16. ... d6-d5

17. f2-f3 Sd7-f8

18. Sc3-e2 Sf8-g6

19. c2-c3 Ta8-g8

Schwarz hat nun die wichtigsten Figuren gegen den weißen König in Stellung gebracht. Das Gewitter liegt in der Luft.

20. d3-d4 Lc5-b6

21. d4xe5 Df6xe5

22. Se2-d4 ...

Es droht die Springergabel 23. ... Sxc6+ und Damengewinn.

22. ... Ke7-d7

23. Ta1-e1 ...

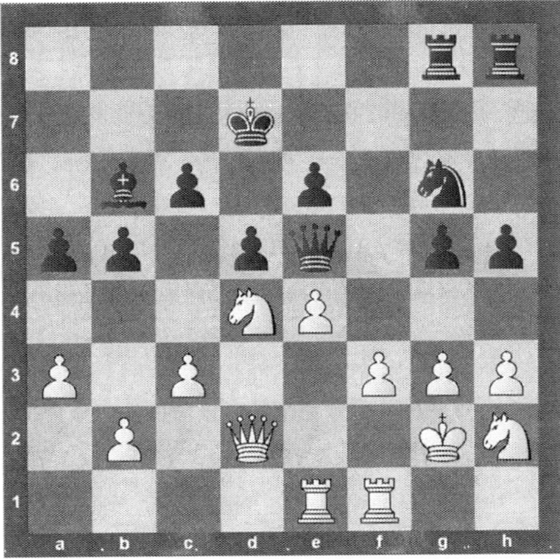

Jetzt droht 24. exd5 mit Angriff auf die Dame und dann auf den Bauern e6. Aber hier setzt Schwarz den entscheidenden Hebel an.

23. ... h5-h4

Dies wiederum droht mit 24. ... Dxg3+, so dass Weiß seine Dame und dann den Springer zur Verteidigung des Feldes g3 herbeiholt.

24. Dd2-f2 Lb6-c7

25. Sd4-e2 h4xg3

Das Gewitter entlädt sich:

26. Df2xg3 De5xg3+

27. Se2xg3 Sg6-f4+

28. Kg2-h1 Th8xh3

Nun droht der Angriff auf der h-Linie durchzuschlagen.

29. Tf1-g1 ...

Weiß macht damit das Feld f1 für den Springer frei, der von dort aus den Druck auf h2 parieren könnte, aber Schwarz sprengt die Stellung brachial.

29. ... Th3xh2+

30. Kh1xh2 Tg8-h8+

31. Sg3-h5 Th8xh5+

32. Kh2-g3 Sf4-h3+

Ein sehr schönes und effektives Abzugsschach. Weiß könnte durch Rückzug des Königs nach g2 etwas länger ausgehalten haben. Stattdessen kam ...

33. Kg3-g4 Th5–h4#

... und Captain Smith war matt.

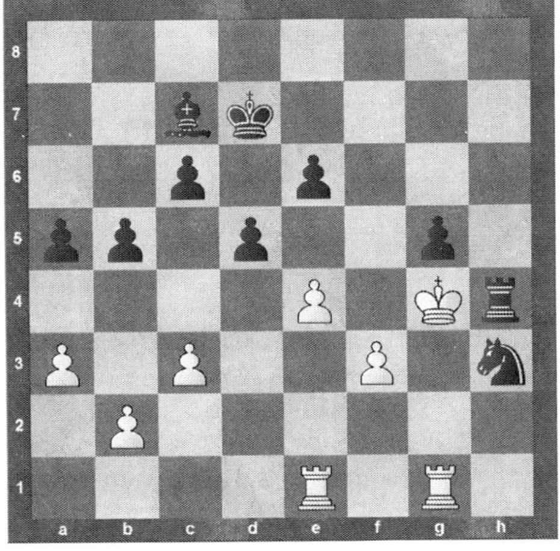

2. Erste Profis

7. McDonnell – La Bourdonnais (London, 1834)

8. Hoffmann – Petrow (Warschau, 1844)

9. Anderssen – Kieseritzky (Paris, 1851)

10. Anderssen – Dufresne (Berlin, 1852)

11. Paulsen – Morphy (New York, 1857)

12. Morphy – Braunschweig/Isouard (Paris, 1858)

13. Anderssen – Lange (Breslau, 1859)

14. Steinitz – Mongredien (London, 1862)

15. Hamppe – Meitner (Wien, 1870)

16. Knorre – Tschigorin (St. Petersburg, 1874)

17. Zukertort – Blackburne (London, 1883)

18. Lasker – Bauer (Amsterdam, 1889)

19. Tarrasch – Marco (Dresden, 1892)

20. Steinitz – Bardeleben (Hastings, 1895)

21. Pillsbury – Lasker (St. Petersburg, 1896)

Wir haben schon ausgeführt, dass sich in Spanien um das Jahr 1500 herum die erste Hochburg des modernen Schachspiels entwickelte, und dass sich das Zentrum von dort in Richtung Italien und Frankreich verlagerte, wozu die dortige Kaffeehausszene in der Hauptstadt Paris maßgeblich beigetragen hat. Wenn auch früher schon um Geldeinsätze gespielt worden war, so entstand doch erst im dortigen Café de la Régence eine rege Szene von Berufsspielern, die ihren Lebensunterhalt am Schachbrett verdienten, so dass man durchaus von einem frühen „Profitum" sprechen kann.

Aber erst im aufkommenden 19. Jahrhundert würde man von einer beginnenden Professionalisierung des Schachs sprechen wollen, denn obwohl es auch früher schon internationale Turniere gegeben hatte, war diese Periode geprägt von ersten professionell und länderübergreifend organisierten hochklassigen Wettkämpfen. Damit einhergehend wurden damals auch professionelle Turnierregeln entwickelt. Als ersten Wettkampf nach moderner Lesart darf man den Wettkampf zwischen dem Franzosen **Louis La Bourdonnais** und dem Iren **Alexander McDonnell** ansehen, der 1843 in London stattfand und aus dem der Franzose (nach **Philidor)** als zweiter inoffizieller Weltmeister hervorging.

In der Folge mauserte England bzw. London sich zum Zentrum des Schachs, und einer seiner Protagonisten war **Harold Staunton**, den man als den dritten inoffiziellen Weltmeister ansieht, und auf den u.a. das Design der heute noch üblichen

Schachfiguren zurückgeht. Auf seine Anregung hin fand im Rahmen der Weltausstellung 1851 in London ein internationales Schachturnier statt, bei dem er selbst als amtierender, wenngleich inoffizieller Weltmeister selbstverständlich der haushohe Favorit war. Die englische Schachszene rechnete fest damit, anlässlich der „Heim-WM" einen englischen Weltmeister zu krönen bzw. den aktuellen zu bestätigen. Diese Hoffnungen wurden jedoch bitter enttäuscht, denn aus Deutschland tauchte der bis dahin so gut wie unbekannte **Adolf Anderssen** auf. Er stammte aus Breslau und war von der Berliner Schachgesellschaft für das Turnier nominiert worden. Entgegen aller Erwartungen stahl eben dieser Mathematiklehrer aus dem deutschen Reich den Engländern die Show, siegte überlegen und durfte sich anschließend als vierter inoffizieller Weltmeister der Schachgeschichte fühlen.

Abgelöst wurde er wenige Jahre später durch einen jungen Amerikaner namens **Paul Morphy** (s. Bild), den man durchaus als ein rätselhaftes Phänomen bezeichnen kann.

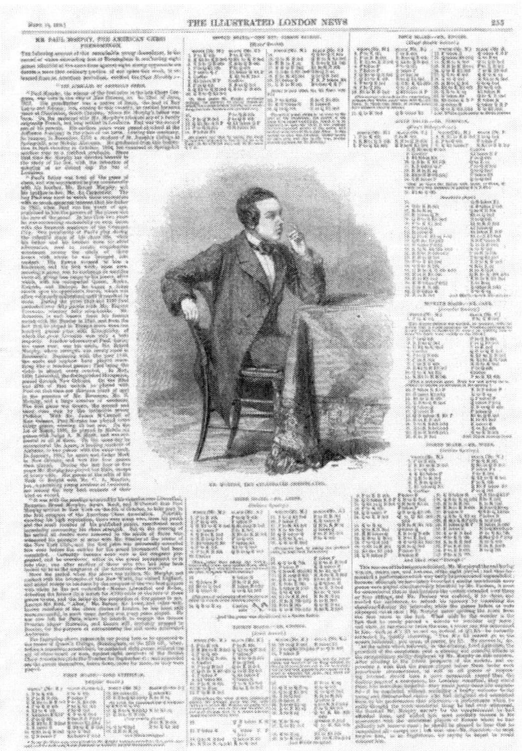

THE ILLUSTRATED LONDON NEWS

Fast schon meteorhaft erschien er am Schachhimmel und verglühte nach einem viel zu kurzen Intermezzo.

Schon als Kind zeigte Morphy eine schier unglaubliche Spielstärke und kaum 20-jährig fand er in den USA keine Gegner mehr. Daher reiste er nach Europa, um dort gegen führende Spieler anzutreten, u.a. natürlich gegen Staunton und Anderssen. Während es dem Engländer gelang, einem direkten Wettkampf mit offensichtlichen Ausreden aus dem Weg zu gehen, opferte Anderssen seine Weihnachtsferien 1857, um den jungen Amerikaner in Paris zu treffen. Obwohl Morphy auf der Reise stark erkrankte, spielte er gegen den Deutschen und siegte mit beeindruckender Leichtigkeit.

Danach verweigerten auch andere französische und englische Spitzenspieler, wie schon Staunton vorher, weitere Duelle mit Morphy, der im Sommer 1859 als anerkannter fünfter inoffizieller Weltmeister zurück nach Amerika reiste. Dort allerdings zog er sich bald vom Schach zurück und ließ sich auch durch den späteren Weltmeister Steinitz (s. u.) nicht mehr zu einer Partie überreden. Er litt an verschiedenen Nervenleiden und verstarb im frühen Alter von nur 47 Jahren nach einem Schlaganfall.

Nach Morphys abruptem Abschied vom Schach übernahm Anderssen noch einmal den Titel, aber kurz darauf, nämlich 1866, wurde er wieder entthront, und zwar von besagtem **Wilhelm Steinitz**, der damit der sechste inoffizielle Weltmeister wurde und mit diesem Titel auch die erste dann offizielle Weltmeisterschaft 1886 in den USA spielte – und gewann. Bis 1894, also 28 Jahre lang, konnte Steinitz seinen Titel, sei es offiziell oder inoffiziell, verteidigen, und erst dann musste er sich dem Deutschen **Emanuel Lasker** geschlagen geben. Lasker war gegen Ende des 19. Jahrhunderts das Maß der Dinge im Schach; und er blieb es fast 30 Jahre lang. Mit ihm war die Professionalisierung des Schachsports erreicht und somit eine wichtige frühe Epoche abgeschlossen.

Partie 7

McDonnell – La Bourdonnais

(London, 1834)

Sizilianisch

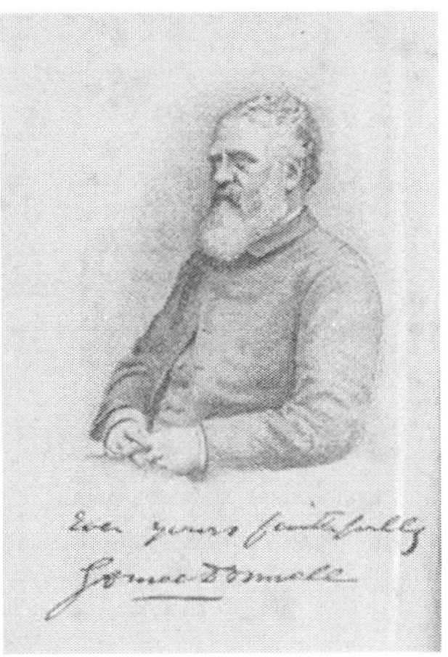

Alexander McDonnell, geboren 1798 in Belfast, Irland, lebte ab 1820 in London, wo er es als Kaufmann zu Reichtum brachte, so dass er sich bald ganz seiner Leidenschaft, dem Schachspiel, widmen konnte. Er gründete den berühmten Westminster Chess Club und galt ab 1831 bis zu seinem frühen Tod 1835 als der führende englische Spieler.

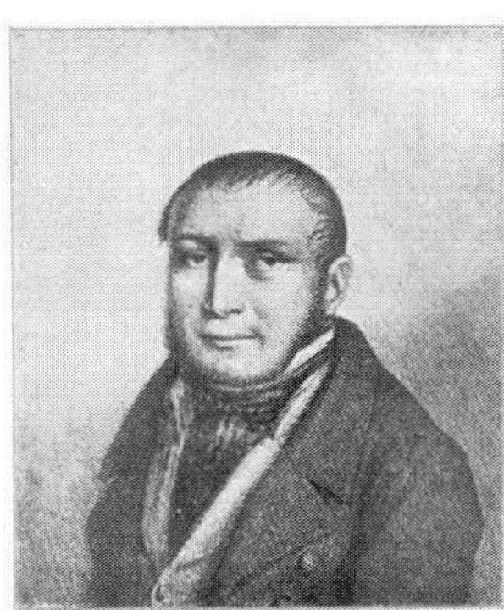

Louis Charles de La Bourdonnais, geboren 1797 auf der zu Frankreich gehörenden Insel La Réunion im indischen Ozean, galt ab seinem 24. Lebensjahr als der beste Spieler der Welt. Wegen wirtschaftlicher Probleme bestritt er seinen Broterwerb früh durch Schachspielen im Pariser Café de la Régence und reiste später nach England, wo er die gesamte Schachelite des Landes schlug und so seinen Ruf als inoffizieller Weltmeister festigte. Sein Wettkampf gegen McDonnell 1834 in London ging über 85 Partien, eingeteilt in 6 „Matches", und fand damals internationale Beachtung. Er starb 1840 vollkommen verarmt in London.

Die folgende Partie ist die 16. aus dem 4. „Match" der beiden. Darin demonstrierte der Franzose mit Schwarz die Überlegenheit eines massiven Bauernzentrums, das zu einer Lawine von Freibauern wird.

1. e2-e4 c7-c5

La Bourdonnais wählt die „Sizilianische Verteidigung", der er in diesem Wettkampf zu Beliebtheit verhalf. Weiß setzt mit der sogenannten offenen Variante fort.

2. Sg1-f3 Sb8-c6

3. d2-d4 c5xd4

4. Sf3xd4 ...

In der Sizilianischen Verteidigung planen die Spieler, auf den verschiedenen Seiten des Spielfelds anzugreifen: Weiß auf dem Königsflügel, Schwarz auf dem Damenflügel. In der hier gespielten Variante erlangt Weiß nach dem Abtausch auf d4 Raum, während Schwarz die Mehrheit der Zentrumsbauern erhält und über die halboffene c-Linie angreifen kann.

4. ... e7-e5

Mit diesem Zug greift Schwarz den Springer an und leitet die heute so genannte „Kalaschnikow-Variante" ein. Ein kleiner

Nachteil dabei ist, dass der d-Bauer rückständig wird und Schwarz die Kontrolle über das Feld d5 verliert. 4. ... e6 oder 4. ... Sf6 wird als leicht besser angesehen.

5. Sd4xc6?! ...

Der angegriffene Springer hätte besser nach b5 ziehen sollen, um von dort die Schwäche des schwarzen Zentrums auszunutzen. Durch das Schlagen auf c6 erlangt Schwarz die Kontrolle über d5 zurück.

5. ... b7xc6

5. ... dxc6 wäre schlechter gewesen, weil Schwarz dadurch den d-Bauern als Zentrumsbauern verloren hätte. Außerdem würde der Zug das Rochaderecht riskieren, weil ein Damentausch folgen könnte.

6. Lf1-c4 Sg8-f6

7. Lc1-g5?! ...

Das deckt den angegriffenen e-Bauern indirekt und strebt einen Abtausch auf f6 an. Die Rochade wäre besser gewesen.

7. ... Lf8-e7

Schwarz entwickelt den Läufer und entfesselt den Springer, so dass der e-Bauer wieder angegriffen ist. Stärker wäre jedoch 7. ... Da5+ gewesen.

8. Dd1-e2?! ...

Wieder eine Maßnahme zur Deckung des e-Bauern, aber der Zug erlaubt Schwarz den Vorstoß des d-Bauern nach d5, was in der sizilianischen Partie als strategischer Vorteil gilt. Von daher wäre stattdessen und mit dem gleichen Effekt 8. Sc3 besser gewesen.

8. ... d7-d5

9. Lg5xf6? ...

Der Abtausch auf f6 verschlechtert die weiße Stellung, aber auch aus einem Abtausch auf d5 wäre das schwarze Zentrum gestärkt hervorgegangen

9. ... Le7xf6

10. Lc4-b3 0-0

11. 0-0 a7-a5

Der Vormarsch des a-Bauern stellt eine Doppeldrohungen auf: Er droht, mit 12. ... a4 den weißen Läufer zu fangen, und er ermöglicht 12. ... La6 mit Angriff auf Dame und Turm.

12. e4xd5 c6xd5

Dadurch behauptet Schwarz das Zentrum und die Drohungen bleiben bestehen, aber Weiß kann kontern.

13. Tf1-d1 d5-d4

14. c2-c4? ...

Das ist wahrscheinlich der entscheidende Fehler. 14. c3 oder die Entwicklung des Damenspringers durch 14. Sd2 wäre besser gewesen. Stattdessen setzt McDonnell auf einen Wettlauf der Freibauern, aber es ist klar, dass sein c-Bauer schwächer ist als die verbundenen schwarzen Zentrumsbauern.

14. ... Dd8-b6

15. Lb3-c2 ...

Weiß lädt die schwarze Dame offenbar zum Bauernraub auf b2 ein, aber das ist natürlich eine leicht zu durchschauende Falle, denn nach 15. ... Dxb2 würde Weiß mit 16. Lxh7+ und 17. Dxb2 den Ausflug der vorlauten Dame jäh beenden.

15. ... Lc8-b7

Das unterstützt den Vormarsch des e-Bauern nach e4; Weiß will dem etwas entgegensetzen ...

16. Sb1-d2 Ta8-e8!

... aber Schwarz verstärkt den Druck auf

der e-Linie und zieht hier bewusst den Turm von a8, d.h. er reserviert den f-Turm für die Deckung des f-Bauern, der später die Zentrumsbauern beim weiteren Vormarsch unterstützen soll.

16. ... Dxb2 wäre jetzt tatsächlich möglich gewesen, aber dann könnte Weiß mit 17. Dd3 eine empfindliche Mattdrohung auf h7 aufstellen oder sich mit 17. Lxh7+ Kxh7 18. Tb1 Bauern und Läufer zurückholen. Jetzt aber stemmt er sich gegen den e-Bauern.

17. Sd2-e4 Lf6-d8

Schwarz droht nach 18. ... f5! mit einem starken Zentrumsangriff.

18. c4-c5 Db6-c6

Jetzt wäre 18. ... Dxb2 eine Katastrophe gewesen, denn nach 19. Sf6+ droht Damen- oder Qualitätsgewinn durch 20. Lxh7+ oder direkt 20. Sxe8.

19. f2-f3 ...

Das soll 20. Sd6 ermöglichen, was sich jetzt noch wegen der Mattdrohung 19. ... Dxg2# verboten hätte.

19. ... Ld8–e7

Verhindert, dass der Springer nach d6 zieht und greift c5 an.

20. Ta1-c1 ...

Das deckt den c-Bauern indirekt, denn nach 20. ... Lxc5 käme 21. Sxc5, und nach 21. ... Dxc5 würde Weiß dann mit 22. Lxh7+ und 23. Txc5 die Dame gewinnen.

20. ... f7-f5!

Jetzt schlägt der Angriff über das Zentrum durch.

21. De2–c4+ ...

Damit droht Weiß, nach 22. La4 die Qualität zu gewinnen, was Schwarz durch 21. ... Dd5 hätte verhindern können, aber er tut es nicht, sondern lässt das Opfer zu.

21. ... Kg8–h8!

22. Lc2-a4 Dc6-h6

Nach dem erzwungenen Wegzug der Dame steht nun die Qualität ein. Weiß kann der Versuchung nicht widerstehen.

23. La4xe8?! ...

Notwendig war 23. Sd6!. Aber auch dann wäre nach einem Abtausch der Leichtfiguren auf d6 und anschließendem Tc8 die schwarze Stellung besser gewesen.

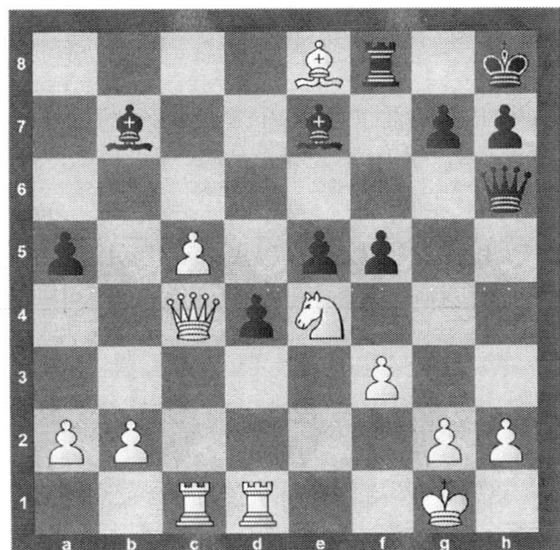

23. ... f5xe4!

Schwarz setzt den Bauern-Tsunami in Bewegung.

24. c5-c6 e4xf3!

Schwarz bietet auch den Läufer b7 an, aber wegen der Drohung 25. ... De3+ mit Mattangriff kann Weiß das Opfer nicht annehmen. Außerdem wäre der König nach 25. gxf3 dem Angriff der Dame auf e3 und des Turms auf der f-Linie ausgesetzt.

25. Tc1–c2 Dh6-e3+?!

Das ist praktisch der Gewinnzug, denn er wird Weiß zu dem – allerdings verzeihlichen – Fehler verleiten, der die Partie entscheidet. Streng genommen jedoch verspielt Schwarz hier den Sieg, weil Weiß den Angriff jetzt mit 26. Tf2 zum Erliegen bringen konnte. Richtig wäre das überraschende 25. ... La6! gewesen, worauf Schwarz nach 26. Dxa6 mit 26. ... e4! durchkommt. So aber stellte Weiß die Weichen für ein wunderbares Finale ...

26. Kg1-h1? ...

... denn damit platziert er den König in der Ecke, aus der er nicht mehr heraus kommt. Rettung hätte – wie gesagt – 26. Tf2 gebracht, denn dann könnte nach 26. ... fxg2 die Dame über e2 zu Hilfe eilen und den Damentausch erzwingen, oder 26. ... Lc8 würde mit 27. Ld7 gekontert werden. In beiden Fällen wäre das Remis wahrscheinlich. Nach der Flucht des Königs hätte jetzt der Vormarsch des d-Bauern mit 26. ... d3 direkt gewonnen; allerdings fand La Bourdonnais eine schönere Variante.

26. ... Lb7–c8

Damit droht im Wesentlichen 27. ... Lg4 und dann 28. ... fxg2, was schnell zum Sieg führt. Daher muss Weiß den Läufer auf c8 blockieren.

27. Le8–d7 f3-f2

Jetzt droht Schwarz mit 28. ... De1+ und Matt in wenigen Zügen. Die Antwort 28. Df1 scheitert an 28. ... La6.

28. Td1-f1 d4-d3

Jetzt droht natürlich 29. ... dxc2 mit vernichtendem Angriff.

29. Tc2-c3 Lc8xd7

30. c6xd7 e5-e4

31. Dc4-c8 Le7-d8

Den letzten Versuch, die Umwandlung in die Dame zu schaffen, blockiert Schwarz einfach mit dem Läufer. 31. ... Td8 wäre auch gegangen.

32. Dc8-c4 De3-e1!

33. Tc3-c1 d3-d2

34. Dc4-c5 ...

Mit überraschender Mattdrohung durch 35. Dxf8, aber der Turm hat noch ein Feld frei.

34. ... Tf8-g8

35. Tc1-d1 e4-e3

36. Dc5-c3 ...

Dieser Zug erlaubt den grandiosen Abschluss:

36. ... De1xd1!

37. Tf1xd1 e3-e2

Jetzt gab Weiß auf. Mit 38. h4 hätte er das Matt noch etwas verzögern können, aber so haben die beiden Kontrahenten der Nachwelt ein wunderbares Schlussbild hinterlassen.

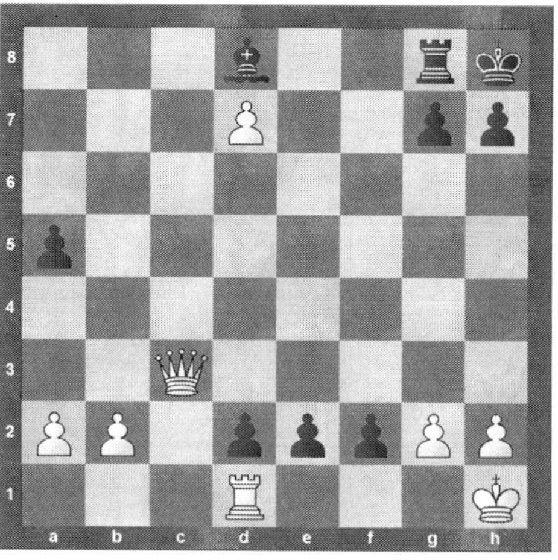

Partie 8

Hoffmann – Petrow

(Warschau, 1844)

Italienisch

Alexander Hoffmann (1798 – 1855) ist eigentlich nur bekannt wegen genau dieser Partie gegen Petrow. Ansonsten hat er in der Schachwelt keine Spuren hinterlassen.

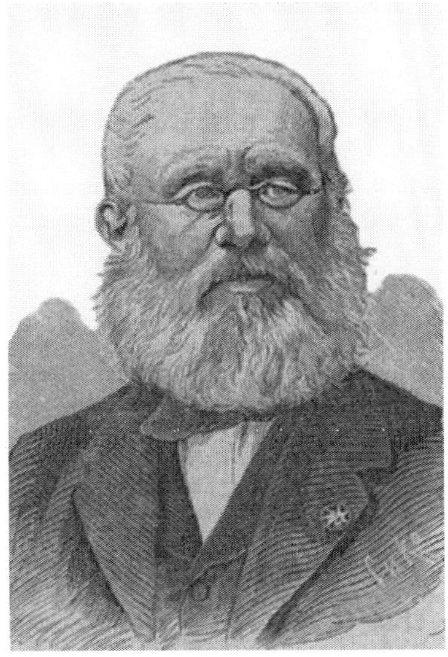

Alexander Petrow (1794 – 1867) war der erste herausragende russische Schachspieler. Fast 50 Jahre lang galt er als der beste Spieler Russlands und wurde respektvoll der „russische Philidor" genannt. Er spielte bei Turnieren in St. Petersburg und später in Warschau, Wien und Paris. Der Nachwelt hat er das erste russische Schachhandbuch und die „Russische Verteidigung" hinterlassen. Außerdem komponierte er eine berühmte Schachaufgabe, mit der er „Napoleons Rückzug aus Moskau" auf den 64 Feldern nachstellte.

Diese Partie heißt „**Petrows Unsterbliche**". Sie wurde 1844 in Warschau gespielt, wo die beiden Kontrahenten Jahre später wieder aufeinandertrafen und zwei weitere überlieferte Partien spielten.

1. e2-e4 e7-e5

2. Sg1-f3 Sb8-c6

3. Lf1-c4 Lf8-c5

4. c2-c3 Sg8-f6

5. d2-d4 e5xd4

Bis hierher ist das die Hauptvariante der Italienischen Partie. Eine gängige Fortsetzung an dieser Stelle wäre 6. cxd4 Lb4+, wonach Schwarz schnell Ausgleich bekommt. Vielleicht wich Hoffmann deswegen hier ab, und statt auf d4 zurückzuschlagen, ging er mit dem e-Bauern zum Angriff über.

6. e4-e5 ...

An dieser Stelle würde man 6. ... d5 erwarten, aber Petrow entscheidet sich für einen überraschenden Zug:

6. ... Sf6-e4?!

Damit bereitet Schwarz das Springeropfer auf f2 vor, aber das hält Weiß nicht für durchschlagend, sondern lädt ihn sogar dazu ein.

7. Lc4-d5? ...

Der Zug ist kaum nachvollziehbar. Rochade oder 7. cxd4 wäre zu erwarten gewesen. So aber erfüllt Petrow die Erwartung und nimmt die Einladung dankend an.

7. ... Se4xf2

8. Ke1xf2 d4xc3+

Das Abzugsschach lag auf der Hand, nicht aber unbedingt die weiße Antwort.

9. Kf2-g3? ...

Das ist ein fragwürdiger Ausflug des Königs. Wahrscheinlich wollte Weiß sich nach der verhinderten Rochade die f-Linie für den Turm freihalten. Wie auch immer: Der Rückzug auf die Grundreihe nach e1 wäre angebracht gewesen.

9. ... c3xb2

10. Lc1xb2 Sc6-e7

Es droht 11. ... Sf5+ mit guten Angriffschancen.

11. Sf3-g5 ...

Diesen durchsichtigen Versuch, über die Bedrohung von f7 selbst zum Angriff zu kommen, kann Schwarz natürlich leicht vereiteln. Sinnvoller wäre es gewesen, mit 11. h3 ein Schlupfloch für den König zu schaffen, aber evtl. war es dem damaligen Zeitgeist geschuldet, dass Weiß hier eher die Offensive sucht.

11. ... Se7xd5

Die Dame darf den Springer natürlich nicht schlagen, weil die Drohung 12. ... Dg5+ sehr unangenehm ist. Also opfert Weiß den Springer, ähnlich wie Schwarz zuvor.

12. Sg5xf7 ...

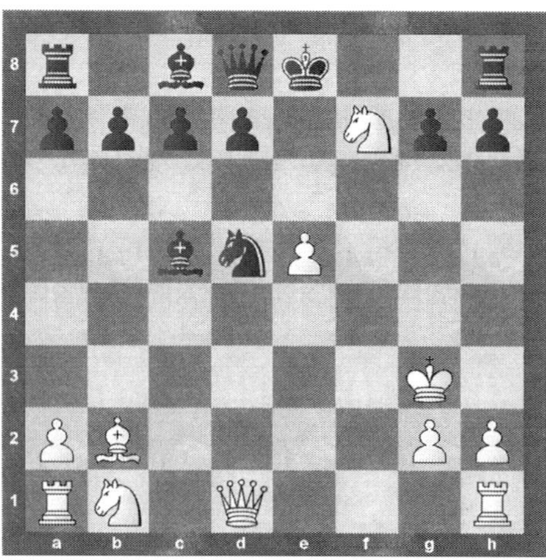

Sicher hat Hoffmann jetzt erwartet, dass Schwarz die Springergabel durch 12. ... Kxf7 beseitigt, worauf wohl 13. Dxd5+ geplant war, aber hier findet Petrow den entscheidenden wunderbaren Zug:

12. ... 0-0!

Schwarz bietet die Dame an und Weiß muss annehmen,

13. Sf7xd8 ...

Alles andere wäre noch schlechter gewesen; z.B. 13. Dxd5 Txf7 14. h3 Dg5+ 15. Kh2 Df4+ 16. g3 Df2+ 17. Dg2 Dxg2+ 18. Kxg2 Tf2+ 19. Kg1 Txb2 mit entscheidendem Materialgewinn.

13. ... Lc5-f2+

14. Kg3-h3 ...

Auf 14. Kg4 entscheidet 14. ... Tf4+.

14. ... d7-d6+

15. e5-e6 ...

Soweit waren die letzten Züge erzwungen. Es liegt etwas in der Luft, aber Schwarz muss sehr genau spielen. Den Springer auf d8 mit dem Turm zu schlagen, würde den Angriff zum Erliegen bringen; und der freie e-Bauer könnte das Spiel entscheiden.

15. ... Sd5-f4+!

Nach dieser Gabel will Schwarz den e-Bauern eliminieren und dann den Läufer c8 aktivieren.

16. Kh3-g4 Sf4xe6

Damit droht entweder ein empfindliches Abzugsschach oder Tf4+. Weiß ist praktisch gezwungen, den Springer zu schlagen ...

17. Sd8xe6 ...

... und gerät dadurch in ein Mattnetz aus zwei Läufern und dem Turm.

17. ... Lc8xe6+

18. Kg4-g5 ...

Jetzt führen viele Wege nach Rom, aber

Petrow entscheidet sich für den kürzesten.

18. ...	**Tf8-f5+**
19. Kg5-g4	**h7-h5+!**
20. Kg4-h3	**Tf5-f3#**

Zum Abschluss führt ein sehenswertes Doppelschach zum Matt.

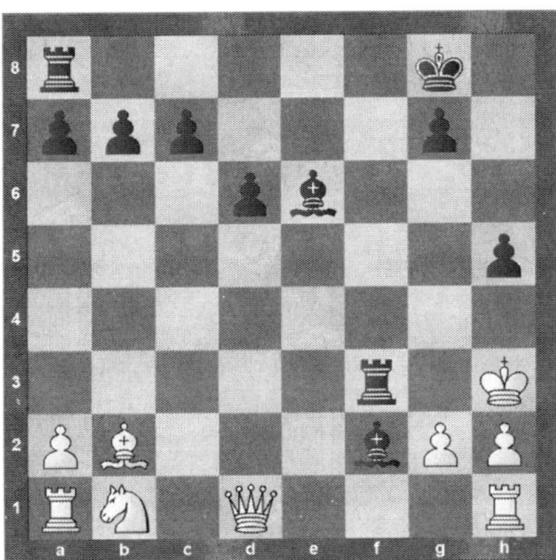

Partie 9

Anderssen – Kieseritzky

(London, 1851)

Königsgambit

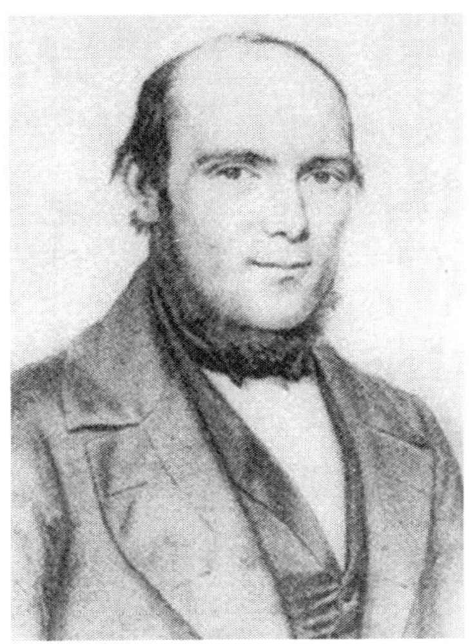

Adolf Anderssen, geboren 1818 in Breslau, war studierter Mathematiker und Philosoph. In seiner freien Zeit widmete er sich dem Schachspiel und der Komposition von Schachproblemen. Internationale Aufmerksamkeit erregte er zunächst durch seinen überraschenden Sieg am Turnier von London 1851, wodurch er der vierte inoffizielle Weltmeister wurde. Später lieferte er durch die „Immergrüne“ (s. Partie 10) und seinen legendären Wettkampf gegen den Amerikaner Paul Morphy wesentliche Beiträge zur Schachgeschichte. Er starb 1879 in seiner Heimatstadt Breslau.

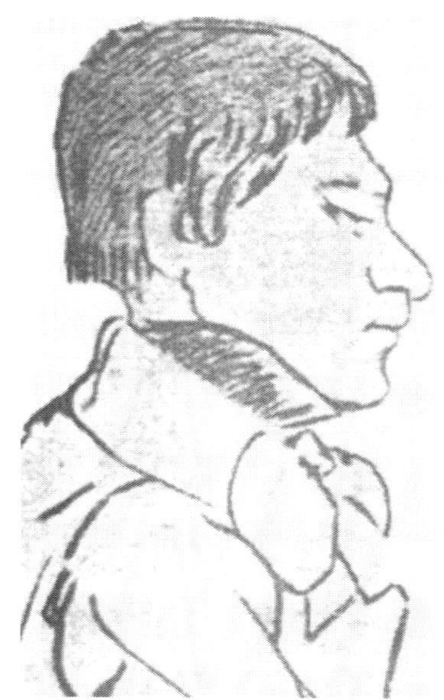

Lionel Kieseritzky (1806 – 1853) stammte aus dem Baltikum und ließ sich im Alter von Anfang 30 in Paris nieder, wo er im Café de la Régence als Berufsspieler auftrat – bis zu seinem frühen Tod. Zwar ist nach ihm eine Variante im Königsgambit benannt, Berühmtheit jedoch erlangte er im Wesentlichen durch die hier gezeigte „Unsterbliche“, die er gegen Anderssen verlor.

Diese Partie braucht keinen weiteren Namenszusatz. Sie ist einfach nur **„Die (!) Unsterbliche“**. Gespielt wurde sie am Rande des Londoner Turniers von 1851 in einem Wettkampf, den Kieseritzky insgesamt tatsächlich für sich entschied.

1. e2–e4 e7–e5

2. f2–f4 ...

Das Königsgambit war damals eine beliebte Eröffnung. Heute wird es fast nicht mehr gespielt, denn Schwarz kann bei genauem Spiel ausgleichen, egal, ob er es mit 2. ... exf4 annimmt oder mit anderen Zügen ablehnt. Hier entscheidet Schwarz sich für die Annahme.

2. ... e5xf4

3. Lf1–c4 Dd8–h4+

Der letzte weiße Zug gestattet das Schach durch die Dame, wodurch Weiß zwar das Rochaderecht verliert, andererseits aber seine Figuren mit Tempogewinn entwickeln kann, indem er die Dame zurückdrängt.

4. Ke1–f1 b7–b5!?

Schwarz antwortet auch mit einem Gambit, dem sogenannten Bryan-Gambit, das u.a. den Läufer von f7 ablenken soll. Heute geläufiger wäre 4. ... d6 oder 4. ... Sc6.

5. Lc4xb5 Sg8–f6

6. Sg1–f3 Dh4–h6

7. d2–d3 ...

Das ist zwar solide, aber etwas passiv. 7. Sc3 wäre sicher besser; und 7. d4 wäre eine aggressive Fortsetzung.

7. ... Sf6–h5

Es droht 8. ... Sg3+, was Weiß leicht mit 8. Tg1 und der Drohung 9. g4 hätte parieren können, aber Anderssen forciert den Angriff unter Einsatz des Springers.

8. Sf3–h4?! Dh6–g5

9. Sh4–f5 c7–c6?!

Schwarz will den Läufer vertreiben. Stattdessen hätte er besser mit 9. ... g6 den Springer angreifen sollen.

10. g2–g4?! Sh5–f6?!

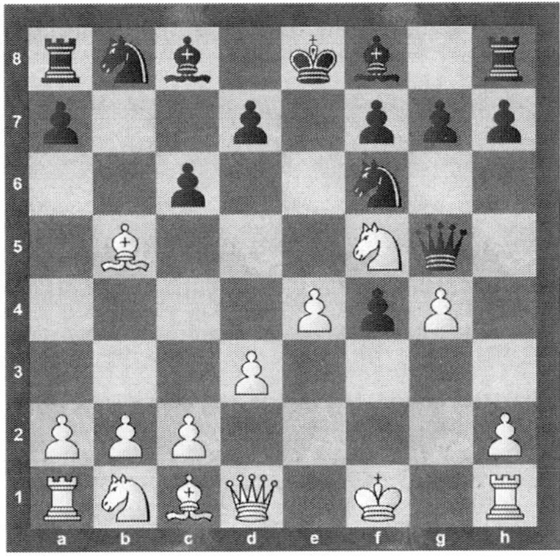

11. Th1–g1! ...

Weiß opfert den Läufer für den Angriff auf die gegnerische Dame, und Schwarz greift zu.

11. ... c6xb5?

Das ist ziemlich offensichtlich ein schwerer Fehler. Naheliegend war 11. ... h5.

12. h2–h4! ...

Anderssen bedrängt die Dame, der jetzt das Rückzugsgebiet knapp wird.

12. ... Dg5–g6

13. h4–h5 Dg6–g5

14. Dd1–f3 ...

Anderssen stellt damit zwei Drohungen auf: 15. Lxf4 mit Damengewinn und 15. e5 mit Angriff auf Springer und Turm.

14. ... Sf6–g8

Das bringt den Springer aus der Schusslinie und verschafft der Dame Rückzugsraum, aber erkennbar ist Schwarz total unterentwickelt und eingeschnürt.

15. Lc1xf4 Dg5–f6

16. Sb1–c3 Lf8–c5

Jetzt erst entwickelt Schwarz eine Leichtfigur mit Angriff auf den Turm, aber Weiß hat zwei Figuren mehr entwickelt und beherrscht das Zentrum.

17. Sc3–d5! ...

17. d4! wäre hier auch gut gewesen, aber mit dem Textzug bedroht Weiß die Dame direkt und lädt sie ein, auf b2 zu schlagen. Das sähe tatsächlich nach einem starken Angriff aus, aber andererseits sind die weißen Leichtfiguren dem schwarzen König gefährlich nahe. Kieseritzky ignoriert es ...

17. ... Df6xb2

... und nimmt die Einladung an, aber weit kommt er damit nicht mehr.

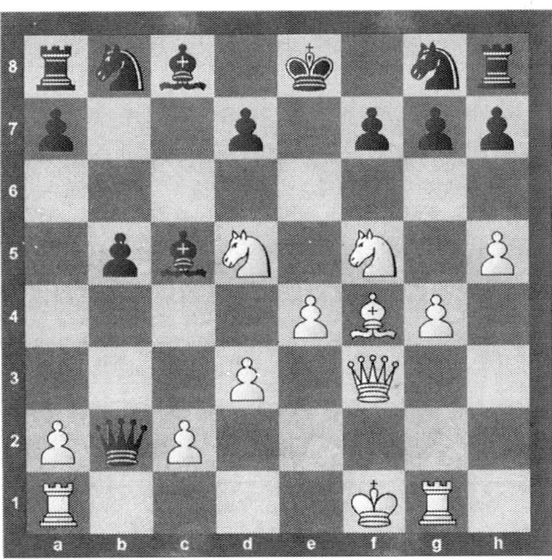

18. Lf4–d6!! ...

Dieser Zug ist einer der berühmtesten der Schachgeschichte und darf zu Recht als *genial* bezeichnet werden. Tatsächlich aber gäbe es in dieser Stellung andere Züge, die naheliegender und auch besser sind, und die noch deutlicher zum Sieg führen würden, z.B. das auf der Hand liegende 18. Te1. Aber all das perlt hier ab: Anderssens Läuferzug ist ein mutiges Opfer beider Türme, und er führt zu einem brillanten Finish.

18. ... Lc5xg1

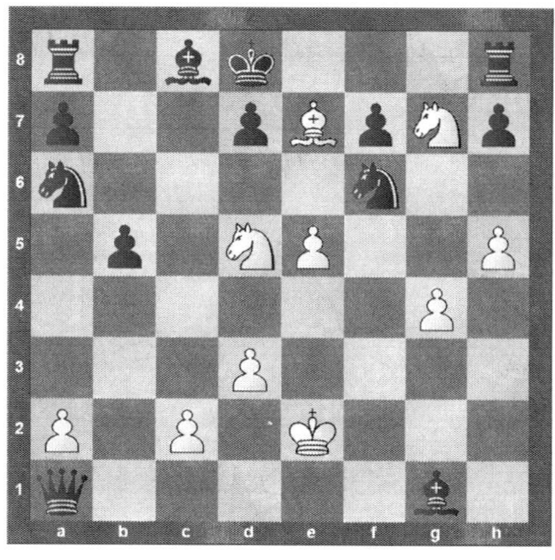

Schwarz geht auf Nummer sicher und erbeutet erst den Turm auf g1. Dabei wäre 18. ... Dxa1+ besser gewesen[1], weil er dann nach 19. Ke2 Db2 die Drohung 20. ... Dxc2+ hätte und in der Folge den Turm g1 gewinnen würde.

19. e4–e5! ...

Das ist der Gewinnzug, denn er unterbricht die Deckung von g7 durch die Dame. Schwarz kann zwar noch den Turm mit Schach schlagen, aber der weiße Sieg ist jetzt nicht mehr aufzuhalten.

19. ... Db2xa1+

20. Kf1–e2 ...

Hier gab Kieseritzky auf, denn gegen 21. ... Sxg7+ ist nichts zu machen.

Anderssen notierte noch:

20. ... Sb8–a6

20. ... La6 hätte die Partie noch etwas verlängert, aber zu retten war sie an dieser Stelle nicht mehr.

21. Sf5xg7+ Ke8–d8

22. Df3–f6+ Sg8xf6

Nachdem er beide Türme und einen Läufer geopfert hätte, würde er zum Schluss auch noch die Dame auf den Gabentisch legen und die Partie mit einem wunderbaren und bekannten Mattbild vollenden.

23. Ld6–e7#

1 Dieser Zug wird in einigen Quellen auch als der tatsächliche Partiezug angegeben. Er stammt jedoch aus einer Analyse von Steinitz.

Partie 10

Anderssen – Dufresne

(Berlin, 1852)

Italienisch

Adolf Anderssen, s. Partie 9

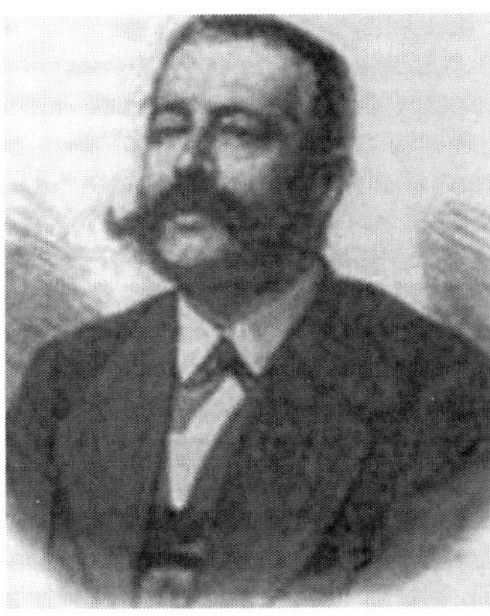

Jean Dufresne, 1829 in Berlin geboren und dort 1879 gestorben, war „Schüler" und Sekundant von Anderssen, u.a. bei dessen Teilnahme am Londoner Turnier von 1851. Beruflich verfolgte er zunächst eine Journalistenlaufbahn, musste den Beruf allerdings wegen seiner zunehmenden Taubheit aufgeben und betätigte sich als Autor, u.a. natürlich im Bereich des Schachspiels.

Diese Partie erhielt ihren Namen „**Die Immergrüne**" nach einer Bemerkung des späteren Weltmeisters Steinitz, der sie als „immergrünes Lorbeerblatt im Kranze des größten deutschen Schachmeisters", also Anderssens, ansah. Damit hatte er recht.

1. e2–e4	**e7–e5**
2. Sg1–f3	**Sb8–c6**
3. Lf1–c4	**Lf8–c5**
4. b2–b4	**...**

Das Evans-Gambit in der Italienischen Partie, das 5. c3 und 6. d4 ermöglichen soll, war damals sehr beliebt. Schwarz nimmt es an.

4. ...	**Lc5xb4**
5. c2–c3	**Lb4–a5**
6. d2–d4	**...**

Das Gambit erfüllt hier seinen Zweck: Die Entwicklung von Weiß wird vorangetrieben und das Zentrum mit Bauern besetzt. Das aber will Schwarz nicht zu mächtig werden lassen und schlägt hinein.

6. ...	**e5xd4**

Passiver wäre 6. ... d6, was zur Rückgabe des Gambitbauern hätte führen können. Weiß kann jetzt natürlich nicht zurückschlagen, weil der Bauer auf c3 durch den Läufer gefesselt ist.

7. 0–0	**d4–d3**

Schwarz will die gegnerische Entwicklung behindern, denn 8. cxd4 hätte Weiß die Hoheit über das Zentrum gegeben. Stattdessen hätte er sich weiterentwickeln sollen, z.B. durch 7. ... Sf6.

8. Dd1–b3	**...**

Weiß greift also f7 an und zwingt dadurch die schwarze Dame heraus, um sie in der Folge zu attackieren.

8. ...	**Dd8–f6**
9. e4–e5	**...**

Den Bauern e5 kann der Springer c6 nicht schlagen, denn dann würde er durch 10. Te1 gefesselt, und die Deckung durch 10. ... d6 scheitert an 11. Db5+ mit Läufergewinn. Also muss die Dame ziehen, wie beabsichtigt.

9. ...	**Df6–g6**
10. Tf1–e1	**Sg8–e7**
11. Lc1–a3	**...**

Auf beiden Seiten sehen wir logische und typische Entwicklungszüge, aber angesichts des Turms auf der e-Linie, des offensiv platzierten Läuferpaars und des Drucks auf f7 steht Weiß schon jetzt deutlich besser.

Schwarz ist aber längst nicht verloren und könnte jetzt den Zentrumsvorstoß d7-d5 folgen lassen und anschließend rochieren. Stattdessen entschließt er sich, den Damenflügel weiter zu entwickeln und opfert den b-Bauern, offenbar in der Ansicht, den weißen Aufmarsch so stören zu können.

11. ... b7–b5?

12. Db3xb5 Ta8–b8

13. Db5–a4 ...

Die Rechnung von Schwarz geht nicht auf, denn jetzt ist die weiße Stellung am Damenflügel sogar gestärkt und der schwarze Königsflügel geschwächt, weil die kurze Rochade verhindert wird, denn auf 13. ... 0-0 würde 14. Lxe7 Sxe7 nebst 15. Dxa5 folgen. Also bringt Schwarz zuerst den Läufer in Sicherheit.

13. ... La5–b6

14. Sb1–d2 Lc8–b7?!

Wieder typische Entwicklungszüge von beiden Seiten, aber wie Anderssen den Springer ins Spiel bringt, ist weitsichtiger, denn der hat schon jetzt den Sprung nach e4 und das Schach auf d6 im Auge, was zusammen mit dem Turm auf e1 in einen starken Angriff münden würde. Daher hätte Schwarz hier gut daran getan, zu rochieren, statt den Läufer zu entwickeln.

15. Sd2–e4 ...

Dieser erwartbare Zug zeigt die Probleme der schwarzen Stellung auf. Die Rochade ist fast nicht mehr möglich, und das ist – wie wir später sehen werden – das eigentliche Problem. Jetzt käme nach 15. ... 0-0 16. Lxd3 mit der Drohung 17. Sf6+ und nachhaltigem Angriff auf die Dame nach 18. Lc1. Vielleicht zieht Schwarz deswegen jetzt die Dame weg.

15. ... Dg6–f5?

Dieser Zug ist kaum nachvollziehbar. Allerdings muss man anerkennen, dass es keine eindeutig besseren Alternativen gab. Am ehesten wäre noch 15. ... d2 in Frage gekommen.

16. Lc4xd3 ...

Es droht der Springerabzug nach d6 mit Schach und Damengewinn, d.h. die Dame muss erneut ziehen.

16. ... Df5–h5

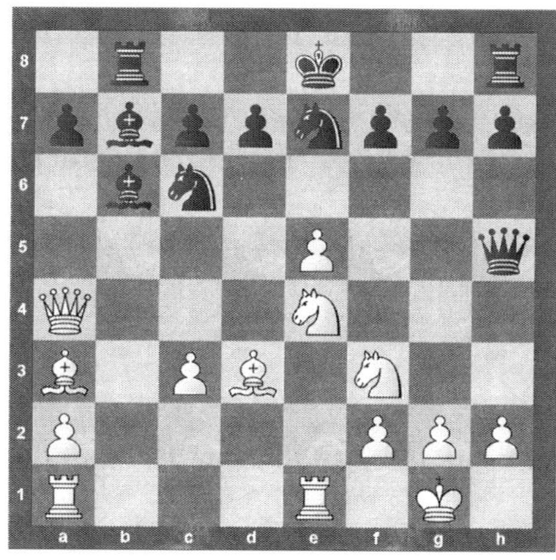

Man ist sich sicher, dass Anderssen hier die Schlusskombination schon gesehen hat, denn eigentlich naheliegend wäre es jetzt, mit 17. Sg3 auf Damenfang zu gehen. Stattdessen opfert er den Springer und verschafft seinen Figuren Zugang zur ohnehin schwachen schwarzen Königsstellung.

17. Se4–f6+?! ...

Diese sicher unerwartete Springergabel erzwingt das Schlagen auf f6 und leitet den „immergrünen" Mattangriff ein, vergibt jedoch objektiv betrachtet den Sieg.

17. ... g7xf6

18. e5xf6 ...

Jetzt ist der Springer auf e7 von allen Seiten unter Beschuss und kann nicht gerettet werden. Also geht Schwarz zum Gegenangriff über:

18. ... Th8–g8

Und plötzlich droht die schwarze Dame, auf f3 zu schlagen und auf g2 matt zu setzen, aber Weiß ignoriert das und spielt einen sehr überraschenden Zug:

19. Ta1–d1!? ...

Jetzt hätte Schwarz mit 19. ... Tg4 oder auch Dh3 alles wieder offenhalten können, aber er kann der Versuchung nicht widerstehen und tappt in die Falle, die Weiß ihm gestellt hat

19. ... Dh5xf3?

Man kann Schwarz diesen Fehler bestimmt nicht vorwerfen, denn die Stellung sieht plötzlich zu gut für ihn aus: Angesichts des Doppelangriffs auf g2 und f2, hatte er den sicheren Sieg vor Augen, wurde dann aber jäh auf den Boden der Tatsachen zurückgeholt.

20. Te1xe7+! ...

Ein Zug, der wie ein Blitz aus heiterem Himmel kommt und in allen Varianten zum Sieg führt. Schöne Abspiele ergeben sich nach 20. ... Kd8, aber wahrscheinlich hatte Schwarz noch Hoffnung und nahm erst den Turm ...

20. ... Sc6xe7

... wodurch er ein spektakuläres Matt erlaubt, das in keinem Taktik-Lehrbuch fehlen darf.

21. Da4xd7+! ...

Ein wunderbares Damenopfer, das Schwarz jetzt nicht mehr verschmähen kann.

21. ... Ke8xd7

22. Ld3–f5+ ...

Mit Doppelschach und Matt in zwei Zügen. Es folgt noch:

22. ... Kd7–e8

23. Lf5–d7+ Ke8–f8

24. La3xe7#.

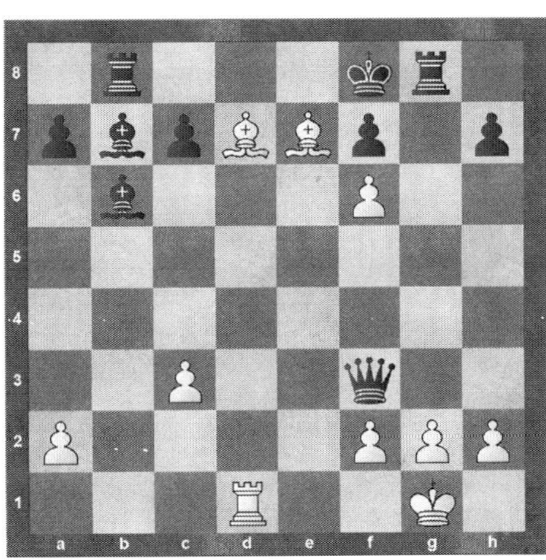

Partie 11

Paulsen – Morphy

(New York, 1857)

Vierspringerspiel

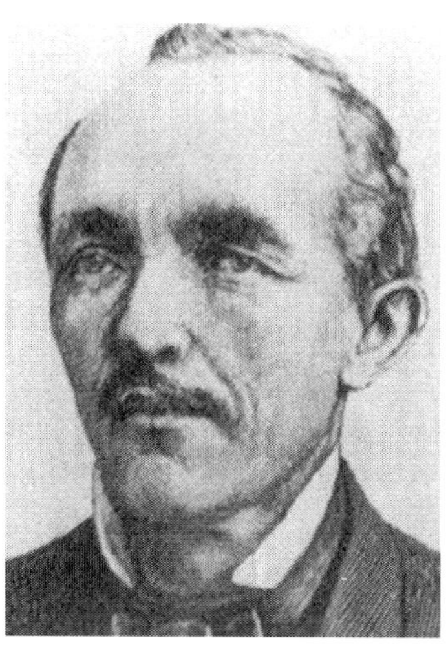

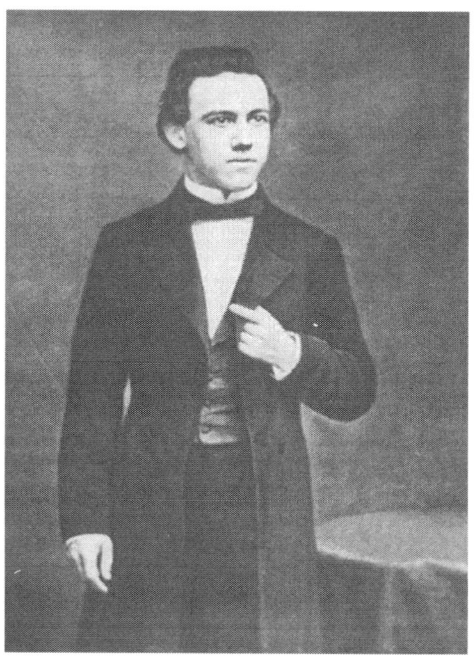

Louis Paulsen, geboren 1833 in Blomberg, im damaligen Fürstentum Lippe, wanderte 1854 in die USA aus und reifte dort zu einem der stärksten Schachspieler. 1860 allerdings kehrte er schon wieder in seine alte Heimat zurück und war dort weiterhin sehr erfolgreich, u.a. auch in Duellen mit dem seinerzeit amtierenden Weltmeister Anderssen. Er starb 1891.

Paul Morphy, geboren in New Orleans 1837 als Abkömmling einer hoch angesehenen Familie, galt schon in jungen Jahren als Wunderkind des Schachs und wurde noch im Teenageralter unangefochtener amerikanischer Meister. Mit Anfang 20, in den Jahren 1858/1859 bereiste er Europa und schlug auch dort mit großer Überlegenheit jeden der europäischen Spitzenspieler – sofern sie ihm nicht aus dem Weg gingen. Danach reiste er als anerkannter Weltmeister wieder zurück in die USA und gab das Schachspielen weitestgehend auf. Gesundheitlich stark angeschlagen, starb er 1884 im Alter von nur 47 Jahren.

Diese Partie ist die legendäre 6. Partie aus dem Wettkampf der beiden am Turnier um die amerikanische Meisterschaft 1857 in New York, wo Paulsen sich nur dem Landesmeister Morphy geschlagen geben musste.

1. e2-e4 e7-e5

2. Sg1-f3 Sb8-c6

3. Sb1-c3 Sg8-f6

Das Vierspringerspiel, das normalerweise für Schwarz problemlos zu spielen ist. Beide Seiten entwickeln sich schnell.

4. Lf1-b5 Lf8-c5

5. 0-0 0-0

6. Sf3xe5 ...

Das ist natürlich ein Scheinopfer von Weiß: Wenn der schwarze Springer c6 jetzt auf e5 schlägt, dann gewinnt Weiß mit der Gabel 7. d4 eine Figur zurück und hat gutes Spiel.

6. ... Tf8-e8

7. Se5xc6 d7xc6

8. Lb5-c4 b7-b5

9. Lc4-e2 ...

Weiß hat durch den letzten Zug ein Tempo verloren und Schwarz kann sich den Bauern auf e4 zurückholen.

9. ... Sf6xe4

10. Sc3xe4 Te8xe4

11. Le2-f3 Te4-e6

Der Rückzug des Turms ist natürlich erzwungen, aber er deckt auch den angegriffenen Bauern c6. Insgesamt ist Schwarz nach der Abtausch-Sequenz klar besser entwickelt.

12. c2-c3 ...

Weiß plant offensichtlich, mit 13. d4 das Zentrum wieder zu besetzen und den Läufer c1 zu entwickeln. Das alles verhindert Morphy mit einem starken Zug:

12. ... Dd8-d3!

13. b2-b4 Lc5-b6

14. a2-a4 ...

Es droht 15. a5 mit Läuferfang, so dass Schwarz tauscht.

14. ... b5xa4

15. Dd1xa4 Lc8-d7

Das deckt einerseits den Bauern c6, aber wichtiger ist, dass Morphy so den a-Turm ins Spiel bringt.

16. Ta1-a2 ...

Das ist die Vorbereitung für den Plan, den Läufer auf f3 über d1 nach c2 zu holen, um die Dame von d3 zu vertreiben.

16. ... Ta8-e8

17. Da4-a6 ...

Die Verdoppelung der Türme auf der e-Linie zusammen mit der Dame auf d3 ist bedrohlich; und es drohte bereits 17. ... Dxf1+ und 18. ... Te1#. Dagegen bietet Weiß den Damentausch an, der aber schon vorher, d.h. vor 16. Ta2, hätte erfolgen sollen. So sieht Morphy eine Kombination, deren erster Zug in die Schachgeschichte eingehen sollte. Angeblich hat er ihn über 10 Minuten lang durchgerechnet. Für eine historische Leistung ist das ja nicht zu viel.

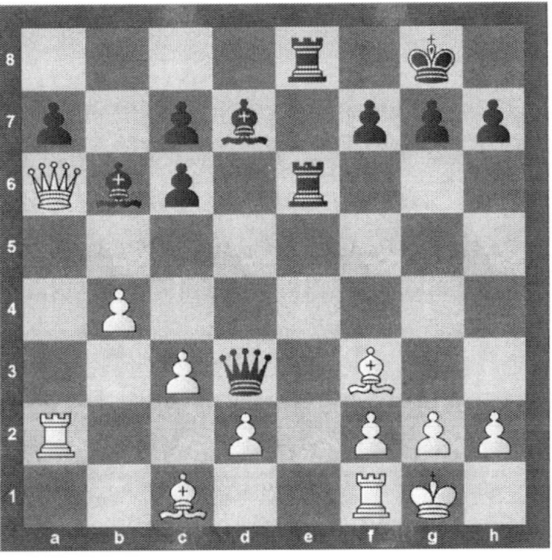

17. ... Dd3xf3!!

Eine der zahlreichen direkten Drohungen, die sich dadurch ergeben, ist natürlich 18. ... Lxf2+.

18. g2xf3 Te6-g6+

19. Kg1-h1 ...

Soweit ist alles erzwungen, aber jetzt spielt Morphy noch einen feinen Zug, der bei genauer Betrachtung vielleicht auf der Hand liegt, aber in seiner Einfachheit genial wirkt.

19. ... Ld7-h3!

Von dort zielt der Läufer gefährlich auf g2 und bedroht natürlich auch den Turm.

20. Tf1-d1 ...

Hier wäre 20. Tg1 ein grober Fehler, weil Schwarz dann einfach die Türme auf g1 tauschen würde und anschließend mit dem Turm auf der e-Linie das Matt erzwingen könnte.

20. ... Lh3-g2+

21. Kh1-g1 Lg2xf3+

22. Kg1-f1 ...

Jetzt hätte 22. ... Tg2! drohend 23. ... Txf2+ (oder 23. ... Txh2 nach 23. Dxb6) schnell zum Sieg geführt, aber Morphy lässt den Gegner noch zappeln, denn wahrscheinlich hatte er ein ästhetisches Mattbild im Sinn.

22. ... Lf3-g2+

23. Kf1-g1 Lg2-h3+

24. Kg1-h1 Lb6xf2

Und gegen die Mattdrohung durch Lg2 hilft jetzt nur noch, die Dame zu opfern.

25. Da6-f1 Lh3xf1

26. Td1xf1 Te8-e2

Dadurch wird der weiße d-Bauer gefesselt, was den Läufer auf c1 auf der Grundreihe festnagelt. Weiß stemmt sich dagegen.

27. Ta2-a1 Tg6-h6

28. d2-d4 ...

Damit ist der Turm h6 angegriffen, aber wieder findet Morphy eine passende Antwort:

28. ... Lf2-e3!

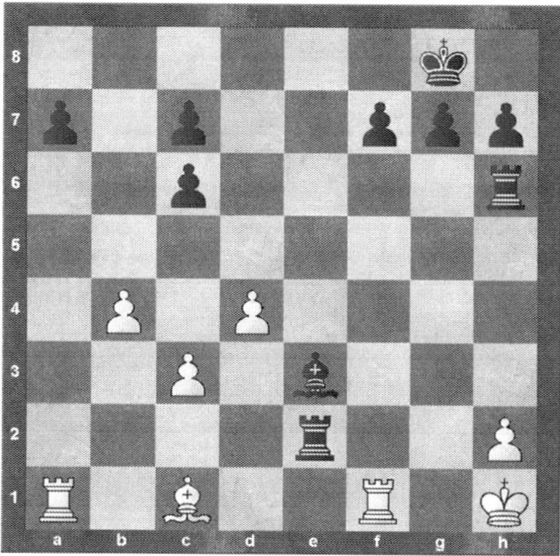

Elegant unterbricht er damit den Läuferangriff auf den Turm h6, und gegen die Drohung Th6xh2+ ist praktisch nichts mehr zu machen. Allein 29. Tf2 führt noch zu längerem Spiel, aber der Turm auf f2 ginge auf jeden Fall schnell verloren, womit das Spiel entschieden wäre.

Partie 12

Morphy – Herzog von Braunschweig / Graf Isouard

(Paris, 1858)

Philidor-Verteidigung

Paul Morphy, s. Partie 11

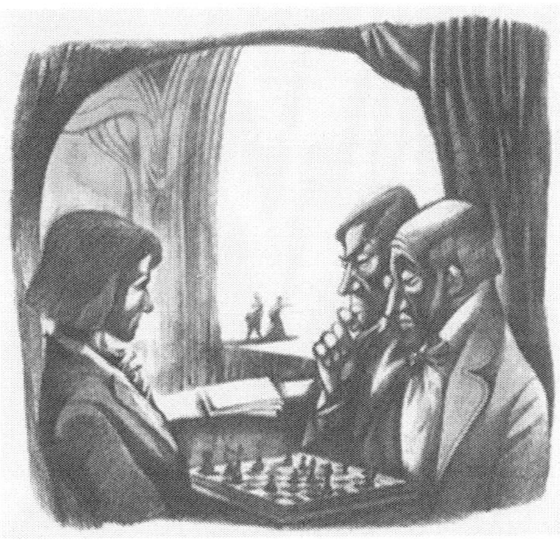

Karl II., Herzog von Braunschweig (1804 – 1873), eine Art „Dandy" in seiner Zeit, vertrieben aus seiner Heimat durch revolutionäre Kräfte, lebte er die meiste Zeit im Exil in Paris und London.

Graf Isouard de Vauvenargues (1804 – 1883) hat der Nachwelt außer ein paar Gedichten und dieser Partie nicht viel hinterlassen.

Diese Partie wird die **„Opernpartie"** genannt, denn sie wurde angeblich während einer Aufführung in einer Loge der Pariser Oper gespielt, und zwar als Konsultationspartie, d.h. die beiden Adligen konsultierten sich gegenseitig in der Partie gegen den jungen Amerikaner. Sie ist zu Recht eine der berühmtesten Partien der Geschichte.

1. e2–e4 e7–e5

2. Sg1–f3 d7–d6

Die uralte Philidor Verteidigung, die in der Regel für Weiß günstig ist. Sie gegen einen Meister wie Morphy zu spielen, bezeugt zumindest ein gewisses Selbstbewusstsein der beiden Adeligen.

3. d2–d4 Lc8–g4?

Der Sinn der Philidor Verteidigung ist natürlich auch die Öffnung der Diagonale für den weißfeldrigen Läufer auf c8 mit der Idee, den Springer auf f3 zu fesseln. Genau das macht Schwarz, aber tatsächlich ist der Zug natürlich ein Fehler.

4. d4xe5 ...

Schwarz kann den Bauern nicht sofort schlagen, weil sonst Weiß die Damen tauscht und dann mit dem Springer auf e5 schlägt und einen Bauern gewinnt. Stattdessen muss er erst auf f3 tauschen.

4. ... Lg4xf3

5. Dd1xf3 d6xe5

6. Lf1–c4 ...

Weiß ist gut entwickelt und greift den notorischen Schwachpunkt f7 an. Schwarz hingegen steht praktisch am Anfang.

6. ... Sg8–f6

7. Df3–b3 ...

Weiß lässt sich nicht abschütteln und erneuert den Druck gegen f7. Gleichzeitig greift er den anderen Schwachpunkt b7 an, der durch den frühen Ausflug des Läufers geschwächt ist.

7. ... Dd8–e7

Der Zug löst zwar das Problem auf f7, nicht aber das von b7, d.h. Weiß könnte jetzt bequem einen Bauern gewinnen, worauf Schwarz mit Db4+ und Damentausch reagieren müsste, um den Druck abzuschütteln. Morphy aber gibt sich nicht mit einem einfachen Mehrbauern zufrieden, sondern erhöht den Druck.

8. Sb1–c3 c7–c6

Das deckt den Bauern auf b7 und unterstützt den Vorstoß des b-Bauern.

9. Lc1–g5 ...

Weiß fesselt den Springer und hat jetzt alle Figuren entwickelt, während Schwarz immer noch vollkommen unterentwickelt ist: Der Läufer f8 ist eingesperrt, ein Springer ist gefesselt, der andere noch in der Grundstellung und die Dame verteidigt statt anzugreifen.

9. ... b7–b5?

Jetzt versucht Schwarz, sich am Damenflügel zu entlasten, aber Weiß steht zu gut und kann die schwarze Stellung unter sehenswerten Opfern sturmreif schießen.

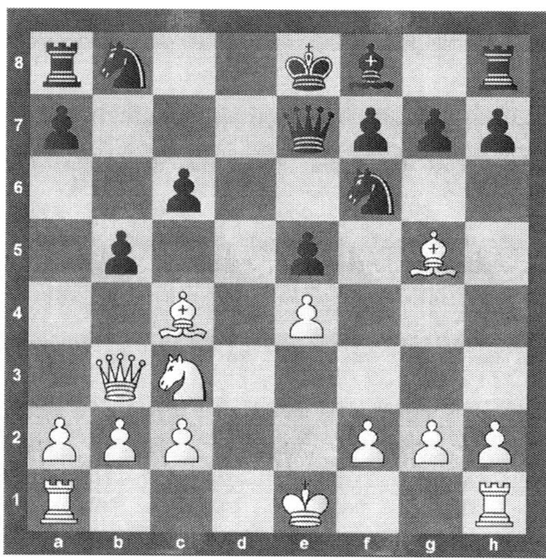

10. Sc3xb5! c6xb5

11. Lc4xb5+ ...

Auf dem Königsflügel tritt Schwarz sich selbst auf die Füße, auf der anderen Seite ziehen die weißen Figuren das Netz zu.

11. ... Sb8–d7

12. 0–0–0! Ta8–d8

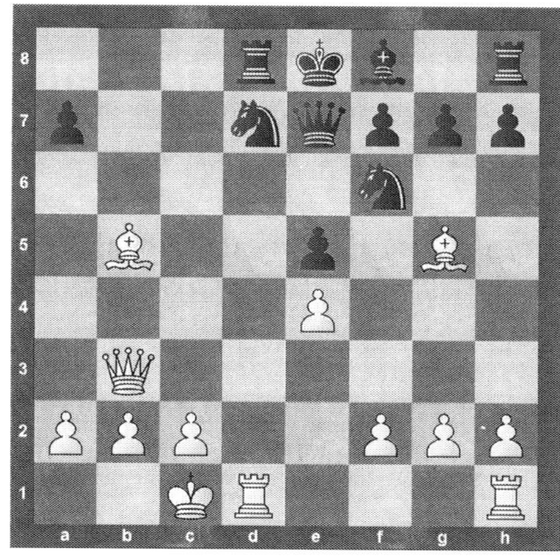

Der schwarze König ist jetzt vollkommen eingekesselt und der Funke liegt in der Luft.

13. Td1xd7! Td8xd7

14. Th1–d1 De7–e6

Die Bitte um Damentausch ist ein Friedensangebot, auf das Weiß aber nicht eingeht.

15. Lb5xd7+ Sf6xd7

16. Db3–b8+! ...

Zum Abschluss ein effektvolles Damenopfer und ein sehr bekanntes Mattbild.

16. ... Sd7xb8

17. Td1–d8#

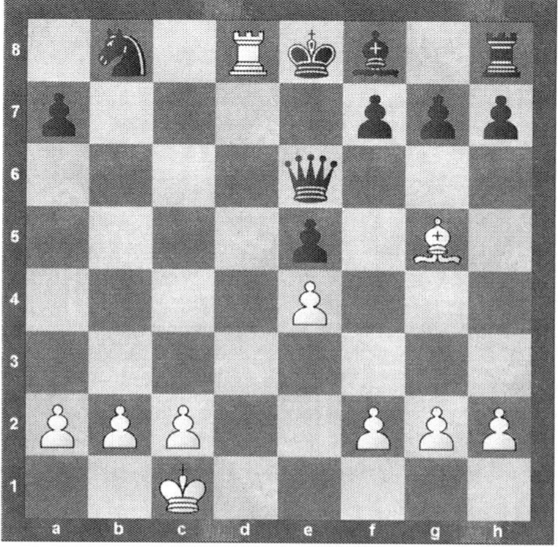

Partie 13

Anderssen – Lange

(Breslau, 1859)

Spanisch

Adolf Anderssen, s. Partie 9

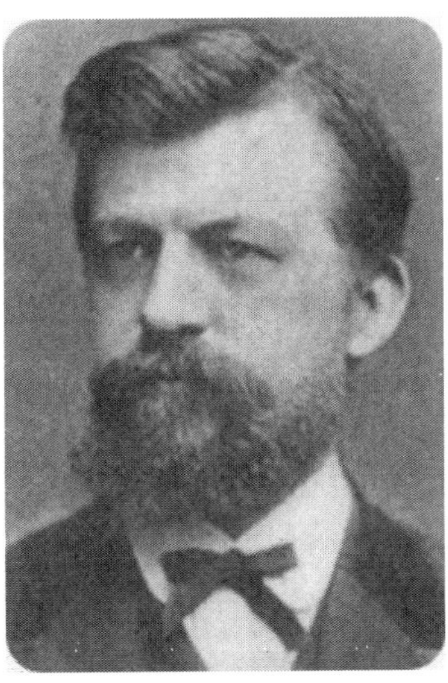

Max Lange, 1832 in Magdeburg geboren, studierte und promovierte an mehreren Fakultäten, war Verleger und Autor und eben auch Schachspieler und Verbandsfunktionär. In der Eröffnungstheorie ist ein Angriff nach ihm benannt. Er starb 1899.

Diese Partie ging wahrscheinlich aus einer tatsächlich gespielten Partie der beiden Meister aus den 60er Jahren des 19. Jahrhunderts hervor. Die sehenswerte und entscheidende Kombination aber haben sie wohl eher in einer gemeinschaftlichen Analyse erarbeitet.

1. e2–e4 e7–e5

2. Sg1–f3 Sb8–c6

3. Lf1–b5 Sc6–d4

Das ist die Bird Verteidigung in der Spanischen Partie, mit der Schwarz zunächst die Verteidigung des e-Bauern durch den Springer aufgibt und stattdessen den hängenden Läufer b5 angreift.

4. Sf3xd4 e5xd4

5. Lb5–c4 ...

Weiß verschenkt hier ein Tempo. Üblicher an dieser Stelle wäre die kurze Rochade. Jetzt aber greift Schwarz an.

5. ... Sg8–f6

Das attackiert den e-Bauern, aber der erwidert den Angriff und Schwarz stürzt sich auf den Läufer ...

6. e4–e5?! d7–d5

... so dass der zum dritten Mal ziehen muss.

7. Lc4–b3 Lc8–g4?!

Schwarz ignoriert, dass sein Springer immer noch angegriffen ist und setzt den Angriff fort, jetzt auf die Dame. Besser war allerdings 7. ...Sg4, denn objektiv hängen nach dem nächsten weißen Zug zu viele schwarze Figuren.

8. f2–f3 Sf6–e4!

Der Zug öffnet Schwarz den Weg für ein Schachgebot der Dame auf h4, und deswegen kann der Läufer nicht geschlagen werden. Der Springer kann sowieso nicht genommen werden, weil der Bauer an die Dame gefesselt ist. Vernünftig wäre jetzt 9. g3, aber Weiß rochiert.

9. 0–0 ...

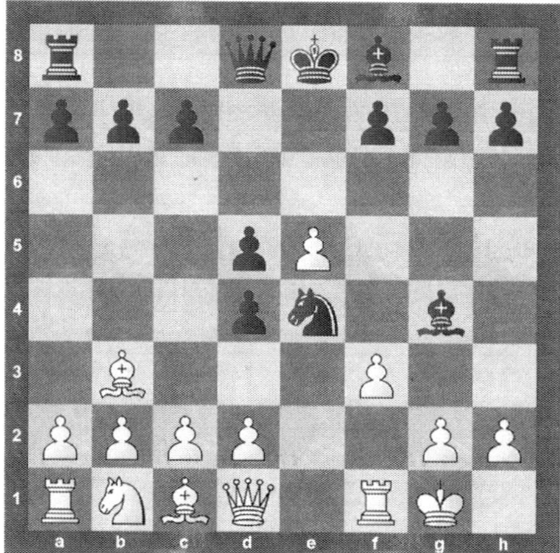

Das belässt dem Weißen immer noch den Angriff auf den Läufer, aber Schwarz überrascht erneut.

9. ... d4–d3!?

Damit sperrt Schwarz den Läufer auf c1 ein und legt gleichzeitig die Diagonale c5–g1 frei. Besser war indes 9. ... Lh5, denn mit 10. De1! hätte Weiß jetzt die nachfolgende Kombination widerlegen können, aber er entscheidet sich für den falschen Zug.

10. f3xg4? Lf8–c5+

11. Kg1–h1 ...

Während das Läuferschach sicher noch erwartbar war, ist der nächste Zug von Schwarz brillant.

11. ... Se4–g3+!

Ähnlich dem Standardmotiv, die h-Linie mit einem Springeropfer zu öffnen und dann mit Turm oder Dame den Mattangriff zu führen, schafft er hier ein besonders schönes Bild.

12. h2xg3 Dd8–g5

Und damit wird die Drohung 13. ... Dh6# schlagartig klar.

13. Tf1–f5 ...

Ein guter und naheliegender Verteidigungszug. Fast könnte man meinen, Anderssen hätte es geschafft, aber wieder hat Schwarz eine brillante Antwort.

13. ... h7–h5!!

Der Turm auf f5 verhindert erst noch das Matt durch Dh6, aber jetzt wird auch der Turm auf h8 in den Angriff eingeschaltet. Es droht 14. ... h5xg4#, weshalb die schwarze Dame nicht geschlagen werden darf. Also nimmt Weiß den Bauern und Schwarz bekommt den Turm dafür.

14. g4xh5 Dg5xf5

Jetzt muss Weiß den h-Bauern decken:

15. g3–g4 ...

In dieser Stellung würde 15. ... Df2 mit der Drohung 16. ... Dh4 die Partie schnell beenden, aber die beiden fanden einen schöneren Schluss:

15. ... Th8xh5+

16. g4xh5 Df5–e4

17. Dd1–f3 De4–h4+

18. Df3–h3 Dh4–e1+

19. Kh1–h2 Lc5–g1+

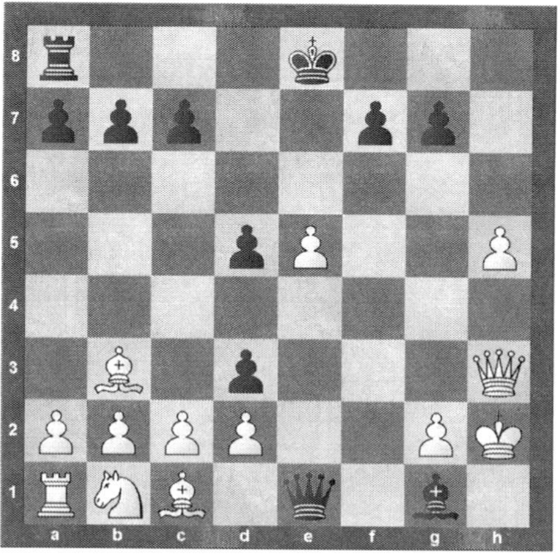

20. Kh2-h1 Lg1-f2+

21. Kh1-h2 De1-g1#

Partie 14

Steinitz – Mongredien

(London, 1862)

Skandinavisch

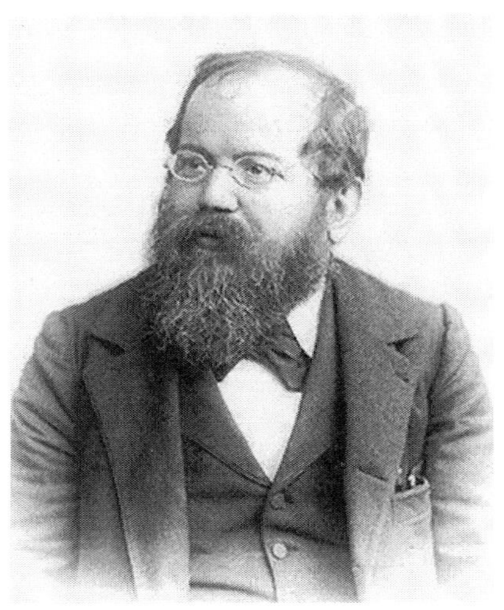

Wilhelm Steinitz, 1836 in ärmlichen Verhältnisse in Prag geboren, zog als Erwachsener nach Wien, um dort Mathematik zu studieren, erkannte aber bald, dass er mit Schach mehr Geld verdienen konnte als mit der Mathematik. Er übersiedelte nach London, dem damaligen Mekka der Schachwelt, wo er sich schnell nach oben spielte, so dass ein Duell gegen den amtierenden Weltmeister Anderssen unausweichlich wurde. Tatsächlich trafen die beiden 1866 aufeinander. Steinitz gewann und hatte Anderssen damit als inoffiziellen Weltmeister abgelöst. Anfang der 80er Jahre siedelte er in die USA über, wo dann 1886 die erste offizielle Weltmeisterschaft stattfand, die Steinitz gegen Zukertort sehr klar gewann und damit der erste offizielle Weltmeister war. Diesen Titel behielt er bis 1894, als der junge Deutsche Emanuel Lasker ihn zum ersten Mal schlug. In einem Revanchekampf 1896 unterlag Steinitz sogar noch deutlicher, und diese Niederlage setzte ihm offenbar psychisch so stark zu, dass er in der Folge an Halluzinationen litt und öfter psychiatrisch behandelt werden musste. Er starb verarmt 1900 in New York.

Sein Verdienst um das Schach besteht darin, dass er als erster mit wissenschaftlicher Herangehensweise positionell-strategische Grundsätze formulierte und damit den Grundstein für das moderne Schach legte.

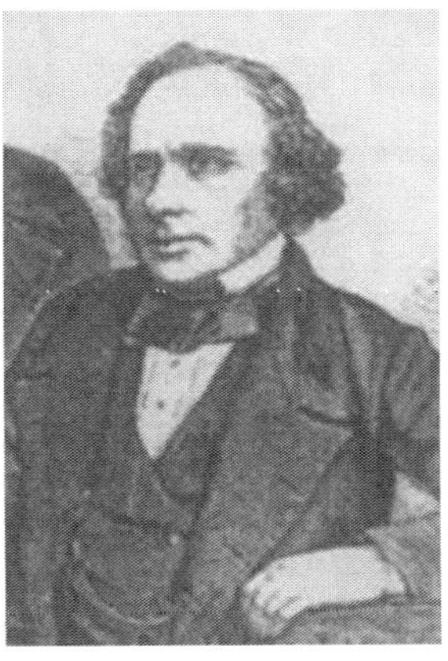

Augustus Mongredien (1807 – 1888) war ein begabter britischer Schachamateur. In anderen Disziplinen, u.a. in der Musik, der Ökonomie und der Botanik besaß er allerdings erheblich größeres Potential.

Diese Partie spielte Steinitz an seinem ersten internationalen Turnier in London im Jahre 1862. Er wurde zwar nur Sechster, aber für diese Partie gewann er den „Brilliancy Prize" der Turnierleitung.

1. e2–e4 d7–d5

2. e4xd5 Dd8xd5

3. Sb1-c3 Dd5–d8

Die skandinavische Verteidigung hat den Makel, dass die Dame zu früh ins Spiel kommt und von Weiß unter Tempogewinn angegriffen werden kann. Statt des Rückzugs – wie hier – spielt man heute eher die aktiveren Varianten 3. ... Da5 oder 3. ... Dd6. Schon vorher wäre auch das mit einem Bauernopfer verbundene „Skandinavische Gambit" 2. ... Sf6 in Frage gekommen.

4. d2-d4 e7-e6

Das öffnet zwar dem einen Läufer die Diagonale, versperrt aber die des anderen und ist somit eher als passiver Zug anzusehen. Aktiver wäre 4. ... Sf6 oder c6.

5. Sg1-f3 Sg8-f6

6. Lf1-d3 Lf8-e7

7. 0-0 0-0

8. Lc1-e3 b7-b6

Weiß hat schon jetzt die deutlich aktivere Stellung durch zentral positionierte Figuren, während Schwarz unterentwickelt ist; und das nutzt Steinitz jetzt.

9. Sf3-e5 Lc8-b7

10. f2-f4 Sb8-d7

11. Dd1-e2 Sf6-d5?

Im letzten Zug hat Weiß die Türme verbunden und Schwarz hat h7 geschwächt. Besser wäre der überfällige Angriff auf den d-Bauern mit c5 oder – vorher schon – Sc6.

12. Sc3xd5 exd5?

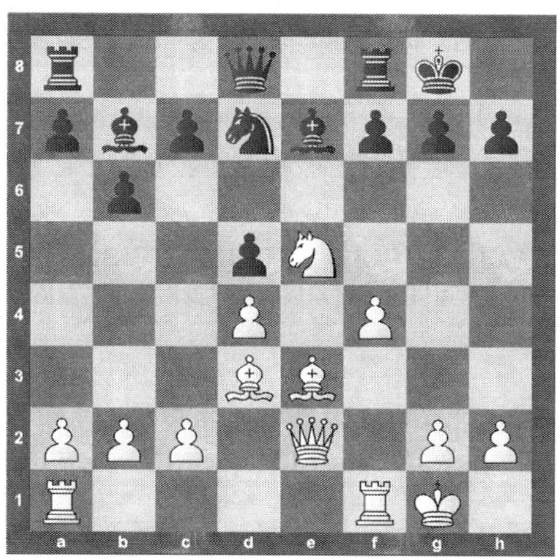

Ein fragwürdiger Zug, da der Bauer auf d5 den Läufer auf b7 blockiert und dadurch das Feld f3 für den Turm erreichbar macht.

13. Tf1-f3! ...

Es droht 14. Lxh7+ gefolgt von 15. Th3 und 16. Dh5 mit durchschlagendem Angriff.

13. ... f7-f5

Das blockiert zwar den Läufer d3, aber der Turm greift trotzdem an ...

14. Tf3-h3 ...

... und es droht 15. Dh5.

14. ... g7-g6

15. g2-g4? ...

Das ist fast etwas voreilig, denn der Angriff ist noch nicht ausreichend vorbereitet. Weiß hätte erst den zweiten Turm mit Ta1-f1 aktivieren oder erst Kh1 und dann Tg1 spielen sollen.

15. ... f5xg4?

Aber das ist fahrlässig und öffnet die Schleusen. Stattdessen hätte Schwarz den Läufer auf b7 zur Verteidigung hinzuziehen sollen, etwa durch 15. ... Sxe5 16 fxe5 Lc8 17. gxf5 Lxf5 und die Stellung wäre ausgeglichen.

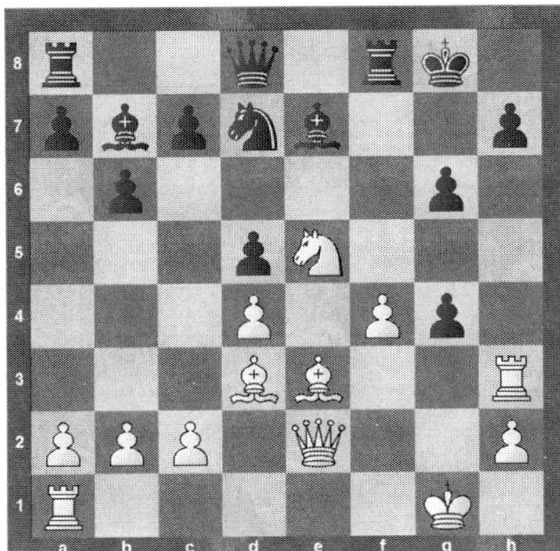

In dieser Stellung findet Steinitz einen fantastischen Zug:

16. Th3xh7!? ...

Ein mutiges Turmopfer, das tatsächlich die Partie gewinnt.

Schlägt der König den Turm, dann kommt Lxg6+ und Dxg4; und wenn dann der weiße König noch nach h1 ausweicht, so dass der Turm nach g1 ziehen kann, dann ist es aus.

Trotzdem wäre 16. Dxg4! Sxe5 17. dxe5! Lc8 18. e6 usw. einfacher gewesen.

16. ... Sd7xe5

17. f4xe5 Kg8xh7

18. De2xg4 ...

Droht mit Dxg6 und Matt kurz darauf.

18. ... Tf8-g8?

Auch 18. ... De8 hätte die Partie nicht mehr gerettet, denn dann kommt Dh5+, was möglich ist, weil der g-Bauer durch den Läufer auf d3 gefesselt ist, und dann noch Dh6. Das Netz zieht sich zu.

19. Dg4-h5+ Kh7-g7

20. Dh5-h6+ Kg7-f7

21. Dh6-h7+ Kf7-e6

22. Dh7-h3+ Ke6-f7

23. Ta1-f1+ ...

Auch 23. e6+ gefolgt von Dh7 erzwingt das Matt schnell.

23. ... Kf7-e8

24. Dh3-e6 Tg8-g7

25. Le3-g5 Dd8-d7

26. Ld3xg6+ Tg7xg6

27. De6xg6+ Ke8-d8

28. Tf1-f8+ ...

Wieder unter Ausnutzung der Fesselung einer Figur, hier des Läufers.

28. ... Dd7-e8

29. Dg6xe8#

Partie 15
Hamppe – Meitner
(Wien, 1870)
Wiener Partie

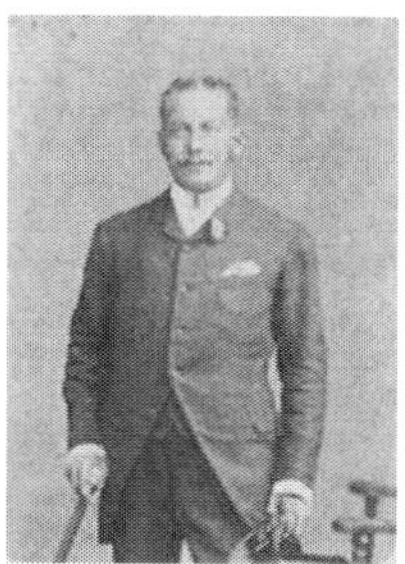

Carl Hamppe, geboren 1814 in der Schweiz, verbrachte die meiste Zeit seines Lebens in Wien, wo er als Finanzbeamter arbeitete und nebenbei in den Kaffeehäusern der Stadt Schach spielte, aber auch wichtige Turniere gewann. Die „Wiener Partie" ist nach ihm benannt. Er starb 1876 in Schwyz in der Schweiz.

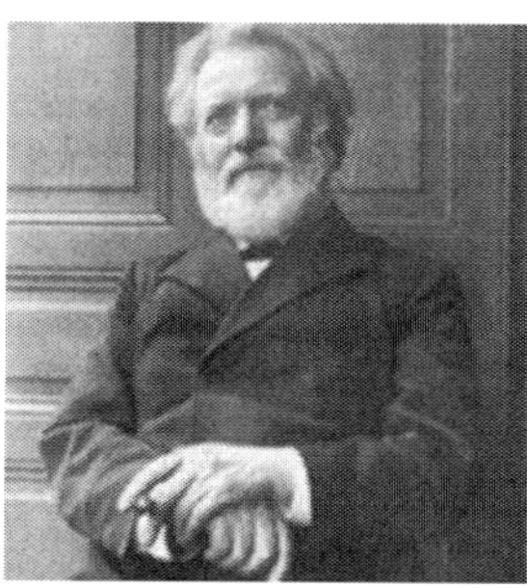

Philipp Meitner, geboren 1839 im heutigen Tschechien, kam als Anwalt in Wien zu Wohlstand. Nebenbei nahm er an städtischen Schachturnieren teil. Er starb 1910 in Wien.

Diese Partie ist als die „**Unsterbliche Remispartie**" in die Geschichte eingegangen. Sie illustriert in überaus anschaulicher Weise den sogenannten „romantischen Stil", der geprägt war durch das großzügige Opfern von Figuren; und sie zeigt, dass auch ein Remis alles andere als langweilig sein kann.

1. e2–e4 e7–e5

2. Sb1–c3 Lf8–c5

Das ist eine Variante der sogenannten „Wiener Partie", die hier gegen ihren Erfinder und Namensgeber, noch dazu in Wien gespielt wird. Normalerweise zieht Schwarz 2. ... Sf6 oder 2. ... Sc6 und kann damit den weißen Anzugsvorteil leicht ausgleichen.

3. Sc3–a4?! ...

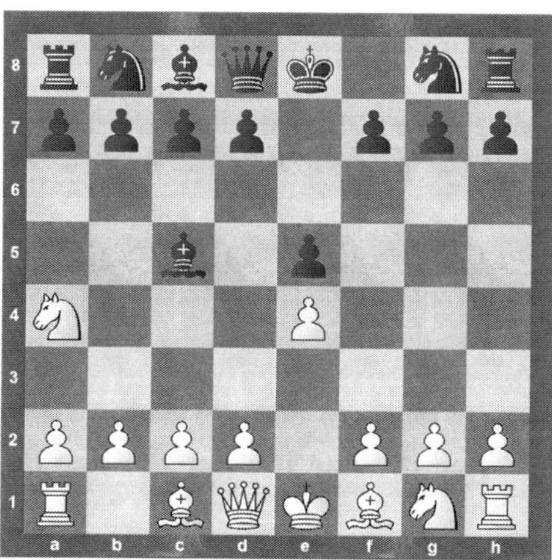

Besser wäre 3. Sf3! d6 4. d4 mit leichtem Vorteil für Weiß. Der hier gespielte Zug ist originell, aber fragwürdig, denn nach 3. ... Le7 stünde der Springer deplatziert und Schwarz hätte sich den Ausgleich schon gesichert. Hier aber geht der angegriffene Läufer direkt zum Gegenangriff über.

3. ... Lc5xf2+!

Damit spielt Schwarz aggressiv auf Vorteil und wird in der Folge versuchen, die geopferte Figur zurückzugewinnen.

4. Ke1xf2 Dd8–h4+

5. Kf2–e3 ...

Das scheint erzwungen, denn nach 5. g3 käme 5. ... Dxe4 mit Angriff auf Springer und Turm. Allerdings könnte Weiß sich in dem Fall mit 6. De1 Dxh1 7. Dxe5+ angemessen wehren.

5. ... Dh4–f4+

6. Ke3–d3 d7–d5!

7. Kd3–c3 Df4xe4

Hier hätte zuerst 7. ... d4+ Schwarz eher in Vorteil gebracht.

8. Kc3–b3 ...

Weiß führt seine kuriose Königswanderung fort und versucht, über den Umweg am Damenflügel „künstlich" zu rochieren. Besser indes wäre 8. d4 mit leichtem Vorteil.

8. ... Sb8–a6?!

Schon droht Matt durch 9. ... Db4#, aber immer noch wäre 8. ... d4 die bessere Wahl gewesen.

9. a2–a3 ...

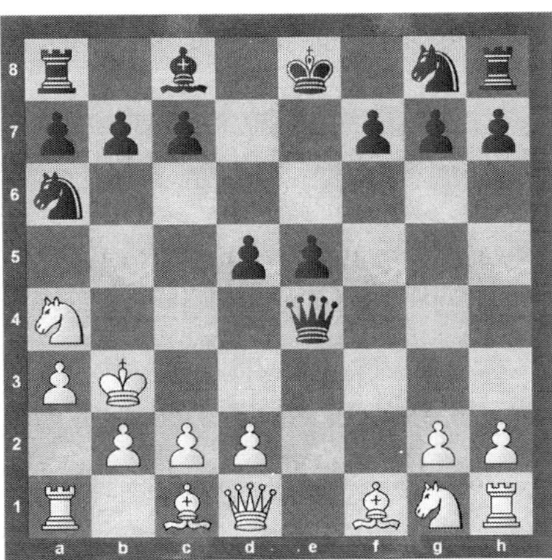

Besser war 9. d4 exd4 10. Ld3 oder 10. Lxa6.

9. ... De4xa4+?!

Ein spektakuläres Damenopfer, um die Konsolidierung mittels Sc3 und Ka2 zu verhindern, wonach Schwarz wahrscheinlich keine ausreichende Kompensation für die Minusfigur hätte. Weiß hat keine Wahl, als das Opfer anzunehmen.

10. Kb3xa4 Sa6–c5+

11. Ka4–b4 ...

Schwarz will den weißen König weiter heraus bugsieren, und der wehrt sich dagegen, aber hier wäre 11. Kb5! gefolgt von c4 oder d4 besser gewesen, weil Weiß dann die Dame in die Verteidigung hätte einschalten und sogar eine Gewinnstellung hätte erreichen können.

11. ... a7–a5+

12. Kb4xc5 ...

Noch der beste Zug, denn auf 12. Kc3 könnte folgen: 12. ... d4+ 13. Kc4 Le6+, und dann führt 14. ... Sf6 zum Mattangriff.

12. ... Sg8–e7!

Droht Matt nach 13. ... b6+.

13. Lf1–b5+ Ke8–d8

14. Lb5–c6! ...

Jeder andere Zug führt zum Matt durch 14. ... b6.

14. ... b7–b6+

Nach 14. ... bxc6? wäre der Angriff verpufft.

15. Kc5–b5 Se7xc6

16. Kb5xc6 Lc8–b7+!

Noch eine schöne Falle: Schlägt der König den Läufer, dann schneidet 17. ... Kd7 ihm den Rückweg ab und 18. ... Thb8 erledigt den Rest. Also zieht er sich wieder zurück.

17. Kc6–b5! Lb7–a6+

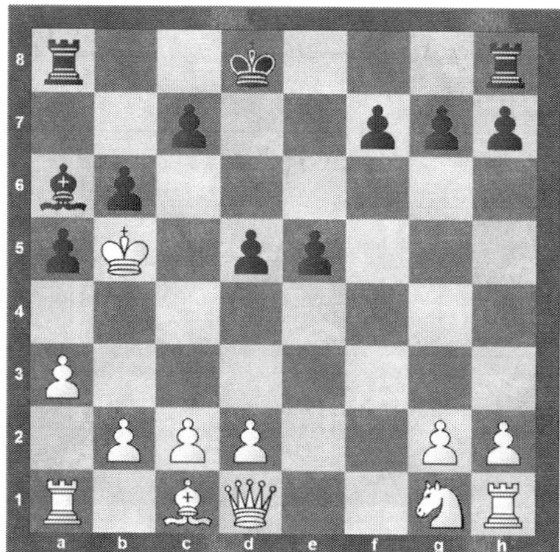

Jetzt würde 18. Ka4 durch 18. ... Lc4 und 19. ... b5 zum Matt führen. Also bleibt Weiß nur die Remis-Schaukel 18. Kc6 und 19. Kb5.

Partie 16
Knorre – Tschigorin

(St. Petersburg, 1874)

Italienisch

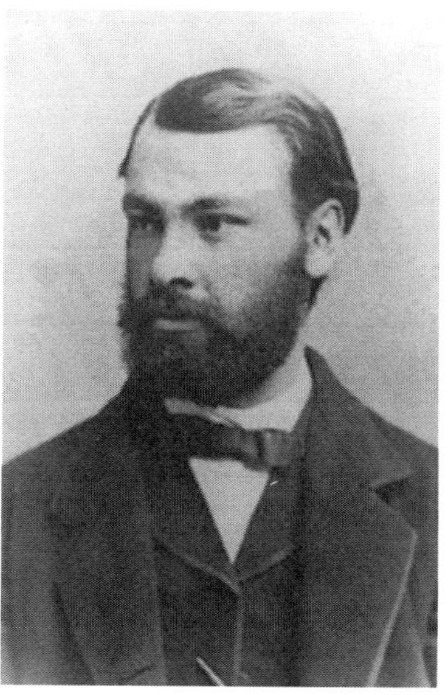

Victor Knorre, geboren 1840 in Russland, zog als junger Mann nach Berlin und war dort an der Sternwarte als Professor für Astronomie tätig. Schach spielte er nur als Hobby, konnte sich aber auch gegen die Größten seiner Zeit in freien Partien durchsetzen. Er starb 1919 in Berlin.

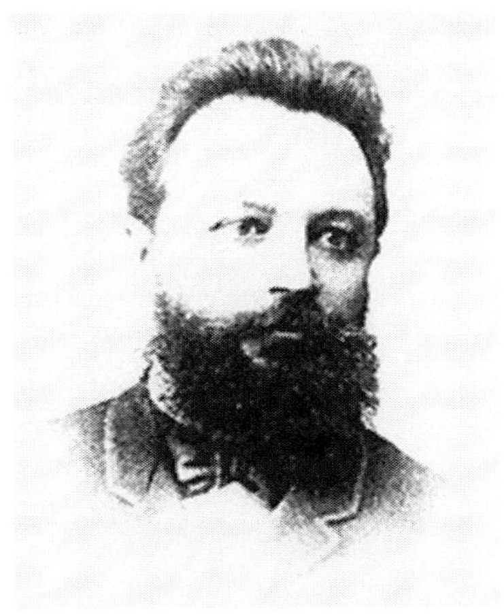

Michail Tschigorin, geboren 1850 in der Nähe von St. Petersburg, war der erste russische Großmeister. Seine Beiträge zur Eröffnungstheorie sind vielfältig und er gilt als der Wegbereiter für den Aufstieg der späteren Sowjetunion zur führenden Schachnation. Nach anfänglichen nationalen Erfolgen betrat er schnell auch die internationale Bühne und spielte zweimal um den WM-Titel gegen Steinitz, dem er allerdings nur knapp unterlag. Er starb 1908.

Die Partie hier ist eine bekannte Kurzpartie der beiden, deren Zugfolge allerdings schon vorher von Steinitz als Variante einer seiner Partien veröffentlicht worden war.

1. e2-e4	**e7-e5**
2. Sg1-f3	**Sb8-c6**
3. Lf1-c4	**Lf8-c5**
4. 0-0	**Sg8-f6**
5. d2-d3	**d7-d6**

Soweit die klassische Italienische Eröffnung; nach diesen Zügen hat Weiß eine Vielzahl von Möglichkeiten: c3 oder Sc3 wären gut, aber hier entscheidet er sich für die falsche.

6. Lc1-g5 ...

Die Idee ist natürlich, den Springer zu fesseln, was aber hier gar keinen Mehrwert hat. Und diesen Ausflug nutzt Schwarz, um ihn zurück zu drängen und gleichzeitig einen starken Angriff auf den schon rochierten König zu bekommen.

6. ...	**h7-h6**
7. Lg5-h4	**g7-g5**
8. Lh4-g3	**h6-h5!**

Es droht h4 mit Läuferfang, wobei Schwarz sich dessen bewusst ist, dass der Springer den hängenden Bauern g5 schlagen kann. Die gleiche Stellung als Schwarzer hatte Steinitz in einer anderen Partie vor sich, nämlich 1862 gegen Dubois, aber er führte sie nicht zum gleichen grandiosen Ende wie Tschigorin es hier tut.

9. Sf3xg5? ...

Sieht auf den ersten Blick gut aus, denn der Springer droht nun mit der Gabel auf f7, aber das lässt Schwarz kalt.

9. ...	**h5-h4**
10. Sg5xf7	**...**

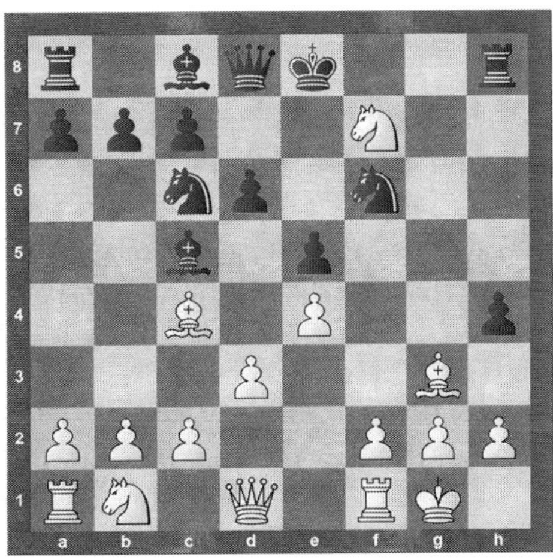

10. ... h4xg3!?

Ein effektvoller Zug, aber objektiv besser wäre 10. ... De7 mit klarem Vorteil für Schwarz. Nun aber kann Weiß dem Damengewinn nicht widerstehen und lässt dabei außer Acht, dass er noch völlig unterentwickelt ist, während die schwarzen Figuren alle sehr aktiv sind, inklusive des Bauern auf g3.

11. Sf7xd8 Lc8-g4!

Wenn Weiß jetzt das Rückopfer 12. Dxg4 anbietet, folgt erst 12. ... gxf2+ und danach 13. ... Sf6xg4 mit durchschlagendem Angriff. Also versucht er, die Dame zu retten.

12. Dd1-d2 Sc6-d4!

Der nächste Schlag, denn es droht 13. ... Se2+, was sehr unangenehm aussieht. Tatsächlich hätte Weiß das mit 13. h3 und 14. Se6 kontern können, aber er sah es nicht, sondern deckte e2, was der entscheidende Fehlgriff war.

13. Sb1-c3? Sd4-f3+!

14. g2xf3 Lg4xf3

Und dann ist das Matt durch den Turm auf der h-Linie zwar noch aufzuschieben, aber nicht mehr abzuwenden.

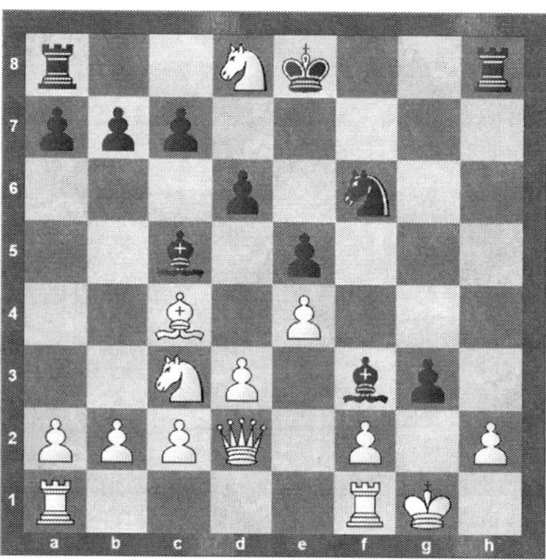

Partie 17

Zukertort – Blackburne

(London, 1883)

Englisch

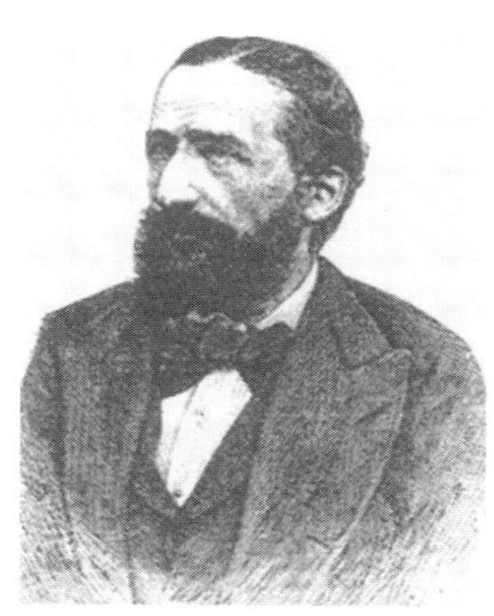

Johannes H. Zukertort, geboren 1842 in Lublin, Polen, zog als 20-Jähriger nach Breslau und wurde dort Schüler von Adolf Anderssen. Über Berlin zog er weiter nach London und wurde dort als Berufsspieler der ständige Rivale von Steinitz auf die Schachkrone. Gegen ihn spielte er dann auch 1886 in den USA die erste offizielle Weltmeisterschaft der Geschichte und unterlag relativ deutlich. Das nahm ihn psychisch stark mit und er starb kurz darauf 1888 in London.

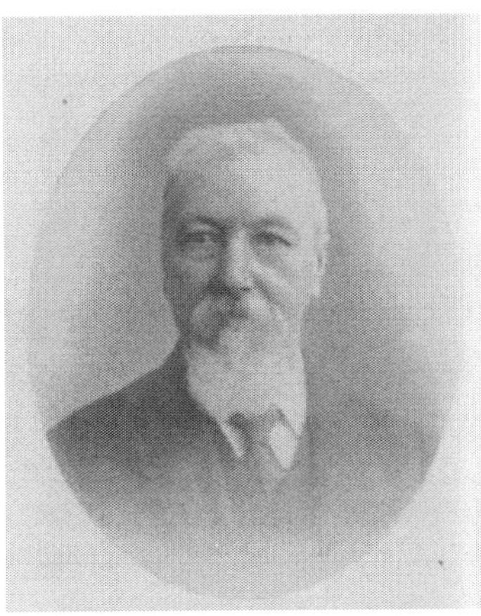

Joseph H. Blackburne, geboren 1841 in Manchester, kam durch seine Bewunderung für den Amerikaner Paul Morphy zum Schach und stieg dann schnell in England auf. In der Folge nahm er an vielen internationalen Turnieren seiner Zeit teil und erzielte teils sehr gute Platzierungen. Ein Mattbild mit drei Leichtfiguren trägt seinen Namen. Er starb im hohen Alter von 83 Jahren 1924 in London.

Diese Partie wurde am Turnier von London gespielt, das Zukertort klar vor Steinitz gewann, was ihn zum Herausforderer auf den Titel machte. Es ist eine der faszinierendsten und vollkommensten Partien der Geschichte und wird „nur" als „**Zukertorts Perle**" geführt. Das wird ihrem Rang kaum gerecht.

1. c2–c4 e7–e6

2. e2–e3 ...

Zukertort eröffnet englisch, verlässt aber schon mit dem zweiten Zug die ausgetretenen Pfade. „Normal" wäre 2. Sc3.

2. ... Sg8–f6

3. Sg1–f3 b7–b6

4. Lf1–e2 ...

Zukertort spielte diesen Zug häufig, und es wird schon ersichtlich, dass beide Seiten ihre Damenläufer zum Zentrum hin blockieren und deshalb eher fianchettieren werden.

4. ... Lc8–b7

5. 0–0 d7–d5

6. d2–d4 ...

Nach Zugumstellung haben wir damit ein Damenbauernspiel erreicht.

6. ... Lf8–d6

7. Sb1–c3 0–0

8. b2–b3 ...

Das bereitet die erwähnte Läuferentwicklung vor.

8. ... Sb8–d7

9. Lc1–b2 Dd8–e7

Ein „normaler", im Sinne von erwartbarer, Zug wäre 9. ... c5 gewesen. Mit dem Damenzug verbindet Schwarz die Türme, aber er ermöglicht damit eben auch 10. Sb5, was den Tausch Läufer-Springer erzwingt und dann Weiß das Läuferpaar belässt. Besser wäre also 9. ... a6 gewesen, um das Feld b5 zu kontrollieren.

10. Sc3–b5 Sf6–e4

Der Springer ist auf e4 perfekt positioniert und Weiß wird versuchen, ihn wieder zu vertreiben, aber zuerst kümmert er sich um den starken Läufer.

11. Sb5xd6 c7xd6

12. Sf3–d2 ...

Wie gesagt: Weiß will den zentralen Springer auf e4 loswerden, aber besser wäre 12. Se1 gefolgt von 13. f3, denn jetzt könnte der Springer direkt abgetauscht werden. Allerdings lässt Schwarz sich mit ...

12. ... Sd7–f6?

... den entscheidenden Zeitverlust zuschulden kommen, der den weißen Angriff ermöglicht.

13. f2–f3 ...

Besser wäre sogar erst 13. Sb1! und anschließend 14. f3, um den Springer zurück zu drängen, denn dann hätte der weiße Springer über c3 auch wieder ins Geschehen eingreifen können. So aber wird er getauscht.

13. ... Se4xd2

14. Dd1xd2 d5xc4?!

Zu bedenken wäre 14. ... La6!?

15. Le2xc4 d6–d5

16. Lc4–d3 ...

Das weiße Läuferpaar ist sehr gut positioniert und kontrolliert zusammen mit der Dame c2 und c3, d.h. wenn Schwarz die c-Linie mit einem Turm besetzt, nutzt es nicht viel, aber er macht es trotzdem.

16. ... Tf8–c8

Schwarz will den Springer über d7 nach f8 bringen und übersieht, dass es einen Unterschied macht, welchen Turm man zunächst nach c8 bringt, um die c-Linie zu besetzen. Besser wäre 16. ... a5 gewesen, um mit 17. ... La6 den Abtausch des starken weißen Läufers zu erzwingen.

17. Ta1–e1! ...

Weiß überlässt Schwarz die c-Linie und unterstützt den e- und den f-Bauern, um den Angriff über das Zentrum vorzubereiten.

17. ... Tc8–c7?!

Schwarz hält an seinem Plan fest. Immer noch wäre 17. ... a5! besser.

18. e3–e4 Ta8–c8

Sieht gefährlich aus, ist es aber nicht; und entsprechend ignoriert Zukertort es und setzt den Angriff fort.

19. e4–e5 Sf6–e8

Die ursprüngliche Idee 19. ... Sd7 wäre immer noch besser gewesen.

20. f3–f4 g7–g6?

Schwarz agiert zu vorsichtig und wehrt sich zu zaghaft gegen die anstürmenden Bauern. Besser wäre das aggressivere 20. ... f5! Gewesen.

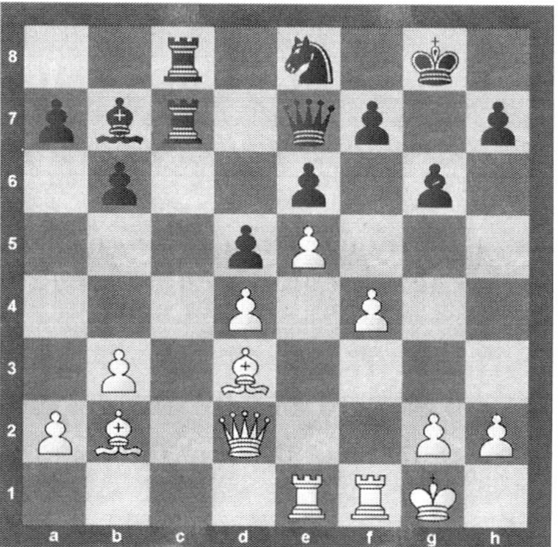

21. Te1–e3! ...

Schon hier muss Zukertort die Kombination gesehen haben, die im 28. Zug folgen wird, denn dieser Turmzug ermöglicht sie erst. Man sieht direkt, welche Gefahr nach 22. Th3 und der Freilegung der Diagonale für die Dame nach 24. f5 drohen könnte. Dem setzt Blackburne den f-Bauern entgegen.

21. ... f7–f5

Leicht besser wäre 21. ... Sg7, auch wenn Weiß den Angriff danach mit 22. g4 fortsetzen kann.

22. e5xf6! e.p. Se8xf6

Besser hätte Schwarz mit der Dame zurückgeschlagen, obwohl Weiß auch nach 22. ... Dxf6 23. De1 Sg7 24. g4 alle Zeit der Welt gehabt hätte, einen unwiderstehlichen Angriff zu beginnen.

23. f4–f5! ...

Weiß setzt den Angriff kräftig fort und startet damit eine Kombination, die in die Geschichte eingegangen ist. Der e-Bauer ist gefesselt und auf 23. ... gxf5 folgt 24. Lxf5 Se4 25. Lxe4 dxe4 26. Tg3+ und das Spiel ist aus.

23. ... Sf6–e4

Das ist noch die beste Antwort, aber Weiß findet eine gewinnbringende Fortsetzung.

24. Ld3xe4 d5xe4

Jetzt sieht es so aus, als ob die c-Linie doch zum Problem für Zukertort werden könnte, aber er greift weiter an und lässt es zu, dass der Turm auf die zweite Reihe kommt.

25. f5xg6! ...

Das öffnet die schwarze Königsstellung nachhaltig. Auf 25. ... hxg6 folgt nun 26. Tg3 und 27. Dh6 oder 27. d5. Also versucht Schwarz den Angriff auf der c-Linie.

25. ... Tc7–c2

Damit ist die Dame angegriffen, aber Weiß hat durchschlagende Züge und ist schneller.

26. g6xh7+ ...

Wenn Schwarz diesen Bauern mit Dame oder König schlägt, kommt 27. Tg3+ oder 27. Th3+, gefolgt von 28. Dh6. Also muss der König in die Ecke.

26. ... Kg8–h8

27. d4–d5+ e6–e5

Der einzig sinnvolle Zug, ...

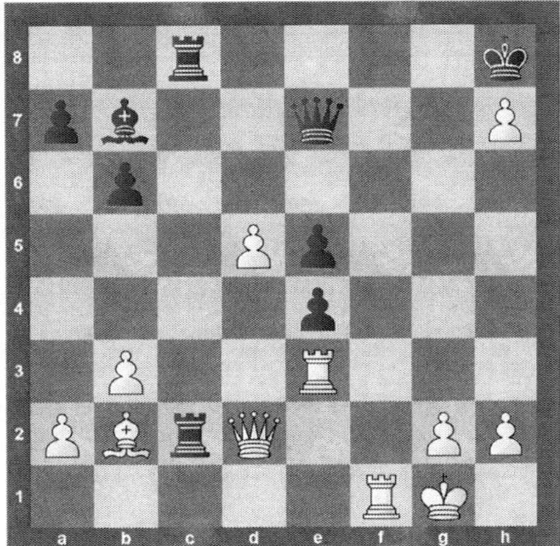

... aber nun folgt der krönende Meisterzug:

28. Dd2–b4! ...

Und dieser Zug ist tatsächlich ein Meisterwerk, denn er lenkt die Dame von der Verteidigung der Stellung ab, d.h. wenn Schwarz das Damenopfer mit 28. ... Dxb4 annimmt, dann eröffnet 29. Lxe5+ offensichtlich den Mattangriff. Und die Deckung der Dame mit 28. ...Te8 wird mit 29. d6 beantwortet.

Also muss Schwarz die Diagonale zwischen den Damen mit einem der Türme blockieren ...

28. ... Tc8–c5

... und wiegt sich vielleicht in Sicherheit, aber das folgende Turmopfer zerstört seine Stellung vollends.

29. Tf1–f8+! ...

Noch so ein Meisterzug! Falls die Dame den Turm nimmt, dann antwortet Weiß mit 30. Lxe5+ und 31. Dxe4+. Also tritt der König die Flucht an.

29. ... Kh8xh7

30. Db4xe4+ Kh7–g7

31. Lb2xe5+ ...

Stattdessen 31. Tg8+! hätte zu einem schnelleren Ende geführt.

31. ... Kg7xf8

Klar, dass nach 31. ... Kh6 32. Th3+ gleichfalls Matt folgt.

32. Le5–g7+! ...

Zum Schluss ein „sympathischer“ Zug. Wenn die Dame den Läufer nimmt, dann kommt 33. De8#.

32. ... Kf8–g8

33. De4xe7

Danach gab Schwarz die Partie auf.

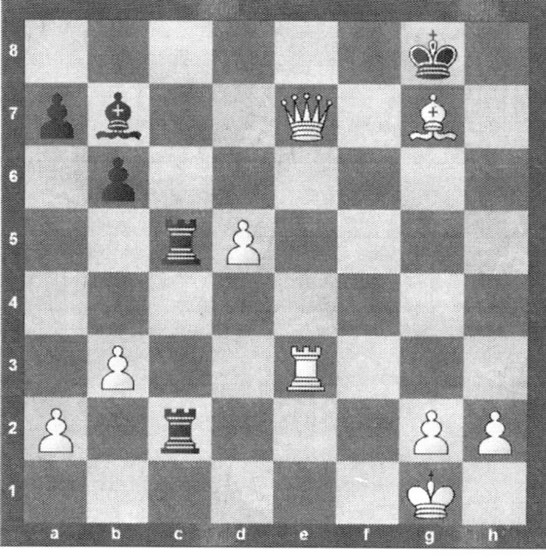

Partie 18

Lasker – Bauer

(Amsterdam, 1889)

Bird Eröffnung

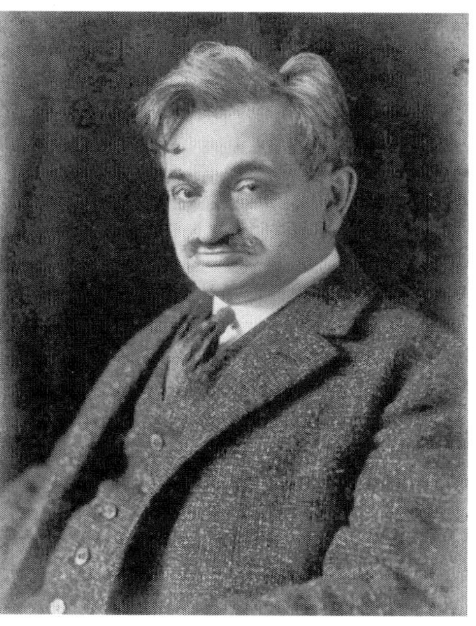

Emanuel Lasker, 1868 geboren im heutigen Polen, studierte Mathematik in Berlin und Göttingen und zog 1891 nach London, um dort professionell Schach zu spielen. Nach guten Erfolgen übersiedelte er in die USA, wo er 1894 gegen den amtierenden Weltmeister Steinitz antreten konnte und überlegen gewann. Weniger als drei Jahre später gab er Steinitz Gelegenheit zur Revanche, aber diesen Wettkampf konnte er als neuer Weltmeister noch deutlicher für sich entscheiden. Danach verteidigte er seinen Titel erfolgreich ein Vierteljahrhundert lang – und damit länger als jeder andere Weltmeister bisher – u.a. gegen seinen ständigen Rivalen Siegbert Tarrasch (s. Partie 19) und den US-Amerikaner Frank Marshall (s. Partie 26). Erst 1921 wurde er entthront, und zwar von José Raul Capablanca, wobei er tatsächlich schon vorher freiwillig auf den Titel verzichtet hatte. Allein wegen seiner jahrzehntelangen Dominanz ist er unbestritten einer der herausragendsten Spieler der Schachgeschichte; nicht wenigen gilt er gar als der Beste. Neben dem Schach lieferte er auch nennenswerte wissenschaftliche Beiträge in der Mathematik und der Philosophie; und er betätigte sich rege an Erfindungen anderer Spiele. Er starb 1941 in New York.

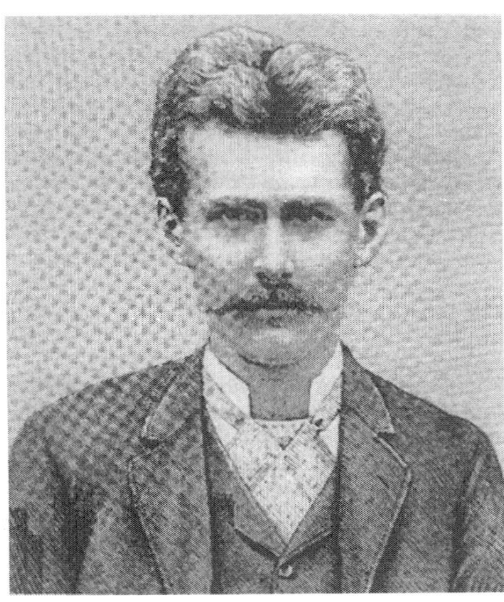

Johann Hermann Bauer, geboren 1861 in Prag, übersiedelte als junger Erwachsener nach Wien und arbeitete dort als Buchhalter. Er widmete sich jedoch die meiste Zeit dem Schach und konnte einige wenige Erfolge an Turnieren erzielen. Seine Schachkarriere wurde allerdings durch seinen frühen Tod im Jahre 1891 im Alter von nur 29 Jahren jäh beendet. Er ist uns im Wesentlichen bekannt wegen dieser Partie gegen den späteren Weltmeister.

In dieser Partie bringt Lasker ein **doppeltes Läuferopfer**; ein Motiv, das später noch häufig wiederholt wurde, u.a. von Judit Polgar gegen Karpow mehr als 100 Jahre später, nämlich 2003.

1. f2–f4 d7–d5

2. e2–e3 ...

Eine eher ungewöhnliche, aber durchaus spielbare Eröffnung.

2. ... Sg8–f6

3. b2–b3 e7–e6

Besser wäre 3. ... Lg4 und Abtausch gegen den Springer nach 4. Sf3. Der e-Bauer verhindert jetzt die Entwicklung des weißfeldrigen Läufers.

4. Lc1–b2 Lf8–e7

5. Lf1–d3 ...

Weiß richtet beide Läufer von Anfang an auf die absehbare gegnerische Rochadestellung am Königsflügel aus.

5. ... b7–b6

6. Sg1–f3 Lc8–b7

7. Sb1–c3 Sb8–d7

8. 0–0 0–0

Jetzt haben beide Seiten die Entwicklungen der Leichtfiguren abgeschlossen und könnten zum Angriff übergehen. Weiß hätte 9. Se5 zu bieten, Schwarz 9. ... Se4, aber Lasker überführt zunächst den anderen Springer auf den Königsflügel und lässt dabei den Abtausch seines weißfeldrigen Läufers zu.

9. Sc3–e2 c7–c5

Auch die Antwort von Schwarz überzeugt nicht. Besser wäre Sc5 mit Angriff auf den Ld3.

10. Se2–g3 Dd8–c7

11. Sf3–e5 Sd7xe5

12. Lb2xe5 ...

Weiß nutzt die Passivität des Schwarzen und geht als erster in den Angriff über. Der Läuferzug attackiert die Dame, aber besser wäre fxe5 gewesen, um die f-Linie für den Turm f1 zu öffnen.

12. ... Dc7–c6

13. Dd1–e2 a7–a6

Weiß greift zwar an, bleibt aber vorsichtig. Der letzte Damenzug richtet sich gegen die potentielle Mattdrohung nach 13. ... d4. Und Schwarz bleibt sehr passiv; der letzte Zug ist kaum nachvollziehbar.

14. Sg3–h5 ...

Wenn jetzt 14. ... d4, dann 15. Lxf6 Lxf6 16. Dg4 drohend Sxf6, also 16. ... Kh8 und dann 17. Tf3 Tg8 18. Lxh7! wäre gewonnen für Weiß. Also nimmt Schwarz den Springer.

14. ... Sf6xh5

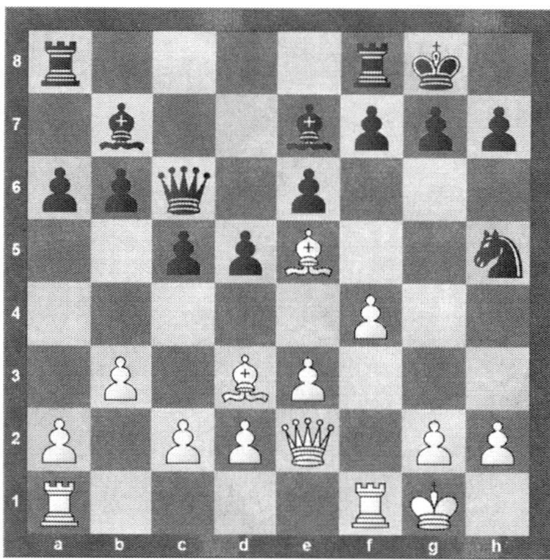

Diese Stellung liefert den Startpunkt für das Motiv der Partie, nämlich das doppelte Läuferopfer; beginnend mit dem ersten Läufer, ...

15. Ld3xh7+! Kg8xh7

16. De2xh5+ Kh7–g8

... folgt sogleich der zweite Streich:

17. Le5xg7!! ...

Angesichts der Drohung Dh8# hat Schwarz keine Wahl.

17. ... Kg8xg7

Nun rollen die Schwerfiguren heran und versuchen, das Matt auf den Linien g und h zu erzwingen.

18. Dh5–g4+ Kg7–h7

Nach 18. ... Kf6 setzt 19. Dg5 matt.

19. Tf1–f3 ...

Stellt die Mattdrohung Th3 auf, und dagegen ist nur ein Kraut gewachsen:

19. ... e6–e5

Das ebnet der Dame den Weg auf den Königsflügel, wo sie sich allerdings opfern muss.

20. Tf3–h3+ Dc6–h6

21. Th3xh6+ Kh7xh6

Damit sieht es materiell gar nicht so schlecht aus für Schwarz, aber Lasker hat noch ein Ass im Ärmel.

22. Dg4–d7! ...

Die Gabel der Dame auf die beiden ungedeckten Läufer gewinnt eine weitere Figur und damit die ganze Partie. Bevor Schwarz aufgab, folgten noch diese – jetzt eher unwichtigen – Züge:

22. ... Le7–f6

23. Dd7xb7 Kh6–g7

24. Ta1–f1 Ta8–b8

25. Db7–d7 Tf8–d8

26.	Dd7–g4+	Kg7–f8
27.	f4xe5	Lf6–g7
28.	e5–e6	Tb8–b7
29.	Dg4–g6	f7–f6
30.	Tf1xf6+	Lg7xf6
31.	Dg6xf6+	Kf8–e8
32.	Df6–h8+	Ke8–e7
33.	Dh8–g7+	Ke7xe6
34.	Dg7xb7	Td8–d6
35.	Db7xa6	d5–d4
36.	e3xd4	c5xd4
37.	h2–h4	d4–d3
38.	Da6xd3	

Partie 19

Tarrasch – Marco

(Dresden, 1892)

Spanisch

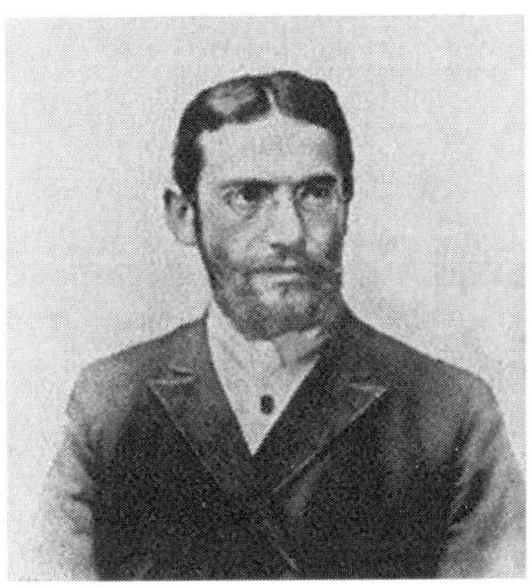

Siegbert Tarrasch, geboren 1862 in Breslau und von Beruf Mediziner, gilt er als einer der bedeutendsten Schachtheoretiker. Seine Beiträge zur Schachliteratur sind immens und gehören auch heute noch zum Standard. Er war ein hervorragender Turnierspieler und erzielte seine größten Erfolge um die Jahrhundertwende. 1908 spielte er gegen Emanuel Lasker um die Weltmeisterschaft, verlor aber klar. Er starb 1934 in München.

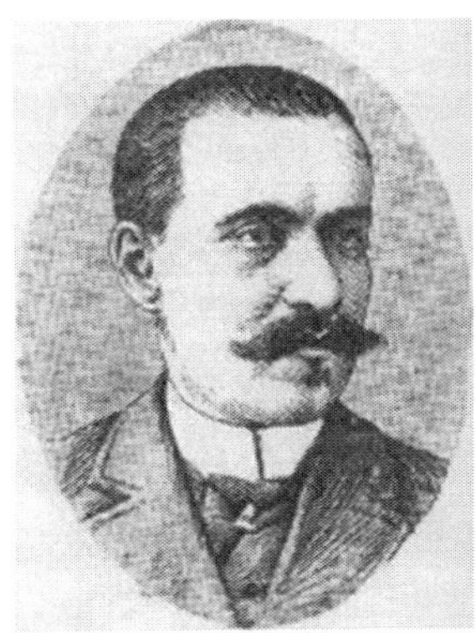

Georg Marco, 1863 in der Bukowina, in der heutigen Ukraine, geboren, spielte die meiste Zeit seines Lebens in Wien und erreichte nennenswerte Platzierungen an den internationalen Turnieren seiner Zeit. Er starb 1923 in Wien.

In dieser Partie wandte Tarrasch das erste Mal das Motiv der sogenannten „**Tarrasch-Falle**“ an, die er später in mehreren Varianten weiterentwickelte. Er selbst zitiert sie auch in seinem Lehrbuch „Das Schachspiel“ in der Behandlung der Spanischen Eröffnung.

1. e2–e4	**e7–e5**
2. Sg1–f3	**Sb8–c6**
3. Lf1–b5	**d7–d6**

Die Steinitz-Verteidigung in der Spanischen Partie. Weiß setzt aggressiv fort, Schwarz bleibt passiv.

4. d2–d4	**Lc8–d7**
5. Sb1–c3	**Sg8–f6**
6. 0–0	**...**

Soweit läuft alles in theoretisch abgesicherten Bahnen. In dieser Situation zog Schwarz in der „Ukrainischen Unsterblichen" (s. Partie 34) aggressiv 6. ... Sxd4 und verlor. Hier setzt Schwarz weiterhin sehr sicherheitsbewusst fort.

6. ...	**Lf8–e7**

Das bereitet die Rochade vor, wonach Weiß die Falle aufsetzt:

7. Tf1–e1!	**...**

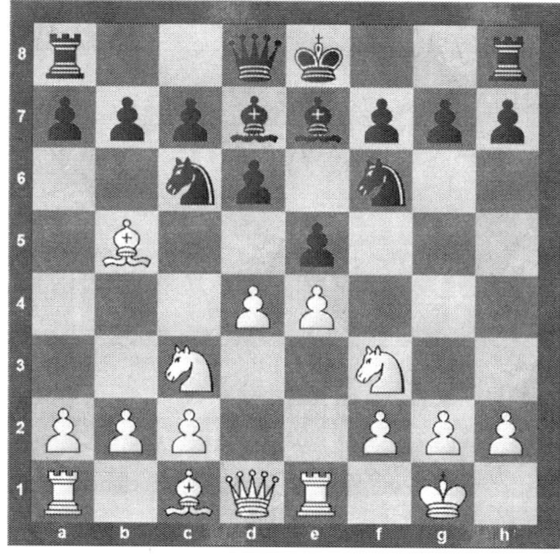

Der Turmzug ist eine Neuerung Tarraschs. Damals üblich war 7. Lg5 oder 7. d5. Marco erkennt die damit verbundene Drohung nicht – was man ihm aber kaum verübeln kann – sonst hätte er jetzt wohl 7. ... exd4 gespielt. Danach hätte die Partie mit 8. Sxd4 in eine der Hauptvarianten der Steinitz-Verteidigung einmünden können.

7. ...	**0–0?**

Das erlaubt Weiß die folgende Kombination:

8. Lb5xc6	**Ld7xc6**
9. d4xe5	**d6xe5**
10. Dd1xd8	**Ta8xd8**
11. Sf3xe5	**...**

Weiß hat jetzt durch die drei Abtausche einen Bauern gewonnen, aber Schwarz meint, diesen nun auf e4 zurückzugewinnen. Dieser ist nämlich zweimal angegriffen, aber faktisch nur einmal gedeckt, denn der Turm auf e1 fällt als Deckung aus, weil er wegen der Drohung Td8–d1+ nebst Matt an die Grundreihe gebunden ist. Also greift Schwarz zu.

11. ...	**Lc6xe4?**

Und das ist genau die Falle, in die er tappt, denn der Bauer ist vergiftet.

12. Sc3xe4 Sf6xe4

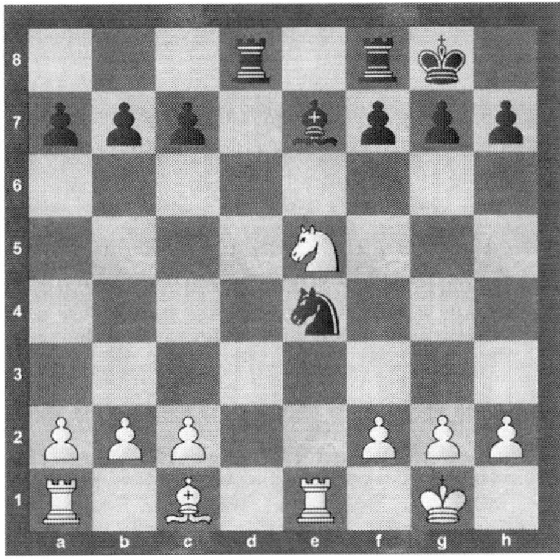

Nochmal ein Abtausch, aber jetzt hat Weiß eine gewinnbringende Fortsetzung:

13. Se5–d3! ...

Damit ist die Drohung Td1 gekontert und gleichzeitig sind der Springer auf e4 und der Läufer auf e7 vom Turm e1 attackiert. Schwarz kann vorerst noch den Springer decken.

13. ... f7–f5

14. f2–f3 ...

Mit 14. ... Lh4 15. g3 Sxg3 16. hxg3 Lxg3 17. Txe7 könnte Schwarz jetzt zumindest zwei Bauern für eine Figur einheimsen, würde aber auf Verlust stehen. Also entscheidet sich für den Angriff mit Schach.

14. ... Le7–c5+

15. Kf1 wäre jetzt schlecht, da Schwarz nach 15. ... Lb6 (oder Ld4) 16. fxe4 wegen 16. ... fxe4+ die Figur direkt zurückgewinnt. Also tauscht Weiß weiter.

15. Sd3xc5 Se4xc5

16. Lc1–g5! ...

Das zielt zunächst auf den Turm und droht schon mit der Läufergabel auf e7.

16. ... Td8–d5

17. Lg5–e7 Tf8–e8

Schwarz bietet weitere Abtausche an, aber Weiß hat etwas Besseres vor.

18. c2–c4!

Danach muss der Turm d5 abziehen und Weiß kann den Springer erobern. Alternativ resultiert der Abtausch auf e7 im Verlust der Qualität. Interessant wäre noch 18. ... Sd3 19. cxd5 Sxe1 20. Txe1 Kf7, aber dann kann Weiß mit 21. Lb4 den Läufer sichern und den Turm decken.

Aber all das interessiert Schwarz nicht mehr. Er gibt auf.

Partie 20

Steinitz – Bardeleben

(Hastings, 1895)

Italienisch

Wilhelm Steinitz, s. Partie 14

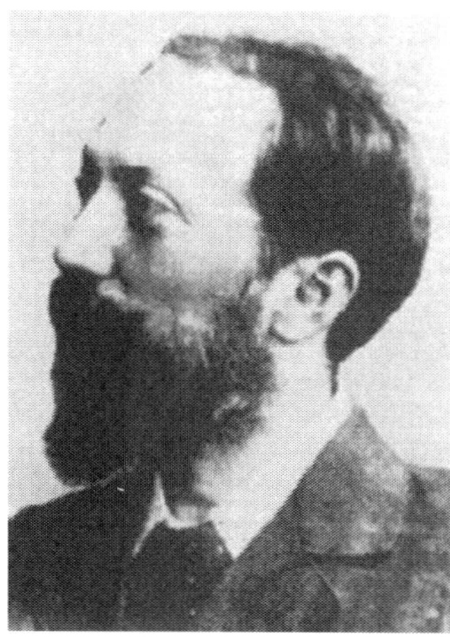

Curt von Bardeleben, geboren 1861 in Berlin, war von Haus aus mit familiärem Reichtum ausgestattet, so dass er sich allein mit Schach befassen konnte und im Kaiserreich zu den besten Spielern zählte. Menschlich galt er als schwierig, und nachdem er durch die Inflation sein gesamtes Vermögen verloren hatte, starb er 1924 in Berlin, vermutlich durch Selbstmord.

Diese Partie, gespielt am berühmten Turnier in Hastings 1895, sah Steinitz selbst als seine beste an; nennen wir sie also „**Steinitz´ Beste**“. Tatsächlich errang er damit an besagtem Turnier auch den „Schönheitspreis“, aber leider endete sie mit einer unschönen Unsportlichkeit seitens des Verlierers.

1. e2–e4 e7–e5

2. Sg1–f3 Sb8–c6

3. Lf1–c4 Lf8–c5

4. c2–c3 Sg8–f6

5. d2–d4 e5xd4

6. c3xd4 Lc5–b4+

7. Sb1–c3 ...

Bis hierhin ist das der „Greco-Angriff“ in der Hauptvariante der Italienischen Eröffnung. Üblich wäre nun 7. ... Sxe4, was nach 8. 0-0 Lxc3 9 d5 zum sogenannten „Möller-Angriff“ führt, aber Schwarz weicht ab ...

7. ... d7–d5?!

... woraufhin Weiß im Zentrum abtauscht und somit die e-Linie öffnet.

8. e4xd5 Sf6xd5

9. 0–0! ...

Dadurch wird der Springer auf c3 bzw. ein Bauernopfer angeboten, was Schwarz allerdings besser ablehnt, denn nach dem Abtausch könnte Weiß mit Db3 auf den schwachen Punkt f7 zielen und zusammen mit La3 einen gefährlichen Angriff starten. Andererseits ist jetzt aber auch der Springer d5 angegriffen, und wenn Schwarz das Opfer nicht annimmt, muss er sein Material schützen und deckt folglich den Springer.

9. ... Lc8–e6

Doch Weiß kann Angriff und Entwicklung fortsetzen.

10. Lc1–g5 Lb4–e7

11. Lc4xd5! ...

Damit leitet Steinitz eine Abtausch-Sequenz und eine Bereinigung des Zentrums ein, an deren Ende er klar besser steht.

11. ... Le6xd5

12. Sc3xd5 Dd8xd5

13. Lg5xe7 Sc6xe7

Wäre jetzt Schwarz am Zug, könnte er rochieren und wir hätten eine einigermaßen ausgeglichene Stellung, aber Weiß ist am Zug und verhindert genau das.

14. Tf1–e1 ...

Jetzt würde nach der Rochade der gefesselte Springer fallen. Außerdem droht 15. Te5 mit einer Verdoppelung oder gar Verdreifachung der Schwerfiguren auf der e-Linie.

14. ... f7–f6

Das ist gegen Te5 gerichtet, und es soll dem König ein Schlupfloch öffnen, so dass der Turm auf h8 ins Geschehen eingreifen kann. 14. ... Kf8 wäre auch infrage gekommen, um den Springer zu entfesseln.

15. Dd1–e2?! ...

Mit der Mattdrohung durch 16. De7#. Allerdings wäre 15. Da4+ besser gewesen – wie spätere Analysen ergeben haben. Nach 15. ... Kf7 hätte Weiß mit 16. Se5+ fxe5 17. Txe5 schnell eine Gewinnstellung.

15. ... Dd5–d7

16. Ta1–c1 ...

Schwarz sollte jetzt 16. ... Kf7! ziehen, um den Springer von der Fesselung zu befreien und ihn so schnell wie möglich nach d5 ziehen, aber Schwarz zieht es vor, den Druck auf der c-Linie abzuschwächen

16. ... c7–c6?

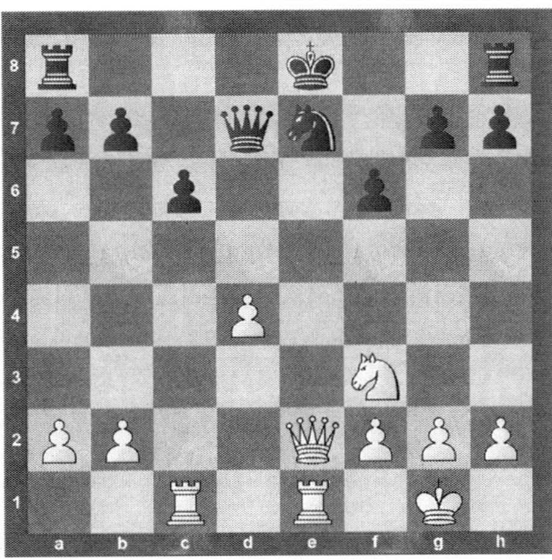

Ein klarer Fehler, der aber das folgende schachliche Kunstwerk ermöglicht.

17. d4–d5!! ...

Ein prachtvolles Bauernopfer, welches den entscheidenden Offiziersangriff einleitet, denn er aktiviert alle weißen Figuren; vor allem den Springer, der über das frei geräumte Feld d4 und e6 eingreifen wird.

17. ... c6xd5

18. Sf3–d4 Ke8–f7

Richtig, aber zu spät.

19. Sd4–e6 ...

Mit der Drohung 20. Tc7.

19. ... Th8–c8

20. De2–g4! ...

Mit der vernichtenden Drohung 21. Dxg7+.

20. ... g7–g6

21. Se6–g5+! ...

Geniales Schachgebot, und gleichzeitig wird durch den Abzug die Dame attackiert, d.h. der Springer kann nicht geschlagen werden.

21. ... Kf7–e8

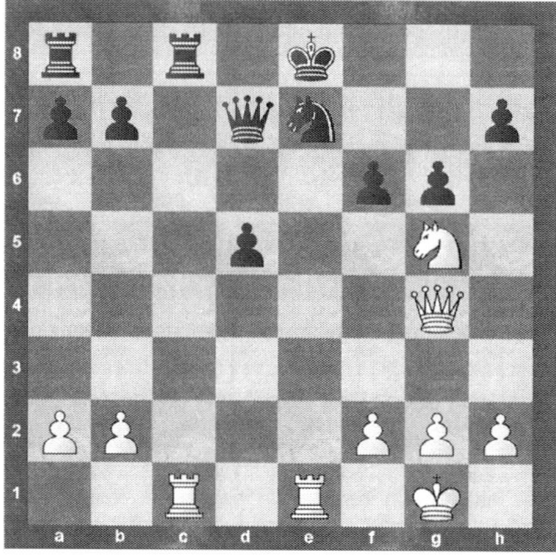

22. Te1xe7+!! ...

Normalerweise hätte man sich mit 22. Sxh7 und der drohenden Springergabel 23. Sf6+ begnügt, aber Steinitz sah mehr.

Falls jetzt 22. ... Kxe7, dann käme 23. Te1+ oder Db4+, und beides mündet direkt in einen Mattangriff. Auch 22. ... Dxe7 verliert nach 23. Txc8+. Also versucht Schwarz es noch mit einer Finte:

22. ... Ke8–f8

Kein schlechter Zug, denn jetzt sind alle weißen Figuren angegriffen, darunter der Turm c1 kritisch, d.h. nach 23. Dxd7?? würde Schwarz mit 23. ... Txc1+ matt setzen. Aber das ist Steinitz natürlich nicht entgangen, und er spielt sehr akkurat weiter:

23. Te7–f7+ ...

Auf 23. ... Dxf7 entscheidet 24. Txc8+, und auf 23. ... Ke8 kommt Dxd7#. Also wandern beide weiter.

23. ... Kf8–g8

24. Tf7–g7+ Kg8–h8

25. Tg7xh7+!

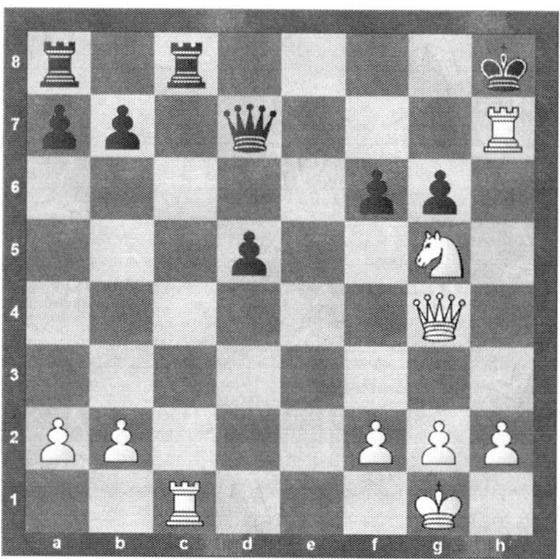

Schwarz gibt hier auf, bzw. von Bardeleben verließ den Spieltisch und kehrte nicht wieder zurück. Sicher war diese Unsportlichkeit durch die zu erwartende Zugsequenz ausgelöst. Eine Variante derselben stammt von Steinitz selbst:

25. ...Kg8 26. Tg7+ Kh8 27. Dh4+ Kxg7 28. Dh7+ Kf8 29. Dh8+ Ke7 30. Dg7+ Ke8 31. Dg8+ Ke7 32. Df7+ Kd8 33. Df8+ De8 34. Sf7+ Kd7 35. Dd6#.

Das wäre ein wunderschönes Mattbild gewesen, aber auch ohne dieses verlieh die Tunierleitung ihm für diese Partie den Schönheitspreis.

Partie 21
Pillsbury – Lasker
(St. Petersburg, 1896)
Damengambit

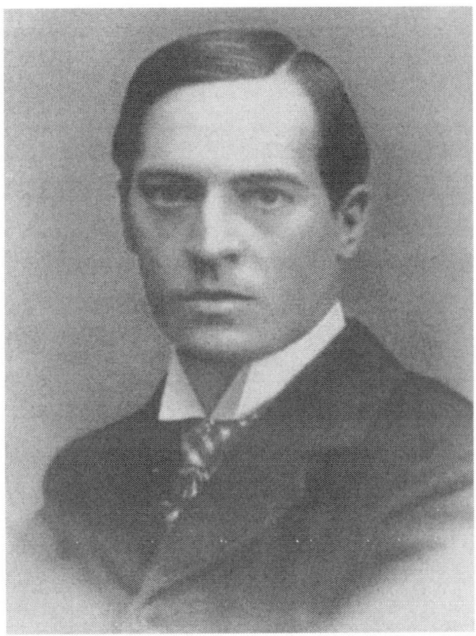

Harry N. Pillsbury, geboren in Massachusetts 1872, verbrachte sein leider kurzes Leben an der amerikanischen Ostküste. Ähnlich wie Paul Morphy war sein Stern in ganz kurzer Zeit aufgegangen. Internationale Beachtung erhielt er durch seinen Sieg am stark besetzten Turnier von Hastings 1895. Kurz darauf erkrankte er schwer und starb 1906 im Alter von nur 33 Jahren in Philadelphia.

Emanuel Lasker, s. Partie 18

Die Partie hier bezeichnete Lasker selber als die „allerbeste seines Lebens", so dass wir sie – analog der vorherigen – **„Laskers Beste"** nennen wollen. In ihrem Verlauf schwankt sie immer wieder hin und her, aber am Ende setzt sich das kreative Spiel des damals amtierenden Weltmeisters durch.

1. d2–d4 d7–d5

2. c2–c4 ...

Pillsbury spielt Damengambit, Lasker lehnt ab.

2. ... e7–e6

3. Sb1–c3 Sg8–f6

4. Sg1–f3 c7–c5

Dieser Bauernzug führt zur „verbesserten" Tarrasch-Verteidigung. Die Hauptvariante wäre nun 5. cxd5 Sxd5 6. e4 Sxc3 7. bxc3, aber davon weicht Pillsbury mit einem damals beliebten, aber heute selten gespielten Zug ab:

5. Lc1–g5 ...

Weiß fesselt erstmal den Springer, was aber zu diesem Zeitpunkt nicht unbedingt nötig ist und auf den Abtausch im Zentrum keinen Einfluss hat.

5. ... c5xd4!

6. Dd1xd4?! ...

Besser wäre 6. Sxd4!. Nach etwa 6. ... e5 7. Lxf6 gxf6 8. Sb3 d4 9. Sd5 würde Schwarz zwar das Läuferpaar behalten, aber dafür wäre Weiß deutlich besser entwickelt. So verliert Weiß jetzt ein Tempo durch den Angriff auf seine Dame.

6. ... Sb8–c6

7. Dd4–h4 ...

Stattdessen wäre 7. Lxf6 gxf6 8. Dh4 die bessere Alternative gewesen.

7. ... Lf8–e7

8. 0–0–0 ...

Die lange Rochade ist aggressiv und nicht ungefährlich, da der weiße Damenflügel durch den Eröffnungszug c4 geschwächt worden war, d.h. die c-Linie und die Diagonale b1–h7 sind offen.

Andererseits aber hat Weiß fast alle Figuren entwickelt und der Turm auf d1 ist gut gegenüber der schwarzen Dame positioniert. Deswegen nimmt Lasker sie aus der Schusslinie.

8. ... Dd8–a5

9. e2–e3? ...

Natürlich mit der Idee, den Läufer f1 zu entwickeln, aber das hätte Pillsbury besser mit 9. cxd5 exd5 und dann 10. e4! erreicht.

9. ... Lc8–d7?!

Offenbar verfolgt er den Plan, den Turm nach c8 zu bringen. Besser jedoch wäre es gewesen, dem Läufer auf g5 mit 9. ... h6! auf den Zahn zu fühlen. Tauscht Weiß Läufer gegen Springer auf f6, dann erhält Schwarz nach 10. ... Lxf6 direkt eine Gewinnstellung aufgrund des Doppelangriffs gegen die Dame und die Königsstellung,

10. Kc1–b1?! ...

Auch das ist eher nachlässig gespielt. Pillsbury hätte auch hier immer noch 10. cxd5 spielen sollen. Nach 10. ... exd5 könnte er mit 11. Df4! die Dame aus der Schusslinie des Läufers auf e7 bringen und das unangenehme 11. ... h6 verhindern, weil dann nach dem Abtausch auf f6 der Bauer auf d5 hängt und mit 13. Txd5 fallen würde.

10. ... h7–h6!

Der Zug ist jetzt wirklich überfällig, aber natürlich kann der Läufer wegen des auf h8 hängenden Turms nicht geschlagen werden.

11. c4xd5 e6xd5

12. Sf3–d4 0–0

Die Rochade hebt die Fesselung des h-Bauern auf, so dass der Läufer g5 sich entscheiden muss. 13. Lf4 scheitert an 13. ... Se4! – Gardez! – d.h. der Abtausch auf f6 ist jetzt erzwungen und erhöht den Druck gegen c3.

13. Lg5xf6 Le7xf6

14. Dh4–h5 Sc6xd4?!

14. ... Le6 wäre besser gewesen. Danach hätte z.B. 15. Sxe6?! fxe6 die f-Linie geöffnet, und die Drohungen 16. ... Lxc3 und 17. ... Txf2 wären durchschlagend. Auch belässt der Abzug des Springers die Dame ungedeckt.

15. e3xd4 Ld7–e6

16. f2–f4?! ...

„Angriff ist die beste Verteidigung“ wird Weiß sich hier gedacht haben, und wollte sicher eine Bauernlawine in Gang setzen. Klüger wäre es gewesen, sich die Fesselung des Bauern d5 zunutze zu machen, den Läufer über c4 nach b3 zu bringen und ihn von dort in die Verteidigung einzubinden. Auch De2 wäre sinnvoller gewesen, aber Pillsbury sah sich wahrscheinlich auf der Gewinnerstraße und musste seine Stellung klar überschätzt haben.

Das Manöver mit dem f-Bauern verdammt den Läufer f1 zur Passivität und kostet Pillsbury genau die Zeit, die Lasker nutzt, um den Turm auf a8 zu aktivieren.

16. ... Ta8–c8

17. f4–f5 ...

Normalsterbliche hätten jetzt sicher 17. ... Ld7 gezogen – und das ist auch tadellos -, aber Lasker spielt hier ein mutiges und wunderbares Qualitätsopfer, das den Angriff einleitet:

17. ... Tc8xc3!?

Es ist ein Wettlauf darum, welcher Angriff sich schneller entfaltet. Auf den Flanken stehen jeweils b- und g-Bauer gleichstark bereit, aber im Zentrum ist der schwarze d-Bauer besser positioniert als sein weißes Pendant.

18. f5xe6! ...

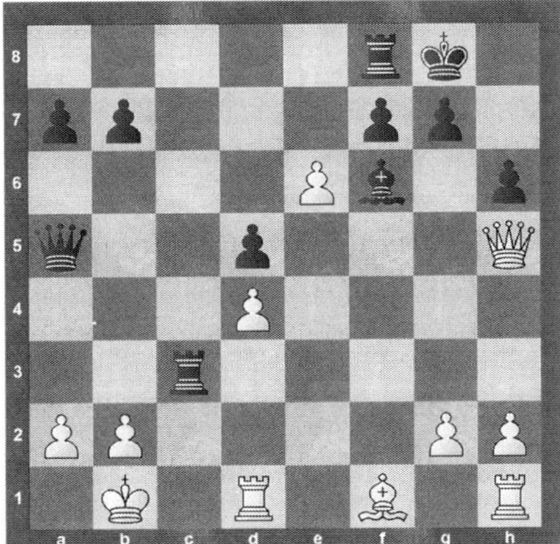

Wieder das Motto „Angriff ist die beste Verteidigung“, und dafür hat Pillsbury das Feld f7 im Auge. Den Turm mit 18. bxc3 zu schlagen, mündet direkt in die Katastrophe: 18. ... Dxc3 oder noch besser 18. ... Tc8! und der schwarze Angriff kommt durch, während z.B. nach 19. fxe6 Dxc3 20. Dxf7+ Kh8 die weißen Bemühungen ins Leere laufen.

18. ... Tc3–a3!!

Dieser Zug hat die Partie berühmt gemacht: Lasker bietet den Turm zum zweiten Mal an, und diesmal müsste Weiß ihn direkt schlucken, denn sonst wäre nach 19. ... Txa2 das Spiel vorbei, aber Weiß bleibt vorerst noch im Angriffsmodus.

19. e6xf7+? ...

Das ist nicht nachvollziehbar, denn es öffnet erkennbar weitere Linien für den schwarzen Angriff. Gewisse Rettungschancen bestanden einzig nach 9. bxa3.

19. ... Tf8xf7

20. b2xa3 Da5–b6+

21. Lf1–b5! ...

Das ist noch der beste Zug, denn auf alles andere folgt 21. ... Tc7 oder 21. ... Lxd4+. Und so kann Weiß seine Türme verbinden.

21. ... Db6xb5+

22. Kb1–a1 Tf7–c7?

Das kann nur ein Flüchtigkeitsfehler von Lasker gewesen sein. Sicher hatte er den Turmzug lange im Kopf und droht jetzt mit 23. ... Tc1+ und dann 24. ... Lxd4+, aber dagegen hat Weiß die Verteidigung 23. Td2. Nicht so nach 22. ... Dc4!. Danach hätte Schwarz den Turm auf der jetzt offenen e-Linie über e7 und e2 entscheidend in den Mattangriff einschalten können.

23. Td1–d2 Tc7–c4

24. Th1–d1? ...

Lasker attackiert den d-Bauern und Pillsbury stemmt sich dem entgegen. Er übersieht dabei, dass er mit 24. Te1! einen Gegenangriff hätte starten können, der wahrscheinlich zum Remis durch Dauerschach geführt hätte.

24. ... Tc4–c3?

Es ist nicht nachzuvollziehen, dass er das viel stärkere 24. ... Dc6! mit der Drohung Tc1 offenbar nicht gesehen hat. Dagegen hätte nur Kb1 etwas geholfen, aber auch darauf hätte Schwarz mit Lg5! eine passende Antwort gehabt. So jedenfalls kann Weiß sich wieder etwas Luft verschaffen.

25. Dh5–f5! ...

Und 26. Te1 mit Druck auf e8 steht immer noch im Raum.

25. ... Db5–c4

Schwarz verstärkt den Druck und Weiß – wohl immer noch im Angriffsmodus – reagiert darauf mit dem fatalen Fehler:

26. Ka1–b2? ...

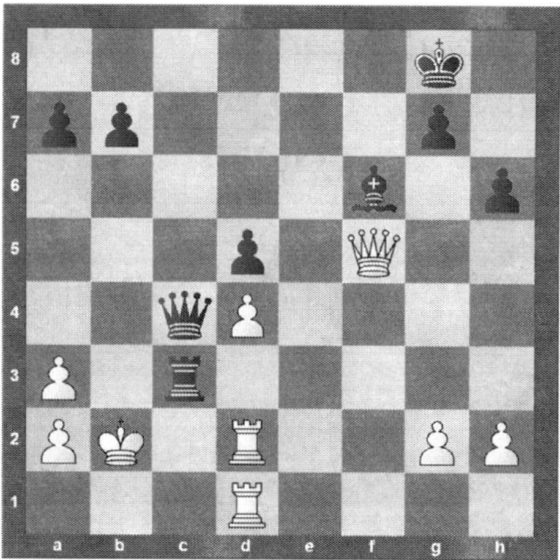

Mit dem defensiveren Zug 26. Kb1! hätte er den schwarzen Ansturm zum Erliegen gebracht. Auf 26. ... Lg5 kann Weiß sich mit 27. Tc2! verteidigen und auf 26. ... Txa3 mit 27. Tc1!

Da Weiß materiell im Vorteil ist, hätte ihm das sicher die Partei gerettet, so aber geht Laskers Plan auf – zur Freude der Schach-Nachwelt.

26. ... **Tc3xa3!!**

Die Partie sollte „Turm a3" heißen, denn hier entscheidet sie sich wiederholt. Es droht Matt durch Txa2#, aber Weiß wagt nochmal einen kurzen Gegenangriff:

27. Df5–e6+ **Kg8–h7**

Und nun nimmt Pillsbury das Turmopfer an ...

28. Kb2xa3 **...**

... und begeht damit den finalen „Fehler"; besser war 28. Df5+. Nun kann Lasker das Matt erzwingen mit:

28. ... **Dc4–c3+**

Pillsbury gibt auf, ohne sich die möglichen Schlusszüge zeigen zu lassen.

29. Ka4 b5+! 30. Kxb5 Dc4+ 31. Ka5 Ld8+ 32. Db6 axb6#

3. Neue Schulen

22. Rotlewi – Rubinstein (Lodz, 1907)

23. Réti – Tartakower (Wien, 1910)

24. Roesch – Schlage (Hamburg, 1910)

25. Capablanca – Bernstein (San Sebastian, 1911)

26. Lewitski – Marshall (Breslau, 1912)

27. Lasker, Ed. – Thomas (London, 1912)

28. Bogoljubow – Aljechin (Hastings, 1922)

29. Sämisch – Nimzowitsch (Kopenhagen, 1923)

30. Glucksberg – Najdorf (Warschau, 1929)

31. Siff – Kashdan (New York, 1933)

32. Canal – N.N. (Budapest, 1934)

33. Menchik – Graf (Semmering, 1937)

34. Kortschmar – Poljak (Ukraine, 1937)

35. Botwinnik – Capablanca (Rotterdam, 1938)

36. Molinari – Cabral (Montevideo, 1943)

Anfang des 20. Jahrhunderts hieß der unangefochtene Weltmeister Emanuel Lasker. Er stammte aus Westpommern, im heutigen Polen, lebte und spielte jedoch wie sein Vorgänger Wilhelm Steinitz lange Zeit im Ausland, nämlich in England und in den Vereinigten Staaten. Mit diesen beiden herausragenden Spielern begann eine gewisse „Globalisierung" des Schachs, obwohl sich die Hegemonie einzelner Nationen noch länger halten sollte. Wie beschrieben wanderten die Hochburgen des Schachs von Spanien über Italien und Frankreich nach England und waren um die Jahrhundertwende im deutschsprachigen Raum angekommen, also der Heimat von Steinitz und Lasker.

Wichtiger als das aber ist, dass Lasker die Professionalisierung des Sports, die mit Steinitz begonnen hatte, wesentlich vorantrieb. Dieses Verdienst wird ihm heute kaum jemand absprechen, und er gilt vielen als der beste Schachspieler der Geschichte, wenn auch solche Titel und Vergleiche natürlich vollkommen subjektiv sind. Trotzdem, gemessen an der Zeitspanne, in der er „seine" Schachwelt dominierte, d.h. relativ zu seinen Zeitgenossen – und alles andere macht wenig Sinn – war er mit Sicherheit eine Ausnahmeerscheinung. Er verteidigte seinen Titel in mehreren auch kurz aufeinanderfolgenden Weltmeisterschaften u.a. gegen den US-Amerikaner Frank Marshall und den legendären Schachlehrer Siegbert Tarrasch, dem wir im vorigen Kapitel schon begegnet sind.

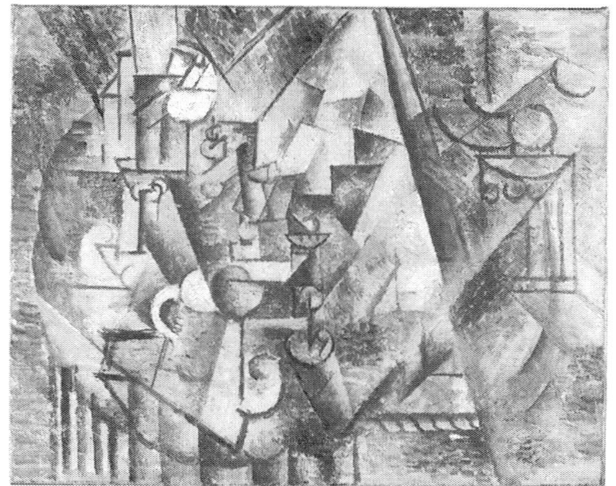

Laskers beste Zeit war eine Zeit der großen Umbrüche und Umwälzungen. In vielen Bereichen, sei es in der Kultur oder – mehr noch – der weltpolitischen Lage: Das Ende des Ersten Weltkrieges markierte das Ende alter Kaiserreiche und bewirkte eine Neuordnung internationaler Verhältnisse. In Wissenschaft und Kunst bildeten sich neue Schulen: In der Physik z.B. betrat Einstein neue Welten, in der Musik stellte die Zwölftonmusik alles Bisherige auf den Kopf, und in Literatur, Theater und Malerei (s. Bild: „Chess“ von Pablo Picasso) gab es ganz neue Stilrichtungen, die nicht immer begrüßt wurden, sondern auch heftige Kontroversen hervorriefen.

Nicht, dass wir diese Entwicklungen mit dem, was in der Schachwelt passierte, auf eine Stufe stellen wollen, aber auch im Schach bildeten sich in den 20er Jahren ganz neue Schulen: Stellvertretend für viele nennen wir nur Réti und Nimzowitsch, die plötzlich den „besten Zug aller Zeiten“, (den laut Bobby Fischer *Gott* spielen würde), nämlich 1. e2 – e4, in Frage stellten, und ganz neue Eröffnungen und Systeme erfanden, die bis dahin unerhört waren. Es liegt nahe, dass in dieser Zeit viele Schachbücher entstanden sind, die wir bis heute als Klassiker betrachten: Laskers „Lehrbuch des Schachspiels“ z.B. setzte Standards und gehört noch heute in jedes Schachregal, genauso wie die Werke von Tarrasch und Euwe, und selbstverständlich auch die revolutionären Werke von Nimzowitsch.

Viele dieser Neuerungen gaben dem Schach eine wissenschaftliche Note, die es bis dahin so nicht gegeben hatte, und die dazu führte, dass man – wie in der Wissenschaft – meinte, auch im Schach bald alle Geheimnisse zu kennen. Damit entstand auch die Angst vor dem „Remistod” des Schachs, eine Meinung, die von niemand Geringerem als dem Kubaner José Raul Capablanca geteilt wurde.

Dieser lebte als kubanischer Diplomat in den USA und hatte Lasker 1921 als Weltmeister entthront. Zu seiner besten Zeit wurde er respektvoll als „Schachmaschine“ angesehen, denn er machte praktisch keine Fehler; zumindest am Schachbrett selbst schien er nahezu unfehlbar. Abseits des Bretts sah das offenbar anders aus, denn seine Überzeugung, dass auf höchstem Niveau bald alle Schachpartien unentschieden enden würden, hat sich bis heute nicht bewahrheitet.

Und er wurde darin schon zu Lebzeiten, und sogar überraschend schnell, widerlegt: Nach nur 6 Jahren als Weltmeister gab Capablanca 1927 die Krone an den Russen Alexander Aljechin ab, der sie bis nach dem 2. Weltkrieg behalten sollte – nur kurz unterbrochen durch ein Intermezzo des Holländers Max Euwe als Weltmeister von 1935 bis 1937.

In dieser Zeit etablierte sich die sowjetische Schachschule, d.h. staatlich unterstützte Schachspieler aus der UdSSR wuchsen zu einer Macht heran und sollten das internationale Schach auf Jahrzehnte dominieren. Unterbrochen wurde deren Vormachtstellung erst Anfang der 70er Jahre durch den legendären Robert „Bobby" Fischer aus den USA – aber davon später mehr.

Mit Aljechins Tod 1946 werden wir dieses Kapitel beschließen, an dessen Ende der Anfang der Dominanz der sowjetischen Spieler steht. Wir finden hier eine Sammlung von Partien aus der ersten Hälfte des 20. Jahrhunderts, der Ära von Lasker, Capablanca und Aljechin, die allesamt Geschichte geschrieben haben, und das meist wegen der Schönheit ihrer Züge und atemberaubenden Kombinationen.

Partie 22

Rotlewi – Rubinstein

(Lodz, 1907)

Damengambit

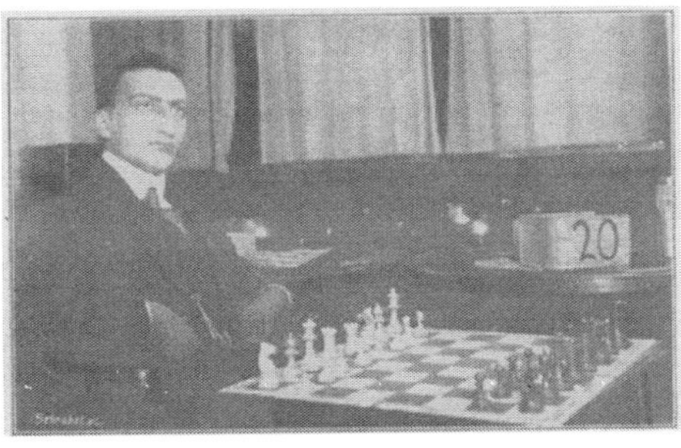

Georg Rotlewi, geboren 1889 in Polen, betrat als 18-Jähriger die internationale Bühne und erzielte einige gute Platzierungen an europäischen Turnieren. Er erkrankte allerdings schon mit Anfang 20 an einem Nervenleiden, an dem er 1920 jung verstarb.

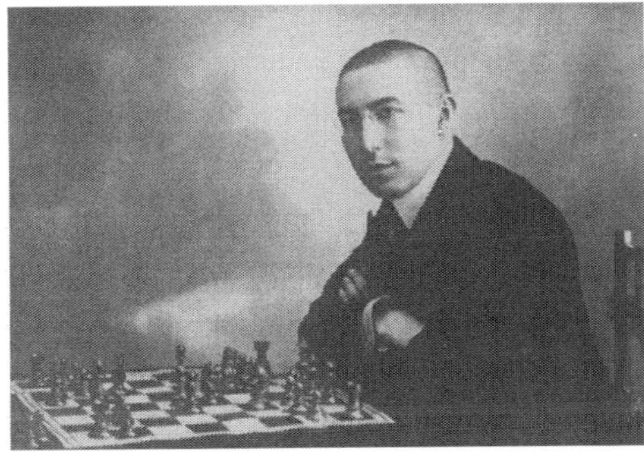

Akiba Rubinstein, auch ein Pole, geboren 1880, kam wegen der religiösen Erziehung in seinem Elternhaus erst spät zum Schach, aber mit etwa 30 galt er als einer der Besten und hätte mit dem damaligen Weltmeister Lasker um die Krone gespielt. Das allerdings verhinderte der Ausbruch des 1. Weltkrieges, und ein Duell mit dem späteren Weltmeister Capablanca scheiterte an finanziellen Problemen. So gilt Rubinstein als einer der besten Spieler, die nie Weltmeister waren. Schon Anfang der 30er Jahre zog er sich wegen gesundheitlicher Probleme vom Schach zurück, starb dann allerdings erst 1961 im hohen Alter von 80 Jahren.

Diese Partie wurde während der russischen Meisterschaft in Lodz 1907 gespielt. Rubinstein gewann das Turnier, und diese Partie ging als „**Rubinsteins Unsterbliche**" in die Geschichte ein.

1. d2-d4	**d7-d5**
2. Sg1-f3	**e7-e6**
3. e2-e3	**c7-c5**
4. c2-c4	**...**

Nach Zugumstellung haben wir die Tarrasch-Variante im orthodoxen (abgelehnten) Damengambit erreicht. Beide Seiten entwickeln sich zunächst ruhig und symmetrisch.

4. ...	**Sb8-c6**
5. Sb1-c3	**Sg8-f6**

Eine typische Wartestellung: In der sog. Symmetrievariante warten beide Seiten auf einen Entwicklungszug des jeweiligen Königsläufers, um dann mit dxc5 oder dxc4 einen Tempogewinn zu erzielen. Dementsprechend wird hier gern mit dem weiter abwartenden 6. a3 a6 fortgesetzt, aber diesmal hat Weiß wenig Geduld, und das kommt eher Schwarz zugute, denn dadurch kann er den Läufer entwickeln.

6. d4xc5 Lf8xc5

7. a2-a3 a7-a6

Weiß bereitet b4 vor und Schwarz schafft schon mal ein eventuell benötigtes Rückzugsfeld für den Läufer.

8. b2-b4 Lc5-d6

Dass er den Läufer dann doch nicht nach a7, sondern ins Zentrum zieht, könnte man bei weniger starken Spielern als kleine Falle ansehen: Wenn jetzt Weiß in der Hoffnung auf einen Bauerngewinn eine Abtausch-Sequenz auf d5 startet, nämlich mit 9. cxd5 exd5 10. Sxd5 Sxd5 11. Dxd5, dann kommt 11. ... Lxb4+ mit Damenverlust. Aber darauf fällt Weiß in diesem Fall natürlich nicht herein, sondern bringt sich weiter in Angriffsstellung, während Schwarz sich solide defensiv aufstellt und in Lauerstellung bleibt.

9. Lc1-b2 0-0

10. Dd1-d2 ...

Gegenüber der Alternative 10. Dc2 und 11. Le2 nebst Rochade ist dieser Zug geringfügig schlechter, was Rubinstein sofort erkennt und mit einer aggressiven Fortsetzung beantwortet.

10. ... Dd8-e7!

So bietet Schwarz den Zentrumsbauern jetzt doch als Opfer an. Aber falls Weiß es mit 11. cxd5 exd5 12. Sxd5 Sxd5 13. Dxd5 annimmt, bekommt Schwarz mit 13. ... Td8! starken Angriff. Das dürfte Weiß durchschaut haben und verschmähte das Opfer.

11. Lf1-d3? ...

Dieser Läuferzug wäre folgerichtig nach 10. Dc2 gewesen, aber jetzt schwächt er die weiße Stellung, weil Rubinstein nun auf c4 schlagen kann und dadurch einen weiteren Tempogewinn einstreicht.

11. ... d5xc4

12. Ld3xc4 b7-b5

13. Lc4-d3 Tf8-d8

Ein solches Vis-à-vis von Dame und Turm ist stets Grund zur Vorsicht. Daher zieht Rotlewi seine Dame weg, und es wird ihm nun klar geworden sein, dass er durch die Damenmanöver Tempi verloren hat.

14. Dd2-e2 Lc8-b7

15. 0-0 Sc6-e5!

Rubinstein löst mit diesem vorentscheidenden Zug die Symmetrie der Stellung auf und positioniert seinen Springer nahezu ideal; so ideal, dass Rotlewi ihn lieber abtauscht.

16. Sf3xe5 Ld6xe5

Jetzt droht 17. ... Lxh2+! 18. Kxh2 Dd6+ nebst 19. ... Dxd3 mit Bauerngewinn, was Weiß mit dem nächsten Zug verhindert.

17. f2-f4? Le5-c7

18. e3-e4? Ta8-c8

Die Lockerung der Bauernstruktur hat Schwarz eine Gewinnstellung eingebracht. Das Läuferpaar sieht bedrohlich aus und die beiden Türme beherrschen die halboffenen Linien. Der letzte Bauernzug von Weiß bedeutet eine weitere Schwächung; besser wäre eine ruhige Entwicklung, z.B. mit 18. Tac1, gewesen.

19. e4-e5? ...

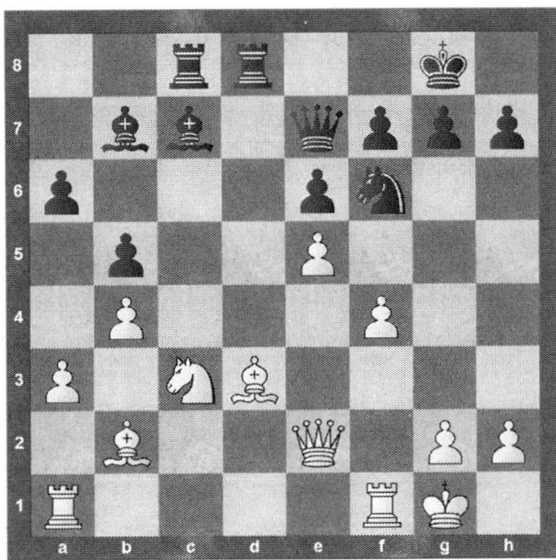

Es geht weiter, wie es nach dem 18. Zug von Weiß zu erwarten war. Das zeigt, dass Rotlewi wohl weiter abtauschen wollte, um so Druck aus der Stellung zu nehmen, aber jetzt rollt der Angriff mächtig heran.

19. ... Lc7-b6+

20. Kg1-h1 Sf6-g4!

Alle schwarzen Leichtfiguren zielen auf die weiße Stellung. Der Springer g4 ist tabu, denn 21. Dxg4 scheitert an 21. ... Txd3 mit durchschlagendem Angriff. Auch 21. Lxh7+ gefolgt von 22. Dxg4 sieht verlockend aus, aber nach 22. ... Td2 hätte Schwarz starken Angriff. Deswegen verhindert er mit dem nächsten Zug, dass durch 21. ... Dh4 eine unparierbare Mattdrohung erfolgt ...

21. Ld3-e4 ...

... und hofft damit gleichzeitig, dass die Drohung gegen b7 zum Abtausch führt, aber Rubinstein ignoriert das ...

21. ... De7-h4

... und droht 22. ...Dxh2#. Dagegen hat Weiß zwei mögliche Antworten: h3 und g3. Weiß entscheidet sich für letzteres, aber wir werden sehen, beides scheitert an derselben genialen Antwort, ...

22. g2-g3 ...

... denn in dieser Stellung ...

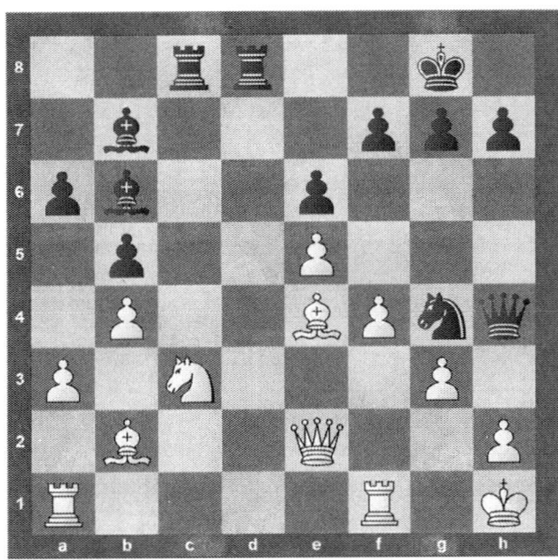

... findet Rubinstein den ersten von zwei Zügen, die die Partie zu seiner „Unsterblichen“ gemacht haben.

22. ... Tc8xc3!!

Ein fantastischer Zug, der – wie gesagt – auch in der Variante 22. h3 zum Sieg geführt hätte. Der Springer auf c3 war die Deckung für den Läufer auf e4, der vom Läufer b7 attackiert ist, und den auch die Dame deckt, aber die muss gleichzeitig das Feld h2 gegen Dxh2# verteidigen. Durch das Schlagen des Springers ist die Dame jetzt also überlastet.

23. g3xh4 ...

Weiß muss das Damenopfer annehmen, denn nach 23. Lxc3 – oder was auch immer – kommt 23. ... Lxe4+ 24. Dxe4 Dxh2 ++, und nach 23. Lxb7 entscheidet 23. ... Txg3.

23... Td8-d2!!

Das ist der zweite Zug, der die Partie vor vielen anderen auszeichnet. Ein brillanter Schlag: Schwarz will dem weißen Läufer im Zentrum die Deckung durch die Dame entziehen und opfert dafür den Turm. Weiß muss annehmen, um die Deckung von h2 aufrechtzuerhalten und gleichzeitig muss er das Feld e4 behaupten. Leider ist beides zusammen nicht zu haben, und so bricht die Stellung zusammen.

24. De2xd2 Lb7xe4+

25. Dd2-g2 Tc3-h3!

Weiß gibt auf, denn 26. ... Txh2# ist nicht abzuwenden.

Partie 23

Réti – Tartakower

(Wien, 1910)

Caro-Kann

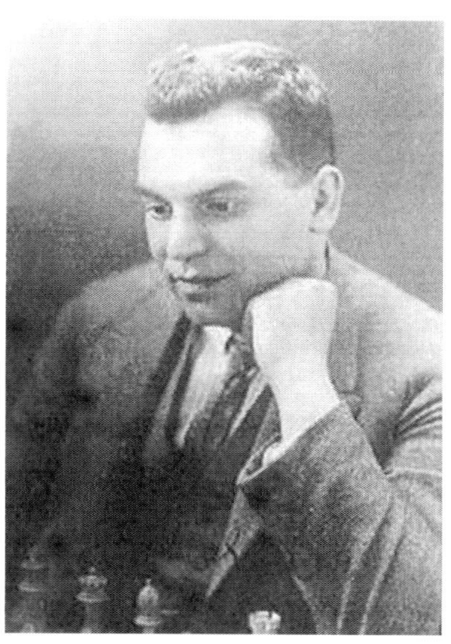

Richard Réti, geboren 1889 in Pressburg, dem heutigen Bratislava in der Slowakei, opferte sein Mathematikstudium, um in Wien eine Laufbahn als professioneller Schachspieler einzuschlagen. Zwar blieben ganz spektakuläre Turnierergebnisse aus, aber er lieferte beachtliche Beiträge zur Theorie und positionierte sich mit unkonventionellen Systemen – wie z.B. mit der „Réti-Eröffnung“ 1. Sf3 – schnell als Erneuerer des Schachs. Er starb 1929 im Alter von nur 40 Jahren an Scharlach.

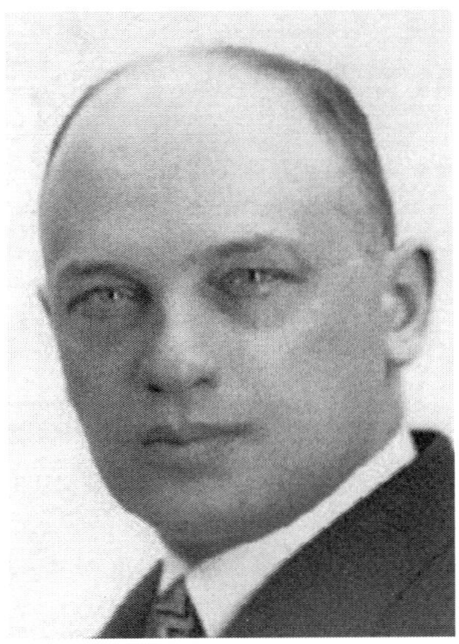

Savielly Tartakower, geboren 1887 im Süden Russlands, kam zum Jurastudium über Genf nach Wien, wo er sich bald auch intensiv dem Schach widmete. Er war ein sehr erfolgreicher Turnierspieler und Olympionike für Polen. Zusammen mit Réti und Nimzowitsch gründete er die „hypermoderne Schule“, die nach seinem Hauptwerk von 1924 so benannt ist; und selbstverständlich geht die „Tartakower-Variante" im Damengambit auf ihn zurück. Er starb 1956 in Paris.

Die folgende Kurzpartie wurde als freie Partie gespielt; und nach Überlieferung ging es um einen kleinen Wetteinsatz. Die sehenswerte Partie findet sich als eine von „**Rétis Miniaturen**“ in vielen Taktikbüchern.

1. e2–e4 **c7–c6**

2. d2–d4 **d7–d5**

3. Sb1–c3 **...**

Das ist die Hauptvariante der Caro-Kann Verteidigung, die die beiden zunächst lehrbuchmäßig fortsetzen.

3. ... **d5xe4**

4. Sc3xe4 **Sg8–f6**

Nach 5. Sxf6+ exf6 entstünde die nach Tartakower selbst benannte Variante; allerdings wich Réti ab, indem er den Springer deckt.

5. Dd1–d3 **e7–e5?**

Mit diesem Scheinopfer plant Schwarz offenbar, seine Dame in der Folge über a5 und e5 zentral zu positionieren. Das kostet ihn allerdings Tempi und hilft in erster Linie Weiß in der Entwicklung. Stattdessen hätte er umgekehrt die weiße Dame mit 5. ... Sxe4 ins Zentrum locken können, um sie dort unter Zeitgewinn zu attackieren.

6. d4xe5 **Dd8–a5+**

7. Lc1–d2 **Da5xe5**

8. 0–0–0 **...**

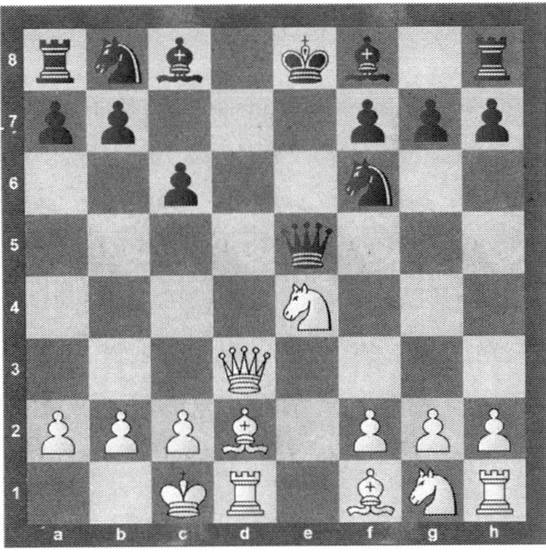

8. ... **Sf6xe4??**

Es ist schon sehr unverständlich, dass Tartakower gemeint haben könnte, so leicht den Springer zu gewinnen. Dass 8. ... Dxe4? sich wegen 9. Te1 verbietet, hatte er sicher gesehen, und entsprechend wäre 8. ... Le7 nebst 9. ... 0-0 die logische Fortsetzung gewesen. Auf den Springerzug hin hat er evtl. 9. Te1 mit Doppelangriff auf e4 erwartet, was er dann hätte kontern können, aber Réti hatte sicher die kleine, aber feine Kombination gesehen, derentwegen die Partie hier aufgenommen ist.

9. Dd3–d8+! **...**

Und jetzt muss es Tartakower wie Schuppen von den Augen gefallen sein. Er spielte es trotzdem sportlich zu Ende und gönnte seinem Gegner damit eine hübsche Mattsetzung.

9. ... **Ke8xd8**

10. Ld2–g5+

Und nach diesem Doppelschach setzt auf d8 entweder der Turm oder der Läufer matt.

Partie 24
Roesch – Schlage
(Hamburg, 1910)
Spanisch

Roesch war ein Amateurspieler, dessen Vorname uns nicht bekannt ist und der vermutlich aus München stammte. Genaueres muss man über ihn auch nicht wissen, außer dass die folgende Partie ihn unfreiwillig berühmt gemacht hat.

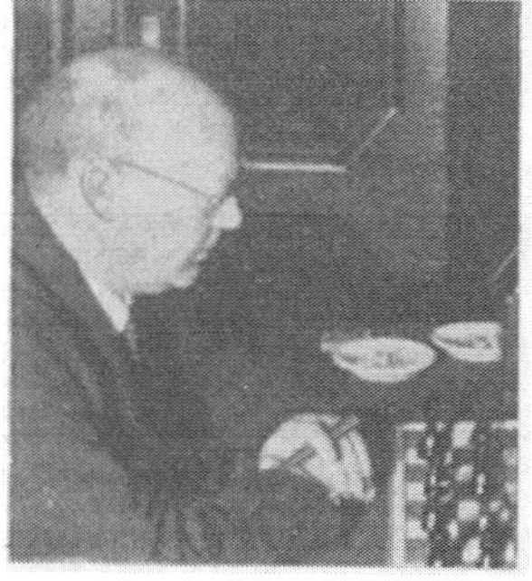

Willi Schlage, geboren 1888 in Berlin und gestorben 1940 ebenda, war ein deutscher Spitzenspieler und Mitglied der Nationalmannschaft in den 30er Jahren. Er betätigte sich lange – auch außerhalb Deutschlands – als Schachlehrer.

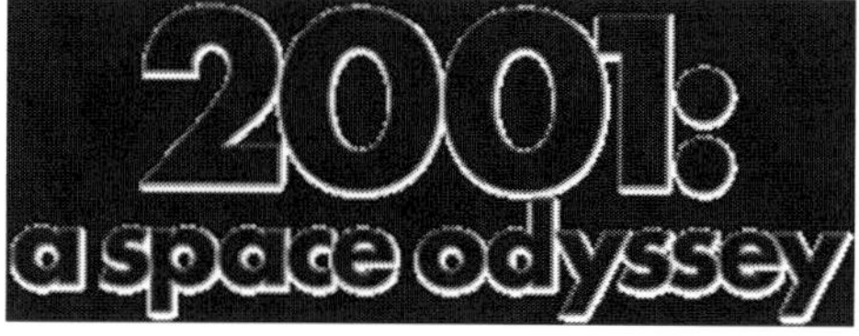

Diese Partie war die Vorlage zu dem Match, das in Stanley Kubricks Film **„2001 Odyssee im Weltraum"** aus dem Jahr 1968 von dem Protagonisten **Dr. Poole** gegen **HAL 9000,** den Computer seines Raumschiffs „Discovery“, ausgetragen wird.

1. e2–e4 e7–e5

2. Sg1–f3 Sb8–c6

3. Lf1–b5 a7–a6

4. Lb5–a4 Sg8–f6

Das ist bis hierher die Hauptvariante der spanischen Partie, in der Weiß nun meist mit der kurzen Rochade ruhig fortsetzt. Hier aber weicht er schon unkonventionell ab und vermeidet so die offene Variante mit 5. ... Sf6xe4.

5. Dd1–e2 b7–b5

6. La4–b3 Lf8–e7

7. c2–c3 ...

Der Zug schafft ein Rückzugsfeld für den Läufer b3 und öffnet gleichzeitig Perspektiven für ein eventuelles d2-d4.

7. ... 0–0

8. 0–0 ...

Nach Zugumstellung sind wir in der geschlossenen Verteidigung der Spanischen Partie.

8. ... d7–d5

9. e4xd5 Sf6xd5

Hier wäre auch 9. ... e4 spielbar gewesen. Nach 10. dxc6 hätte Schwarz die Fortsetzungen 10. ... exf3 oder 10. ... Lc8–g4!

10. Sf3xe5 Sd5–f4

11. De2–e4 Sc6xe5!

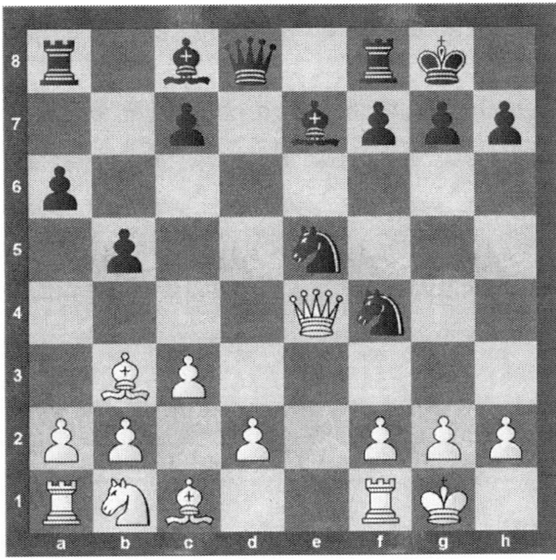

Schwarz opfert den Turm so demonstrativ, dass Weiß eigentlich hellwach hätte sein sollen. Ist er aber nicht. Er nimmt an ...

12. De4xa8? ...

... und ist danach schon nicht mehr zu retten. Weiß konnte sich eine von drei Figuren aussuchen: Auf 12. Dxf4 hätte 12. ... Sd3 noch zu einigermaßen ausgeglichenem Spiel führen können. 12. Dxe5 allerdings wird mit 12. ... Ld6 und 13. ... Dh4 bestraft, was für Schwarz leicht zu gewinnen ist. Der gewählte Zug jedoch führt zwingend zur Niederlage. Am besten wäre 12. d4 gewesen, aber auch dann hätte Schwarz mit 12. ... Lb7! eine starke Fortsetzung gehabt.

12. ... Dd8–d3!

Jetzt droht 13. ... Se2+ mit erzwungenem Matt nach 14. Kh1 Sg3+ 15. hxg3 Dxf1+ 16. Kh2 Sg4+ 17. Kh3 Dh1#. Weiß hat zwei mögliche Antworten: Zunächst 13. Te1. Dann folgt 13. ... Lf5 14. Db7 Se2+ 15. Kh1 Le4 und Schwarz steht auf Gewinn. Die andere Möglichkeit geschieht in der Partie ...

13. Lb3–d1 ...

... und wird wunderbar beantwortet:

13. … Lc8–h3!

Das ist die Stellung, die auch im Film gezeigt wird.

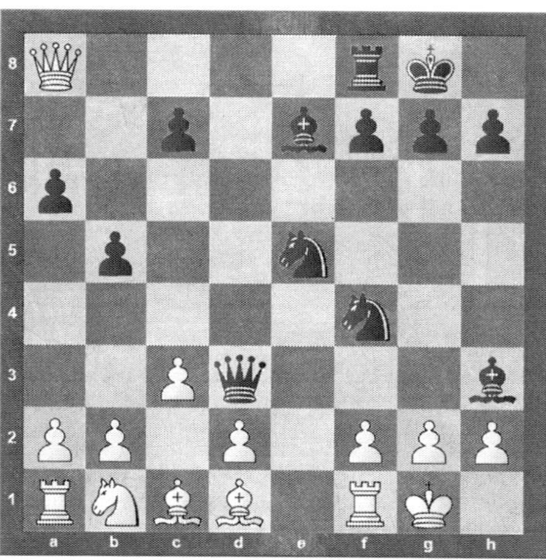

Nach Abzug des Läufers ist die weiße Dame angegriffen und es droht auch 14. … Lxg2 nebst Matt durch 15. … Dxf1#. Nach 14. gxh3 kommt einfach 14. … Txa8 nebst baldigem Matt. Vielleicht folgt der Astronaut deswegen dem Beispiel von Meister Roesch und schlägt auf a6.

14. Da8xa6 Lh3xg2

15. Tf1–e1 …

Daraufhin kündigt der Computer im Film das Matt an mit: „Dame f3, Läufer schlägt Dame, Springer schlägt Läufer und Matt!"

Und so kommt es auch.

15. … Dd3–f3!

Weiß gibt auf, denn auch wenn er die Dame leben ließe, die Drohung 16. … Sh3+ mit folgendem Matt ist nicht zu entkräften.

Partie 25

Capablanca – Bernstein

(San Sebastián, 1911)

Spanisch

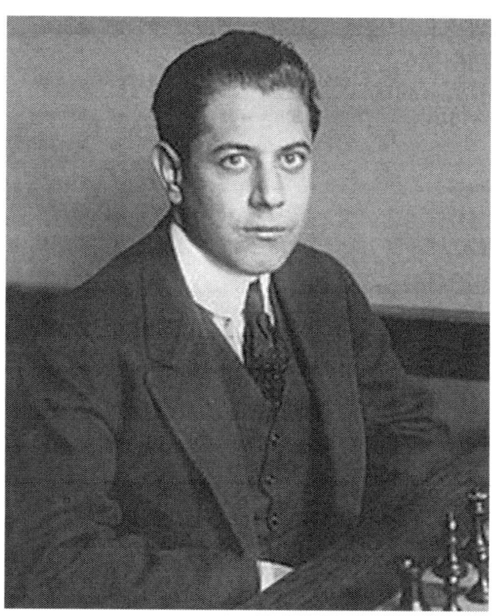

José Raul Capablanca, geboren 1888 in Havanna, machte mit seinem Spiel schon als Kind in seiner kubanischen Heimat auf sich aufmerksam. Zu Studienzwecken reiste er in die USA, wo sein Schachstern schnell aufging. In seinen besten Jahren galt er als nahezu unschlagbar, als „Schachmaschine". So löste er 1921 Lasker als Weltmeister ab, verlor den Titel allerdings schon 1927 an Aljechin. Trotzdem hielt er sich noch bis weit in die 30er Jahre hinein an der Weltspitze. Er starb 1942 in New York.

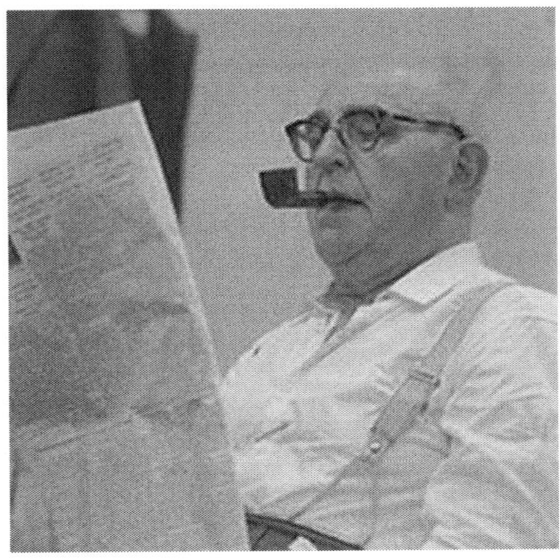

Ossip Bernstein, geboren 1882 in der Ukraine, studierte Jura in Heidelberg und zog danach nach Moskau. Vor dem 1. Weltkrieg nahm er erfolgreich an vielen bedeutenden Turnieren teil. In den Wirren der russischen Revolution wurde er verhaftet und sollte hingerichtet werden. Einer der bolschewistischen Offiziere erkannte ihn und verlangte, dass er gegen ihn „um sein Leben“ Schach spielte. Bernstein gewann, was unter den Umständen nicht unbedingt zu erwarten war, und konnte dadurch sein Schicksal abwenden. Danach emigrierte er nach Frankreich und spielte nur noch sporadisch. Er starb 1962 in einem Sanatorium in den französischen Pyrenäen.

Diese Partei gilt als **Capablancas Debut.** Tatsächlich betrat er mit dieser Leistung im Alter von 23 Jahren die internationale Schachwelt und errang damit gleich den Preis für die brillanteste Partie des Turniers von San Sebastián.

1. e2–e4 e7–e5

2. Sg1–f3 Sb8–c6

3. Lf1–b5 Sg8–f6

Wir sehen eine sehr alltägliche klassische Eröffnung, nämlich die spanische, und Schwarz wählt mit dem Springerzug die Berliner Verteidigung, d.h. er greift den Bauern e4 an.

4. 0–0 Lf8–e7

5. Sb1–c3 d7–d6

6. Lb5xc6+ b7xc6

Diesen Abtausch des Läufer gegen den Springer kann man durchaus hinterfragen, allerdings spielte Capablanca ihn häufig, gefolgt von d4 wie auch in dieser Partie.

7. d2–d4 e5xd4

8. Sf3xd4 Lc8–d7

Damit deckt Weiß den Bauern c6, der zusammen mit d6 ein starkes Paar bildet.

9. Lc1-g5 ...

Dieser Zug geht auf Lasker zurück. Damit komplettiert Weiß die Entwicklung seiner Leichtfiguren, während Schwarz etwas beengt dasteht, aber die offene b-Linie für den Turm nutzen kann. Alles in allem eine ausgeglichene Stellung nach diesen Zügen, und es geht zunächst ruhig und auf bekannten Pfaden weiter.

9. ... 0–0

10. Tf1–e1 h7–h6

11. Lg5–h4 Sf6–h7

Das bietet den Läufertausch an, und danach hätte der schwarze Springer mehrere Optionen, wieder ins Spiel zurückzukehren. Capablanca tauscht auch hier wieder.

12. Lh4xe7 Dd8xe7

13. Dd1–d3 Ta8–b8

Bernstein aktiviert den a-Turm, nachdem Capablanca seine Türme mit dem Damenzug verbunden hat.

14. b2–b3 Sh7–g5

Während der weiße Bauernzug erzwungen war, stellt der Springerzug eine Neuerung dar, auf die Capablanca verhalten reagiert.

15. Ta1–d1 ...

Aggressiver wäre 15. f4 gewesen, und genau dagegen richtet sich der nächste Zug:

15. ... De7–e5

16. Dd3–e3 Sg5–e6

Weiß will weiter den Vorstoß des f-Bauern unterstützen, und Schwarz fühlt dem starken Springer auf d4 auf den Zahn, so dass Weiß ihn prompt absichert.

17. Sc3–e2 ...

Jetzt hätte Schwarz natürlich auf d4 eine Abtausch-Sequenz einleiten können, die die Stellung weiter ausgeglichen hätte, aber er entschied sich für den Angriff über den Damenflügel.

17. ... De5–a5

Damit zielt er auf den a-Bauern, und Weiß stellt ihm eine kleine Falle:

18. Sd4–f5 ...

Falls jetzt 18. ... Dxa2, dann würde 19. Dc3 Druck gegen g7 machen und es würde Damenfang durch 20. Ta1 drohen. Verbunden mit 21. Sf4 ergäbe sich eine Reihe von Optionen für einen weißen Angriff. Das wird Bernstein gesehen haben und er aktiviert stattdessen den Springer in Richtung Damenflügel.

18. ... Se6–c5

19. Se2–d4 Kg8–h7

Schwarz bringt den König in Sicherheit, denn der 19. Zug von Weiß eröffnet wieder eine Reihe von Möglichkeiten, u.a. eine konzertierte Aktion der beiden Springer gegen das Feld e7, d.h. Sfe7+ mit Angriff auf den nur einfach gedeckten Bauern c6, wo dann auch die Springergabel auf Dame und Turm drohen würde. Aber dieser prophylaktische Zug gibt Capablanca die Zeit, den Angriff am Königsflügel loszutreten.

20. g2 – g4 Tb8–e8

21. f2–f3 Sc5–e6

Weiß macht plötzlich Druck am Königsflügel und so zieht Schwarz den Springer wieder zurück, sicher in der Hoffnung auf Tausch, aber dem geht Capablanca mit ...

22. Sd4–e2 ...

...aus dem Weg und bietet dadurch ein erstes Bauernopfer auf dem Damenflügel an, was Schwarz akzeptiert.

22. ... Da5xa2?

Besser hätte er 22. ... Db6 gespielt und versucht, die Stellung zu vereinfachen, aber Bernstein hat sicher nicht gesehen, was sich jetzt zusammenbraute. Vorwerfen allerdings kann man es ihm nicht, denn der Vorteil für Capablanca ist zunächst noch sehr gering.

23. Se2–g3 ...

Das bereitet erkennbar 24. Sh5 vor mit den Drohungen 25. Sf6 gefolgt von 26. Dh6, d.h. jetzt hätte Bernstein wachsam sein sollen, aber stattdessen schlägt er nochmal zu:

23. ... Da2xc2?

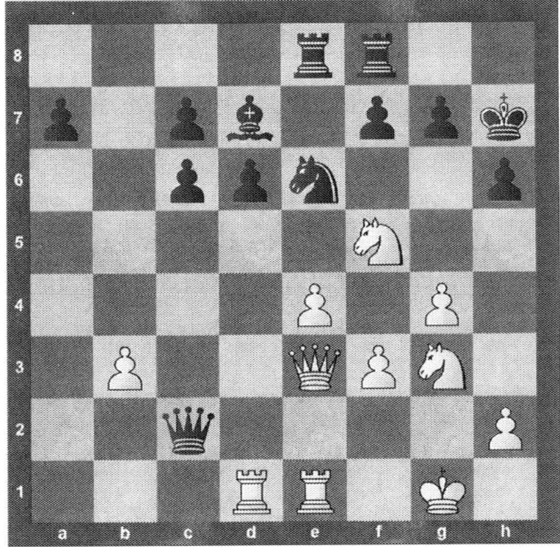

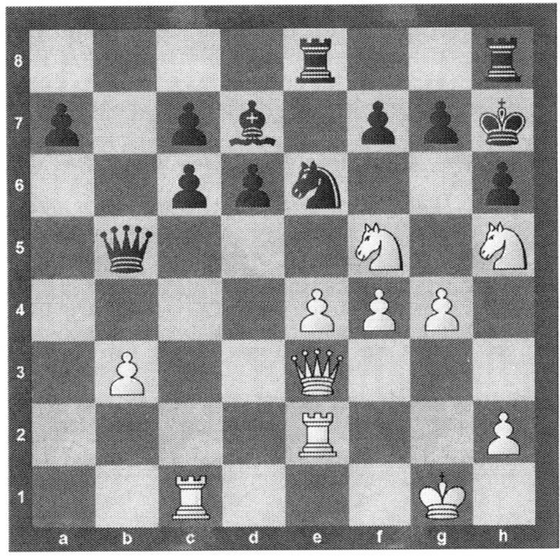

Und dieser zweite Schlag ist zu viel des Guten. Mit 23. ... f6 und dann 24. ... Tf7 hätte er sich evtl. retten können, aber jetzt spielt Capablanca grandios auf und drängt zuerst die Dame ab.

24. Td1–c1 **Dc2–b2**

25. Sg3–h5 **Tf8–h8?**

An dieser Stelle muss Bernstein gedacht haben, dass es reicht, ein Schlupfloch für den König zu schaffen. Stattdessen wäre die Verteidigung des Feldes g7 richtig gewesen. Das hätte er durch 25. ... g5 oder 25. ... Tg8 eher erreicht. So aber kann Weiß auch die Dame von der Verteidigung von g7 abdrängen.

26. Te1–e2 **Db2–e5**

27. f3–f4 **...**

Das soll die Dame endgültig vertreiben. Besser als der Abzug wäre allerdings das Springeropfer durch 27. ... Sxf4, aber Schwarz spielt Weiß in die Karten ...

27. ... **De5–b5**

... und macht damit den eigentlichen Plan möglich.

28. Sf5xg7! **...**

Auf diesen Zug hat Capablanca seit dem 20. und dem 21. Zug hingearbeitet, aber dass er ihn jetzt ausführen kann, verdankt er der Gefräßigkeit der schwarzen Dame.

28. ... **Se6–c5?**

Stattdessen hätte man 28. ... Sxg7 erwartet, worauf 29. Sf6+ Kg6 30. Sxd7 f6 31. e5 Kf7 32. Sxf6 Te7 33. Se4 entscheidet, aber durch diesen abschließenden Fehler ging es etwas schneller zu Ende.

29. Sg7xe8 **Ld7xe8**

30. De3–c3 **...**

Schwarz stemmt sich gegen die Mattdrohung durch 31. Dg7.

30. ... **f7–f6**

31. Sh5xf6+ **Kh7–g6**

32. Sf6–h5 **...**

Mit der Drohung 33. Df6+ nebst 34. Dg7#.

32. ... **Th8–g8**

33. f4–f5+ **Kg6–g5**

34. Dc3–e3+

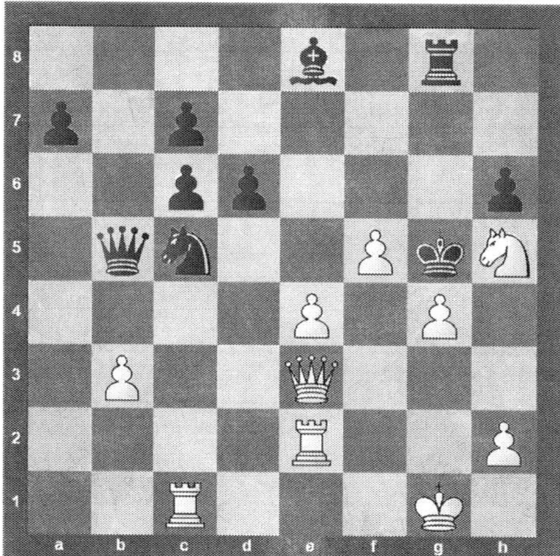

Auch hier hätte es noch ein halbes Dutzend Züge bis zum Matt gedauert, aber da der Weg einigermaßen offensichtlich ist, gab Schwarz an dieser Stelle auf.

Partie 26

Lewitski – Marshall

(Breslau, 1912)

Französisch

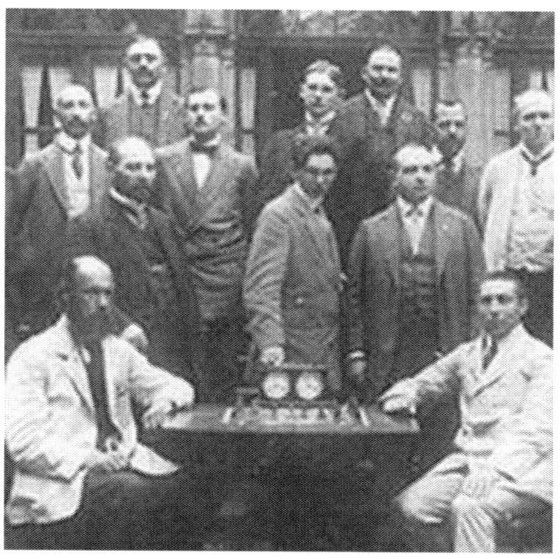

Stepan Lewitski, im Bild vorne links, geboren 1876, war ein sehr begabter Schachspieler aus Russland, der allerdings fast nur an nationalen Meisterschaften teilnahm und international praktisch keine Erfolge hatte. Seine Spielweise könnte man durchaus als unorthodox bezeichnen. Bekannt wurde er im Wesentlichen durch die hier gezeigte Partie. Er starb 1924.

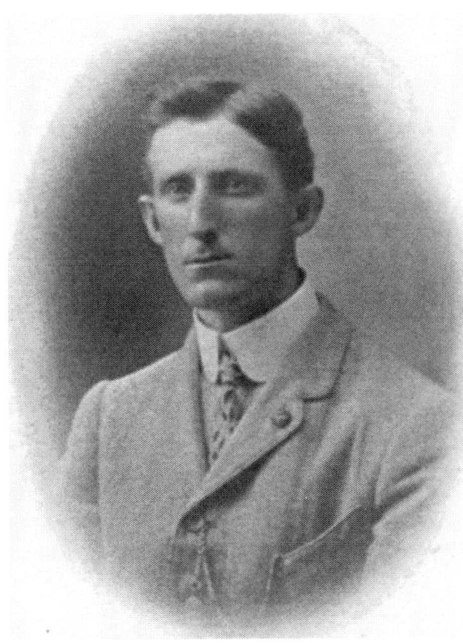

Frank Marshall, geboren 1877 in den USA, aufgewachsen in Kanada, kam mit 10 Jahren zum Schach und war ein Vierteljahrhundert lang, bis Mitte der 30er Jahre, der unbestritten stärkste amerikanische Spieler. 1907 spielte er gar gegen Lasker um die Weltmeisterschaft, verlor jedoch deutlich. Nach ihm benannt sind der Marshall-Angriff in der Spanischen Partie und die Marshall-Verteidigung im Damengambit. Er starb 1944 in New York.

In dieser Partie wird einer der unbestreitbar großartigsten Züge der Schachgeschichte gespielt, und es heißt, nach diesem Zug habe es Goldmünzen auf das Brett geregnet. Das wird so zwar nicht stimmen, aber es wäre durchaus verdient gewesen. Jedenfalls hat die Partie zumindest den Namen davongetragen: **„The Gold Coin Game“** – oder manchmal einfach: **„The American Beauty“**; und eine Schönheit ist sie sicher.

1. d2-d4 e7-e6

2. e2-e4 d7-d5

Nach einer kleinen Zugumstellung haben wir die französische Verteidigung vor uns, und Weiß setzt klassisch fort.

3. Sb1-c3 c7-c5

4. Sg1-f3 Sb8-c6

Jetzt sieht der Franzose wie ein Sizilianer aus.

5. e4xd5 e6xd5

6. Lf1-e2 ...

Hier wäre 6. Lb5 klar aggressiver gewesen, aber Weiß hält sich noch zurück.

6. ... Sg8-f6

7. 0-0 Lf8-e7

Beide Seiten haben solide und abwartend fortgesetzt. Erst jetzt schaltet Weiß vorsichtig einen Gang höher ...

8. Lc1-g5 0-0

9. d4xc5 Lc8-e6

... und drückt auf den d-Bauern, den Marshall aber mit dem Läufer deckt.

10. Sf3-d4 Le7xc5

11. Sd4xe6 ...

Das ist eine Ungenauigkeit. Zwar musste er sich um den angegriffenen Springer kümmern, aber besser wäre 11. Sb3 mit Gegenangriff auf den Läufer gewesen. Durch das Schlagen auf e6 bekommt der d-Bauer Deckung und die beiden Zentrumsbauern werden wieder verbunden. Außerdem öffnet sich die f-Linie für den Turm.

11. ... f7xe6

12. Le2-g4 Dd8-d6

Es war sicher der Plan des Weißen, den e-Bauern anschließend anzugreifen, aber Schwarz kann ihn mit der Dame leicht decken und gleichzeitig die Fesselung des Springers auflösen, so dass der Läufer nun seinerseits angegriffen ist und sich zurückziehen muss. Besser wäre 12. Sa4 nebst 13. c4 gewesen.

13. Lg4-h3 Ta8-e8

Damit hat Schwarz jetzt alle Figuren schön entwickelt, und speziell die beiden Türme sind gut positioniert. Weiß hingegen hinkt deutlich hinterher, hat noch inaktive Türme und der Läufer auf h3 wirkt wie in die Ecke gestellt.

14. Dd1-d2 Lc5-b4

Weiß verbindet damit die Türme, und Schwarz antwortet mit der Fesselung des Springers, was sein Zentrum stärkt und natürlich mit 15. ... d4 droht. Gleichzeitig wäre jetzt auch 15. ... Se4 für Weiß unangenehm. Das aber kann er verhindern.

15. Lg5xf6 Tf8xf6

16. Ta1-d1 Dd6-c5

Das ist gegen den Springer auf c3 gerichtet. Nach 17. ... Lxc3 und Damentausch auf c3 stünde Schwarz deutlich besser.

17. Dd2-e2 ...

Das greift d5 an, denn der e-Bauer ist gefesselt, aber Schwarz pariert das.

17. ... Lb4xc3

18. b2xc3 Dc5xc3

19. Td1xd5 ...

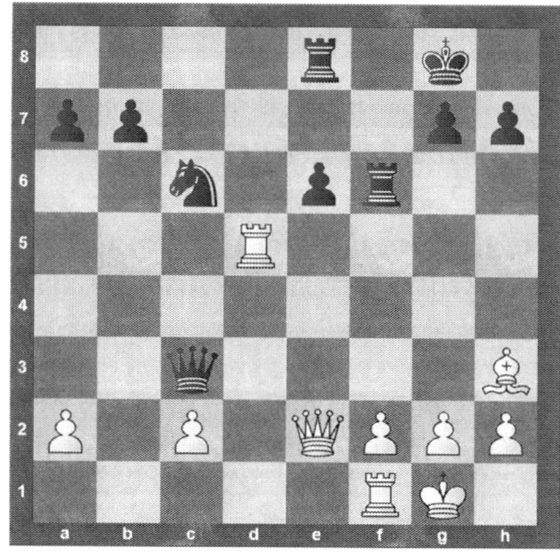

Der Turm ist natürlich tabu, denn nach 19. ... exd5? entscheidet 20. Dxe8+ und 21. Le6+ zugunsten von Weiß.

19. ... Sc6-d4

20. De2-h5? ...

Das ist der entscheidende Fehler. Er hätte 20. De4 spielen sollen, auch um die Fesselung des e-Bauern aufrechtzuerhalten.

20. ... Te8-f8

So kann Marshall die Türme gefährlich auf der f-Linie verdoppeln und mit 21. ... Txf2 und 22. ... De1+ drohen. Außerdem ergibt sich nebenbei die Drohung 21. ... exd5.

21. Td5-e5 ...

Das deckt natürlich auch e1, aber 21. ... Txf2 wäre jetzt trotzdem möglich gewesen, denn nach 22. Txf2 gewinnt 22. ... Da1+. Marshall hatte allerdings einen noch besseren Plan.

21. ... Tf6-h6

22. Dh5-g5? ...

Das lässt jetzt den Bauern g2 im Regen stehen, denn der muss einerseits den Läufer h3 verteidigen und – was wichtiger ist – die entscheidende Springergabel 23. ... Sf3+ verhindern.

22. ... Th6xh3!

23. Te5-c5 ...

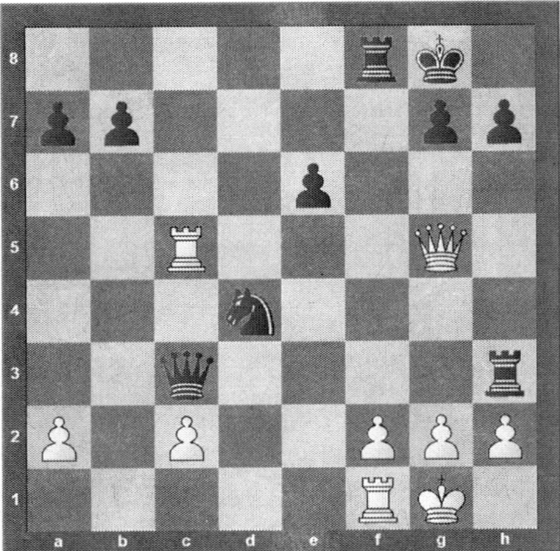

In dieser Stellung folgt ein Zug, der einer der berühmtesten der Geschichte wurde:

23. ... Dc3-g3!!

Marshall droht damit Matt durch 24. ... Dxh2# an, und er tut das auf einem Feld, auf dem Weiß die Dame auf dreierlei Art schlagen kann, aber alle drei führen zum schwarzen Sieg:

1.) 24. hxg3 Se2#

2.) 24. fxg3 Se2+ 25. Kh1 Txf1#

3.) zieht der Turm f1, kommt Dxh2+ und Dh1#

4.) jeder Zug des f-Bauern wird mit Se2+ und Dxh2# beantwortet.

Am längsten Widerstand liefert erwartungsgemäß:

5.) 24. Dxg3, aber dann folgt 24. ... Se2+ 25. Kh1 Sxg3+ 26. Kg1 Sxf1 27. gxh3 Sd2 und Schwarz gewinnt das Endspiel sicher.

Partie 27

Lasker, Ed. – Thomas

(London, 1912)

Holländisch

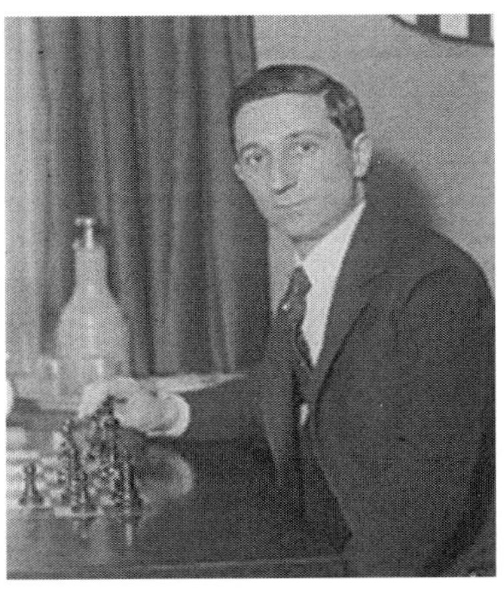

Eduard, auch Edward**, Lasker,** geboren 1885 in der Provinz Posen (damals zum Deutschen Reich gehörig und heute Teil Polens), war im Hauptberuf Mathematiker und betätigte sich sehr erfolgreich als Ingenieur in den USA. Schach spielte er nur als Amateur, das jedoch sehr erfolgreich; so erfolgreich, dass er des Öfteren mit seinem Namensvetter, dem Weltmeister Emanuel Lasker verwechselt wurde. Außerdem tat er sich als Autor diverser Schachbücher hervor. Er starb 1981 im hohen Alter von 95 Jahren in New York.

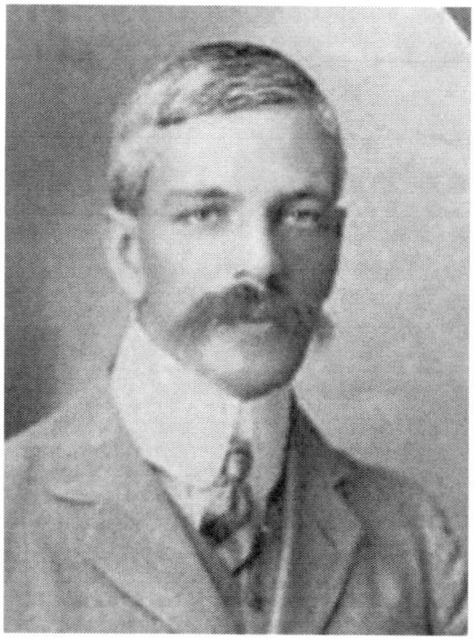

George Thomas, geboren 1881, war ein vielseitig begabter Sportler aus England: Er war 21-facher britischer Meister im Badminton und nahm als Tennisspieler 20 mal am Turnier von Wimbledon teil. Im Schach reichte es immerhin, um zweimal die englische Meisterschaft zu gewinnen und sein Land bei mehreren Olympiaden zu vertreten. Auch er starb hochbetagt 1972 in London.

Diese Partie ist zwar „nur" eine freie Partie, aber sie gilt als eine der spektakulärsten Partien überhaupt. Sie zeigt eine fantastische Königsjagd über das gesamte Brett und sprüht dabei nur so vor kreativen Angriffsideen.

1. d2-d4 e7-e6

2. Sg1-f3 f7-f5

Die Horwitz-Variante der Holländischen Verteidigung, die man auch damals nicht sehr häufig sah.

3. Sb1-c3 Sg8-f6

4. Lc1-g5 ...

Jetzt würde die Gegenfesselung 4. ... Lb4 den Vorstoß e2-e4 verhindern, aber Schwarz spielt defensiver.

4. ... Lf8-e7

5. Lg5xf6 Le7xf6

Durch diesen Abtausch wird der besagte Vorstoß nach e4 ermöglicht.

6. e2-e4 f5xe4

7. Sc3xe4 b7-b6

8. Sf3-e5?! ...

8. Ld3 gefolgt von 9. 0-0 wäre eine sehr natürliche Fortsetzung gewesen, aber Weiß schaltet mit der Positionierung des Springers im Zentrum und der Öffnung der Diagonale d1-h5 für die Dame früh auf Angriff.

8. ... 0-0

9. Lf1-d3? ...

Das ist zum jetzigen Zeitpunkt eher ein Fehler, denn Schwarz könnte jetzt nach Abtausch auf e5 mit 10. ... Sc6 den Zentrumsbauern erobern. Aber das sah Thomas nicht, sondern setzte so fort, wie man es nach seinem 7. Zug schon erwartet hätte, nämlich mit dem Läufer-Fianchetto.

9. ... Lc8-b7?

10. Dd1-h5 ...

Nun droht offensichtlich 11. Sxf6+, was dem Läufer auf d3 die Bahn freilegen und den Einschlag auf h7 möglich machen würde.

10. ... Dd8-e7?

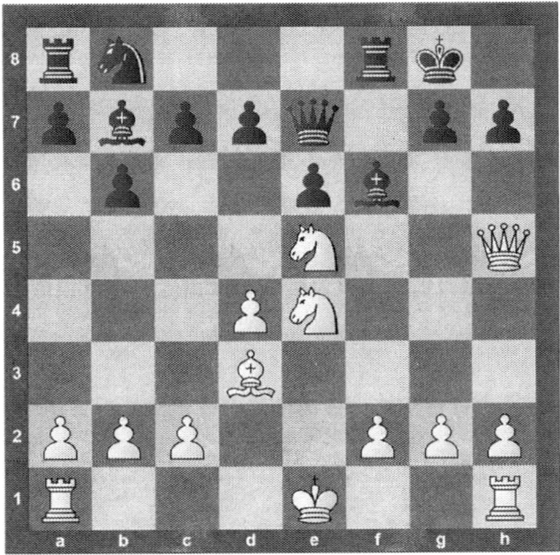

Dieser Zug zielt darauf ab, nach 11. Sxf6 gxf6 den Bauern h7 zu decken, aber er ist ein Fehler. Besser wäre es, mit 10. ... Lxe5 den gefährlichen Zentrumsspringer zu schlagen, weil Schwarz nach 11. Sf6+ Txf6 klar besser stünde. So aber folgt das die Partie entscheidende Damenopfer ...

11. Dh5xh7+! ...

... mit der erzwungenen Folge:

11. ... Kg8xh7

12. Se4xf6+ ...

Dieses Doppelschach schneidet dem schwarzen König den Weg zurück ab (auf 12. ... Kh8 setzt der Springer auf g6 matt) und die Königswanderung beginnt.

12. ... Kh7-h6

13. Se5-g4+ Kh6-g5

14. h2-h4+ Kg5-f4

15. g2-g3+ Kf4-f3

16. Ld3-e2+ Kf3-g2

17. Th1-h2+ Kg2-g1

18. Ke1-d2#

Vielleicht noch schöner wäre nur das Matt durch 18. 0-0-0 gewesen, aber auch so haben wir ein spektakuläres Mattbild, bei dem man zweimal hinschauen muss bzw. darf.

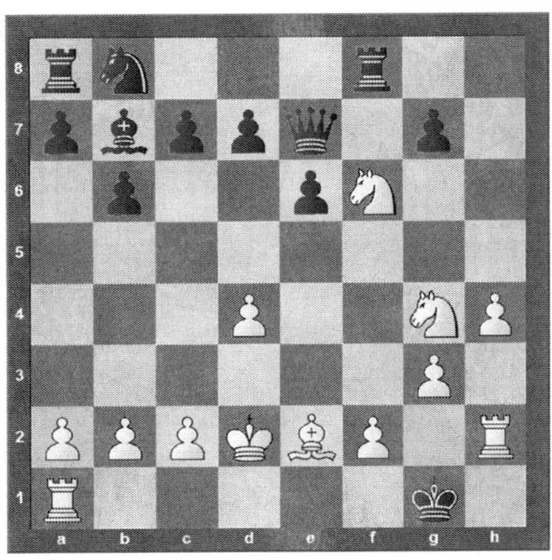

Partie 28
Bogoljubow – Aljechin
(Hastings, 1922)
Holländisch

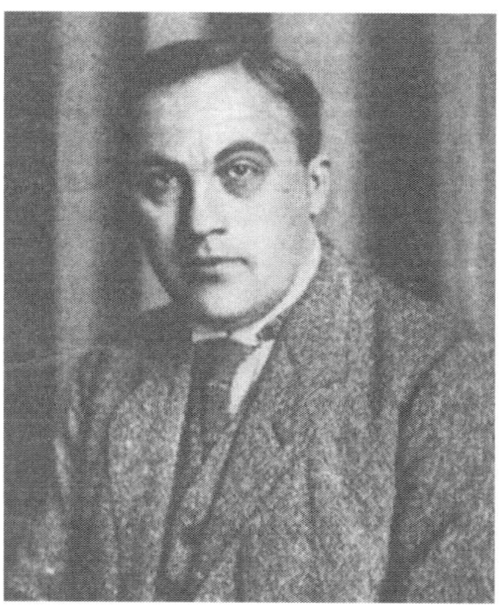

Efim Bogoljubow, geboren 1889 in der Nähe von Kiew, studierte zunächst Theologie, wandte sich aber bald dem Schach zu und machte es zu seinem Hauptberuf. Er spielte erfolgreich an nationalen russischen Turnieren, ließ sich aber nach dem Ersten Weltkrieg in Deutschland nieder und wurde sogar deutscher Staatsbürger. An internationalen Turnieren errang er beachtliche Erfolge und spielte – unterstützt durch deutsche Mäzene – sogar zweimal um die Weltmeisterschaft. Die „Bogoljubow-Indische" Eröffnung ist nach ihm benannt. Er starb 1952 im Schwarzwald.

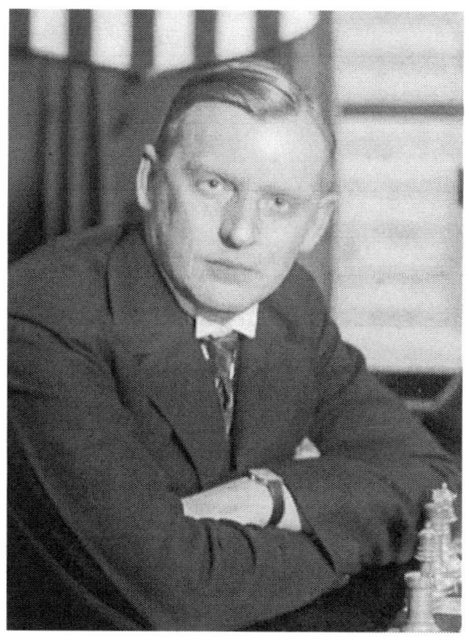

Alexander Aljechin wurde 1892 in Moskau in eine russischen Adelsfamilie geboren. Er konnte sich früh ganz dem Schach widmen und bei internationalen Turnieren auf sich aufmerksam machen. In den Wirren der russischen Revolution geriet er als Adeliger in Gefangenschaft, wurde aber entlassen und emigrierte danach in den Westen, nach Paris, wo er sein Spiel akribisch weiterentwickelte und schließlich 1927 den damaligen Weltmeister Capablanca entthronte. Da er in den 1930er Jahren mit den deutschen Nationalsozialisten kollaborierte und antisemitische Schriften verfasste, floh er nach dem Krieg über Spanien nach Portugal, wo er 1946 als amtierender Weltmeister unter nicht abschließend geklärten Umständen starb.

Diese Partie hat zwar keinen eigenen Namen, aber dafür wurde sie in der gesamten Schachelite immer wieder in höchsten Tönen gelobt. Sagen wir, sie ist ein Kunstwerk, und das ist nicht übertrieben.

1. d2–d4 f7–f5

Das ist die gute alte Holländische Verteidigung, die schon damals eher ungewöhnlich war. Sicher wählte Aljechin sie, um den Gegner zu verunsichern, denn für den Turniersieg musste er diese Partie gewinnen. Aber Bogoljubow ließ sich hier noch nicht in Bockshorn jagen und wählte die klassische Fortsetzung.

2. c2–c4 Sg8–f6

3. g2–g3 e7–e6

4. Lf1–g2 ...

In einem eher defensiven Aufbau würde man jetzt eher 4. ... Le7 erwarten, aber das frühe c2-c4 erlaubt Aljechin einen überraschenden offensiven Zug:

4. ... Lf8–b4+

5. Lc1–d2 Lb4xd2+

6. Sb1xd2 ...

Hier hätte Weiß wahrscheinlich besser mit der Dame nehmen sollen, um den Springer später nach c3 zu entwickeln; außerdem blockiert er jetzt die Dame bei der Deckung des Zentrums.

6. ... Sb8–c6

7. Sg1–f3 0–0

8. 0–0 ...

Auch hier wäre 8. Dc2 gefolgt von e4 besser.

8. ... d7–d6

9. Dd1–b3 Kg8–h8

Schwarz plant den Vormarsch des e-Bauern nach e5 und bringt deswegen den König aus der Schusslinie der Dame.

10. Db3–c3 ...

Hier wäre der Vorstoß 10. d5 besser gewesen, denn der Damenzug hält den schwarzen e-Bauern nicht auf.

10. ... e6–e5

Der vermeintliche Bauerngewinn auf e5 scheitert am Ende an dem ungedeckten Springer auf d2.

11. e2–e3 a7–a5!

Das stemmt sich natürlich in erster Linie gegen den möglichen Vorstoß b4 nebst b5. Nebenbei könnte es auch dem Springer c6 den Sprung nach b4 ermöglichen, wo er mit einem Bauern auf e4 das Feld d3 erreichen könnte. Weiß hingegen versucht, seine Bauernkette am Damenflügel verbunden und somit intakt zu halten.

12. b2–b3 Dd8–e8

13. a2–a3 De8–h5

Ganz im Sinne der holländischen Verteidigung greift Schwarz über den Königsflügel an. Verlockend sieht die Abtausch-Sequenz 14. dxe5 dxe5 15. Sxe5 Sxe5 16. Dxe5 aus, aber dann käme 16. ... Sg4 mit Angriff auf Dame und Mattdrohung durch 17. ... Dxh2#.

14. h2–h4 Sf6–g4

15. Sf3–g5 ...

Weiß räumt das Feld f3 und will damit die Vertreibung des Springers g4 durch 16. f3 vorbereiten. Das hätte Schwarz jetzt zwar mit 15. ... h6 verhindern können, aber er lässt es zu und spielt einen „sicheren" Zug.

15. ... Lc8–d7

Damit schließt Aljechin praktisch seine Entwicklung ab: Er aktiviert den Läufer, deckt den angegriffenen Springer c6 und verbindet seine Türme. Weiß setzt wie erwartet auf der Königsseite fort.

16. f2–f3 Sg4–f6

17. f3–f4 ...

Schon mit dem 16. Zug hatte Weiß seine Königsstellung geschwächt, und der 17. Zug war dann nur noch konsequent, denn Schwarz hätte seinerseits 17. … f4 spielen können, was die Stellung wohl ins Rutschen gebracht hätte.

17. … e5–e4

18. Tf1–d1 h7–h6

19. Sg5–h3 d6–d5

Damit hat Schwarz sich im Zentrum festgesetzt und Weiß in die Defensive gebracht.

20. Sd2–f1 Sc6–e7

Schwarz will den Springer nach d5 bringen und plant wahrscheinlich 21. … a4 gefolgt von 22. … axb3 und 23. … dxc4, was Weiß mit …

21. a3–a4? …

… verhindern will. Aber das macht jetzt dem Springer das Feld b4 frei, so dass Aljechin seinen letzten Zug rückgängig macht.

21. … Se7–c6

22. Td1–d2 Sc6–b4

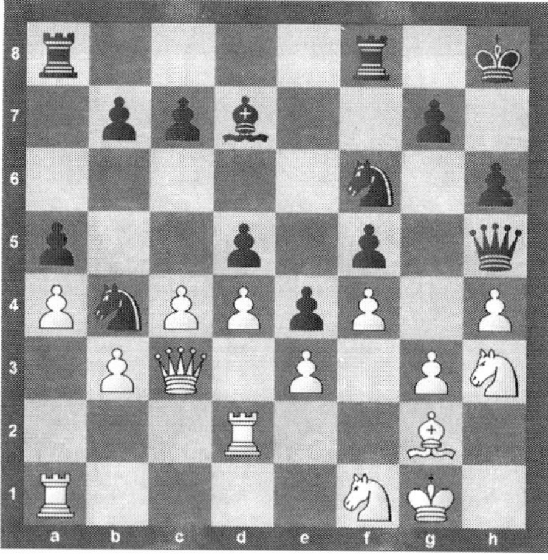

Damit hat Schwarz sein Ziel erreicht: Der Springer schaut gefährlich nach d3, und es wird zunehmend schwieriger, die weiße Stellung zu festigen. Jedenfalls scheinen Bogoljubow jetzt langsam die Ideen auszugehen, denn es folgt ein „Ich weiß nix Besseres“-Zug.

23. Lg2–h1? Dh5–e8

Aljechin selbst nannte den weißen Läuferzug später ein „unglaubliches Manöver", und daraufhin scheint er am Damenflügel die Früchte seiner Arbeit ernten zu wollen, denn Dame und Läufer attackieren jetzt den a-Bauern.

24. Td2–g2 d5xc4

25. b3xc4 Ld7xa4

Damit steht Schwarz gut und Weiß konzentriert sich auf den Königsflügel, um sich dort Luft zu verschaffen.

26. Sh3–f2 La4–d7

27. Sf1–d2 b7–b5

28. Sf2–d1 Sb4–d3

Das war das Wunschfeld des Springers, und dort ist er gut positioniert, selbst wenn Weiß den verlorenen Bauern zurückerobern kann.

29. Ta1xa5 b5–b4

30. Ta5xa8 …

Beide Seiten greifen die gegnerische Dame an, und man kann schnell überschlagen, dass Schwarz nach 30. …Dxa8 unspektakulär hätte gewinnen können, aber Aljechin bot den Zuschauern und der Nachwelt etwas Besseres: Nach …

30. … b4xc3

31. Ta8xe8 …

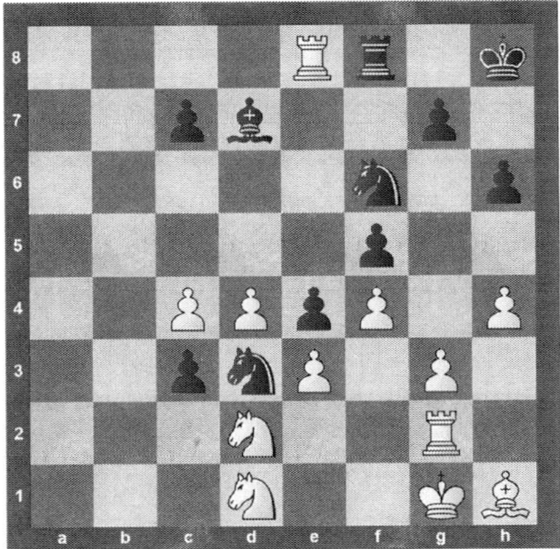

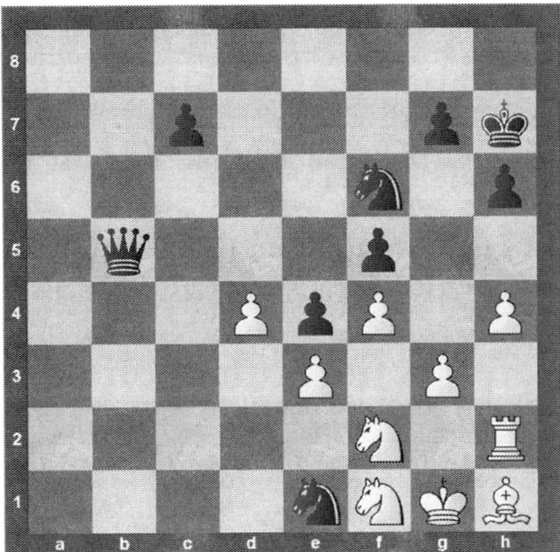

... zieht er einen Meisterzug aus dem Ärmel:

31. ... c3–c2!!

Er opfert auch den zweiten Turm mit der Aussicht auf eine neue Dame, denn der c-Bauer ist nicht aufzuhalten.

32. Te8xf8+ Kh8–h7

33. Sd1–f2 c2–c1D+

34. Sd2–f1 ...

Es bleibt ihm nicht viel anderes übrig, aber dadurch ist der König nun vollends durch eigene inaktive Figuren eingeschnürt und mit einem feindlichen Springer in der Nähe kann das schnell zum Erstickungstod führen.

34. ... Sd3–e1

Nun droht 35. ... Sf3#, aber Weiß kann f3 durch Abzug des Turmes decken.

35. Tg2–h2 Dc1xc4

Droht 36. ... Lb5 und dann Matt durch 37. ... Df1#, d.h. Weiß muss den Turm opfern, um b5 zu decken.

36. Tf8–b8 Ld7–b5

37. Tb8xb5 Dc4xb5

Ein schönes Bild: Weiß ist materiell zwar nur leicht im Nachteil, aber das ganze Material ist vollkommen unbrauchbar positioniert, während Schwarz mit Dame und Springer die gesamte Stellung nach Belieben beherrscht.

38. g3–g4 Se1–f3+

39. Lh1xf3 e4xf3

40. g4xf5 Db5–e2

Damit ist Weiß in Zugzwang; z.B. 41. Sh3 Sg4. 42. Txe2, fxe2, und Umwandlung in eine neue Dame. Entsprechend kann Weiß kann nur noch sinnlose Bauernzüge machen, während Schwarz abwartend seinen König bewegt.

41. d4–d5 Kh7–g8

42. h4–h5 Kg8–h7

43. e3–e4 Sf6xe4

44. Sf2xe4 De2xe4

Nach diesem Tausch sammelt Schwarz weitere Bauern wie Fallobst ein:

45. d5–d6 c7xd6

46. f5–f6 g7xf6

47. Th2–d2 De4–e2

Das ist fast schon frech von Aljechin: Er

opfert auch die zweite Dame, wissend, dass er demnächst die dritte bekommt.

48. Td2xe2 **f3xe2**

49. Kg1–f2 **e2xf1D+**

Und auch die dritte Dame durfte Weiß noch schlagen, gab die Partie aber wenige Züge später auf.

Partie 29

Sämisch – Nimzowitsch

(Kopenhagen, 1923)

Damenindisch

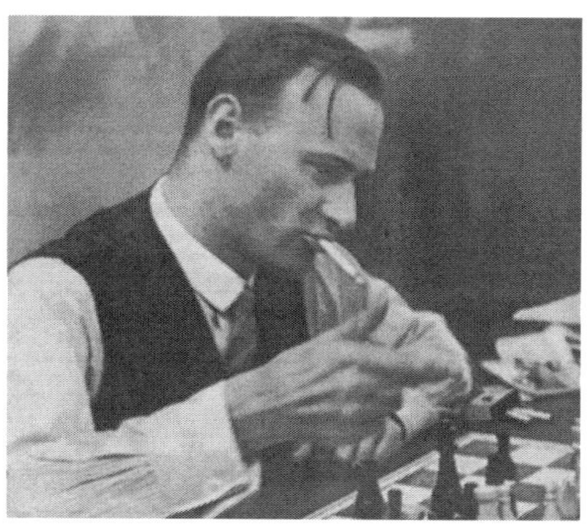

Friedrich Sämisch, geboren 1896 in Charlottenburg, Berlin, stammte aus ärmlichen Verhältnissen, hatte eine schwere Kindheit und wurde im 1. Weltkrieg mehrfach verwundet. In Lazaretten kam er zum Schach und wurde in den 20er Jahren einer der besten deutschen Spieler. Unter der nationalsozialistischen Herrschaft kam er mit dem Gesetz in Konflikt und wurde auch inhaftiert. Er starb 1975 in Berlin.

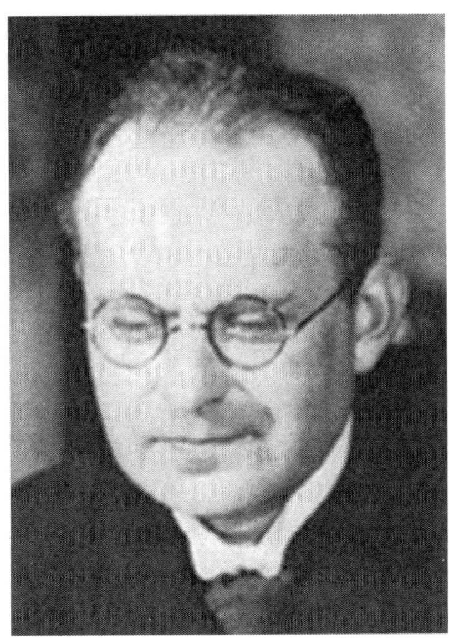

Aron Nimzowitsch, geboren 1886 in Riga, Lettland, übersiedelte nach dem 1. Weltkrieg zunächst nach Berlin und später nach Dänemark. Die „Nimzowitsch-Indische Verteidigung" geht natürlich auf ihn zurück, und auch sonst ist sein Name eng verbunden mit der modernen Schachtheorie, über die er sich allerdings im Dauerstreit mit Siegbert Tarrasch befand. An internationalen Turnieren nahm er nur mit Unterbrechungen teil, erzielte jedoch immer wieder beachtliche Erfolge. Er war zeit seines Lebens kränklich und starb 1935 im jungen Alter von nur 49 Jahren in Kopenhagen.

Die folgende Partie ist die **Unsterbliche Zugzwangpartie**, und sie ist eine der ganz wenigen, in denen Zugzwang schon im Mittelspiel zum Tragen kommt.

1. d2–d4 Sg8–f6

2. c2–c4 e7–e6

3. Sg1–f3 b7–b6

Die solide „Damenindische Verteidigung", die von beiden Seiten lehrbuchmäßig weitergespielt wird.

4. g2–g3 Lc8–b7

5. Lf1–g2 Lf8–e7

6. Sb1–c3 0–0

7. 0–0 ...

An dieser Stelle erfolgt heutzutage meist 7. ... Se4, aber damals spielte Nimzowitsch anders:

7. ... d7–d5

8. Sf3–e5 c7–c6

Aber auch das bewegt sich alles im theoretisch akzeptierten Rahmen: Weiß will den Läufer auf g2 aktivieren und Schwarz stärkt das Zentrum. Dem könnte Weiß jetzt mit 9. e4 etwas entgegensetzen, aber er will eher die Stellung vereinfachen bzw. öffnen.

9. c4xd5 c6xd5

10. Lc1–f4 a7–a6

11. Ta1–c1 b6–b5

Erkennbar will Nimzowitsch am Damenflügel Raum gewinnen und den Springer c3 im Kampf um e4 angreifen. Sämisch stemmt sich dem entgegen.

12. Dd1–b3 Sb8–c6

13. Se5xc6 Lb7xc6

Beide Seiten stehen gut entwickelt da, und es scheint, als ob Weiß auch durch den Abtausch im 13. Zug weiter vereinfachen wollte; und jetzt macht er wieder einen Wartezug:

14. h2–h3? ...

Mit 14. Se4 hätte er den Läufer c6 dem Angriff des Turmes auf c1 aussetzen können, und in der Folge hätte er insgesamt gut gestanden, aber so gibt er die Initiative an Schwarz ab.

14. ... Dd8–d7

15. Kg1–h2 ...

Es geht genauso weiter: Schwarz verbindet die Türme, Weiß macht einen weiteren planlosen Zug.

15. ... Sf6–h5

16. Lf4–d2 ...

Das Muster bleibt gleich: Schwarz greift an, jetzt den Läufer, Weiß zieht zurück. Und jetzt hätte Schwarz mit 16. ... b4 den Angriff am Damenflügel verschärfen können, aber er macht erst noch einen Zwischenschritt auf dem Königsflügel.

16. ... f7–f5

17. Db3–d1 b5–b4

18. Sc3–b1 Lc6–b5

19. Tf1–g1 Le7–d6

Es bleibt dabei: Weiß zieht sich überall zurück und Schwarz bedrängt ihn weiter. Und dann macht Weiß den entscheidenden Fehler:

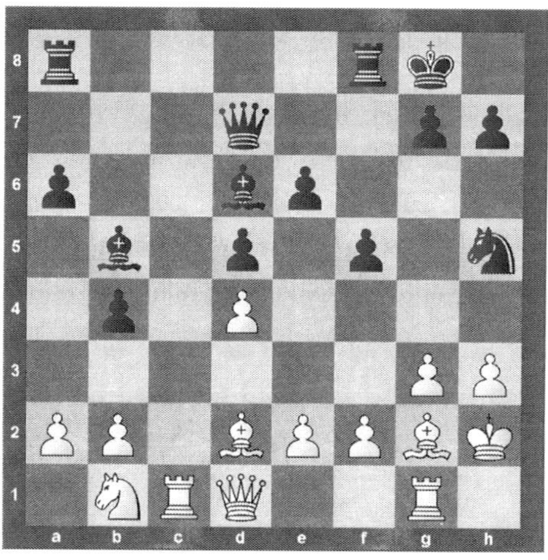

20. e2–e4? ...

Das sieht im ersten Moment so schlecht nicht aus, denn es gibt Sämisch wieder etwas Angriff, nämlich auf den ungedeckten Springer h5. Doch jetzt brachte Nimzowitsch das entscheidende Opfer, das die f-Linie öffnet.

20. ... f5xe4!

21. Dd1xh5 Tf8xf2

Schwarz hat eine Leichtfigur, den Springer, für zwei Bauern aufgegeben, dringt aber jetzt mit den Schwerfiguren durch.

22. Dh5–g5 Ta8–f8

23. Kh2–h1 ...

Langsam gehen Weiß die (vernünftigen) Züge aus und Schwarz nutzt das, um weiter Druck gegen einzelne Figuren zu machen.

23. ... Tf8–f5

24. Dg5–e3 Lb5–d3

Das sperrt den Springer ein, aber mit 24. ... Te2 25. Db3 La4 hätte Schwarz jetzt auch Material abräumen und leicht gewinnen können, doch er arbeitete sicher schon auf den Zugzwang hin. Weiß reagiert zunächst auf die Drohung 25. ... Te2.

25. Tc1–e1 ...

Und dann kommt der Zug, der den Zugzwang auslöst:

25. ... h7–h6!!

Klein, aber fein! Sämisch gibt auf, denn alles, was er machen könnte, würde Schwarz direkt in die Karten spielen.

Eine wirklich sehr bemerkenswerte Schlussstellung (siehe nächste Seite).

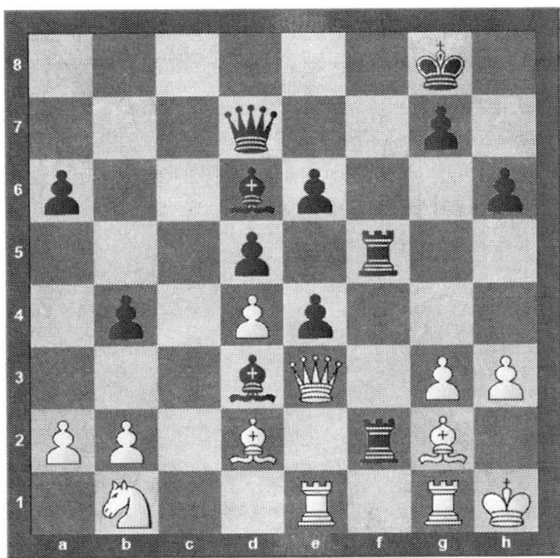

Der Springer auf b1 kann nirgendwo hin, genauso wenig der Läufer g2, und zieht der Läufer d2, dann fällt der Springer. Zieht der Turm von e1 weg, fällt nach 26. ... Te2 die Dame, genauso wie nach 26. Kh2 und 26. ... T5f3; und alle Bauernzüge führen ins Nirwana.

Partie 30

Glucksberg – Najdorf

(Warschau, 1930)

Holländisch

Ignacio Glucksberg war ein Gegner Najdorfs in einer Simultanpartie. Außer seinem Namen ist uns leider nichts überliefert.

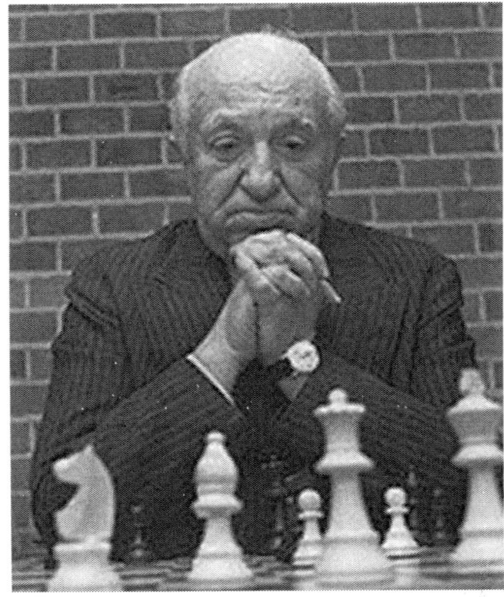

Miguel (ehemals Mendel) **Najdorf,** geboren 1910 in Polen, wurde als Jugendlicher von Tartakower entdeckt und gefördert, so dass er schnell aufstieg und ab den 30er Jahren zur Weltspitze gehörte, ohne jedoch jemals um den Titel gespielt zu haben. Von der Olympiade 1939 in Buenos Aires konnte er als Jude nach Ausbruch des 2. Weltkrieges nicht mehr in seine Heimat zurückreisen und blieb in Argentinien. Bis in die 70er Jahre konnte er sich in der globalen Elite halten und spielte an mehr als einem Dutzend Schacholympiaden für Polen und später für Argentinien. Nach ihm ist die wohl bekannteste und beliebteste

Variante der Sizilianischen Verteidigung benannt. Er starb hochbetagt 1997 in Spanien.

Diese Partie wurde an einem Simultan-Turnier in Warschau 1930 gespielt. Najdorfs Lehrer Tartakower nannte sie die **„Polnische Unsterbliche"**.

1. d2-d4	**f7-f5**
2. c2-c4	**Sg8-f6**

Das sind die klassischen Züge des Holländers und nun spielt Weiß in der Regel 3. g3 in der Absicht, den Läufer am Königsflügel zu fianchettieren, aber davon weicht Glucksberg schon ab.

3. Sb1-c3	**e7-e6**
4. Sg1-f3	**d7-d5**

Najdorf bleibt bei der Theorie und entwickelt sich nach dem sogenannten „Stonewall"-Aufbau, was darauf hindeutet, dass er das Zentrum geschlossen halten will und am Königsflügel angreifen wird.

5. e2-e3	**c7-c6**
6. Lf1-d3	**Lf8-d6**
7. 0–0	**0–0**
8. Sc3-e2	**Sb8-d7**
9. Sf3-g5?	**...**

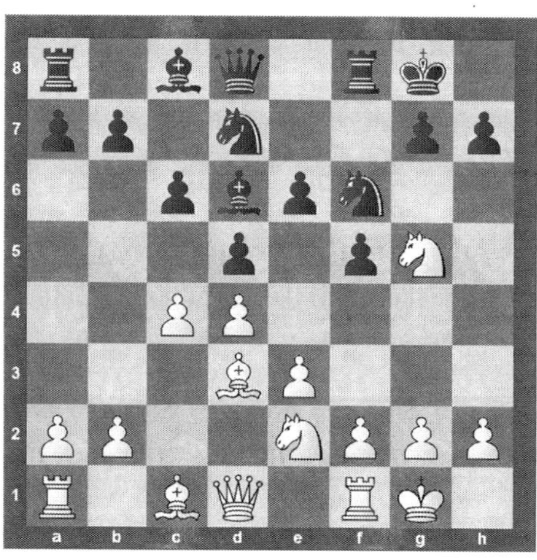

Weiß hat mit 8. Se2 die Defensive verstärkt, aber 9. Sg5 ist ein Fehler; besser wäre 9. b3. Der Textzug verfolgt den Plan, dass Schwarz nach der erwartbaren Antwort 9. ... De8 10. Sf4 den Bauern e6 nicht mehr decken und dann mit 10. ... e5 die Qualität opfern müsste. Allerdings scheitert die Idee an der taktischen Antwort, die Najdorf postwendend gibt:

9. ...	**Ld6xh2+**

Jetzt würde 10. Kxh2 mit 10. ... Sg4+ und 11. ... Dxg5 bestraft.

10. Kg1-h1	**Sf6-g4**

Das greift den Springer an. Nach 11. Se6 käme 11. ... Dh4 und das Matt kurz danach. Gefragt war 11. Sh3 nebst 12. f3, aber Weiß deckt den Springer mit dem nächsten Zug und leitet damit die Niederlage ein.

11. f2-f4	**Dd8-e8**

Die Dame sucht sich den Weg auf die h-Linie ...

12. g2-g3	**De8-h5**

... und sie findet ihn unter gleichzeitiger Mattdrohung, so dass der König die Flucht antritt.

13. Kh1-g2	**Lh2-g1!**

Nach diesem brillanten Zug droht 14. ... Dh2+ und dann 15. ... Dh1#. Nach 14. Txg1 würde die Dame das Matt über h2 auf f2 geben. Am besten wäre noch 14. Sf3 Lxe3 15. Th1, aber auch dann steht Schwarz klar auf Verlust.

14. Se2xg1	**Dh5-h2+**
15. Kg2-f3	**e6-e5!**

Die Drohung 16. ... e4+ kann Weiß nur durch Schlagen verhindern, denn der e-Bauer hätte zwei Gehilfen als Deckung hinter sich.

16. d4xe5	**Sd7xe5+**

Schwarz opfert den Springer, um die Stellung zu öffnen.

17. f4xe5 Sg4xe5+

18. Kf3-f4 Se5-g6+

19. Kf4-f3 f5-f4!

Wieder ein brillanter Zug, der die Öffnung der f-Linie für den Turm bezweckt, was die Partie sofort beenden würde; also muss Weiß auch dieses Opfer noch annehmen.

20. e3xf4 Lc8-g4+!

Und noch ein Opfer, das Weiß nicht verschmähen kann, weil sonst seine Dame fällt.

21. Kf3xg4 Sg6-e5+

Auch das letzte Opfer muss angenommen werden.

22. f4xe5 ...

Und das Matt ist ein stilles, wunderbares Bauernmatt.

22. ... h7-h5#

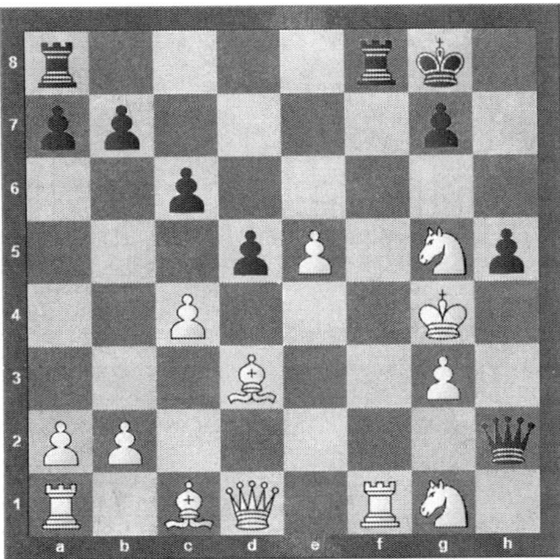

Partie 31

Siff – Kashdan

(New York, 1933 oder 1948)

Nimzowitsch Indisch

Boris Siff hat uns nur wenig hinterlassen, außer ein paar bekannten Partien – immerhin. Geboren wurde er in New York 1911 als Kind russischer Einwanderer, und er genoss eine gute Privatschulausbildung an der amerikanischen Ostküste. Später wurde er in mehreren US-Staaten Schachmeister, widmete sich aber daneben auch intensiv dem Glücksspiel und verlor dabei beträchtliche Summen. Er starb 1998 in Kalifornien.

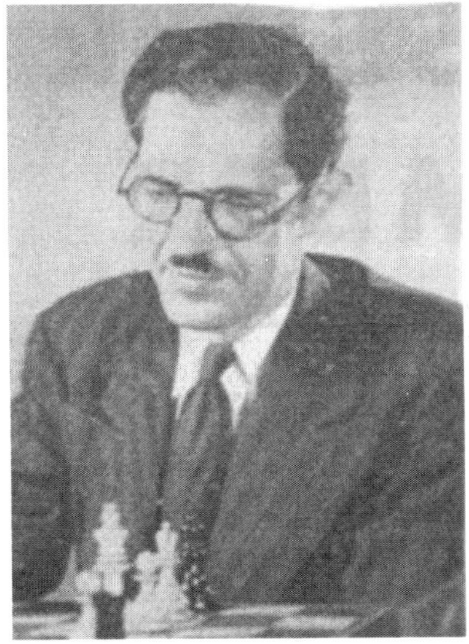

Isaac Kashdan, geboren in New York 1905, gehört in der Schachwelt nicht zu den bekanntesten Protagonisten. Dabei war er in den 30er Jahren einer der weltweit stärksten Spieler überhaupt: Mehrfacher US-amerikanischer Landesmeister und Olympiateilnehmer mit diversen internationalen Turniererfolgen. Trotz alledem war er nie Profispieler, sondern zog seine berufliche Heimat, ein Versicherungsunternehmen an der Wall Street, einer Schachkarriere vor. Er starb 1985 in Los Angeles.

Diese Partie führt den Namen „**Kashdans Unsterbliche**". Gespielt wurde sie entweder 1933 oder 1948; genau weiß man es nicht, aber es ist auch unerheblich, denn der Nachspielende wird sowieso jedes Zeitgefühl verlieren.

1. d2–d4 Sg8–f6

2. c2–c4 e7–e6

3. Sb1–c3 Lf8–b4

Kashdan vertraut auf die Nimzowitsch-Indische Verteidigung, in der Weiß nun in der Regel 4. e3 spielt, um das Zentrum weiter zu stärken. Weiß verteidigt aber lieber den Springer, um einen Doppelbauern zu vermeiden.

4. Dd1–c2 d7–d5

5. a2–a3 Lb4–e7

Schwarz hat mit 4. ... d5 nun doch das Zentrum besetzt an und Weiß will den Läufer vertreiben. Heute würde man meist auf c3 tauschen, aber Kashdan zog sich lieber zurück, und lässt jetzt im Zentrum tauschen.

6. c4xd5 e6xd5

7. Lc1–f4 c7–c6

8. h2–h3 ...

Das schafft ein Rückzugsfeld für den schwarzfeldrigen Läufer, der nach 8. e3 durch 8. ... Sh5 hätte belästigt werden können.

8. ... 0–0

9. e2–e3 Tf8–e8

10. Lf1–d3 Sb8–d7

11. Sg1–f3 Sd7–f8

Soweit fast alles erwartbare Entwicklungszüge. Der letzte Zug des Schwarzen deutet darauf hin, dass er den Springer über e6 gegen den weißen Läufer stellen will. Nach g7-g6 könnte er dann mit Sg7 und Lf5 den Abtausch der weißfeldrigen Läufer anstreben. Kurzfristig aber gibt er das Feld e5 frei, und das nutzt Weiß prompt.

12. Sf3–e5 ...

Der Zug ist allerdings nur scheinbar aktiv, denn Schwarz wird den Springer dort direkt angreifen. Besser wäre die sofortige Rochade gewesen.

12. ... Le7–d6

13. 0–0 Sf8–e6

Schwarz hätte hier eher durch 13. ... Sg6 den Angriff des Läufers auf den Springer e5 unterstützen sollen. Stattdessen greift er den Läufer f4 an, der sich dem aber leicht entziehen kann, denn genau dafür hatte Siff ja das Schlupfloch h2 geschaffen.

14. Lf4–h2 g7–g6

15. Se5–f3? ...

Dieser Rückzug ohne Not ist ein Fehler und Weiß gibt damit das Heft des Handelns an Schwarz ab. Stattdessen hätte er mit 15. f4 gefolgt von 15. g4 und mit dem stark platzierten Zentrumsspringer auf e5 aggressiv und mit Raumvorteil fortsetzen können.

15. ... Se6–g7

16. Lh2xd6 Dd8xd6

17. Tf1–c1 ...

Der Zug sieht „normal" aus, leistet in dieser Stellung jedoch nichts, sondern bringt Weiß durch sein planloses Spiel allmählich ins Hintertreffen. Stattdessen wäre 17. b4 gut gewesen. So geht Schwarz weiter in die Offensive und verstärkt mit den nächsten drei Zügen seine Kräfte am Königsflügel.

17. ...	**Lc8–f5**
18. Sf3–d2	**Te8–e7**
19. b2–b4	**Ta8–e8**
20. Ta1–b1	**...**

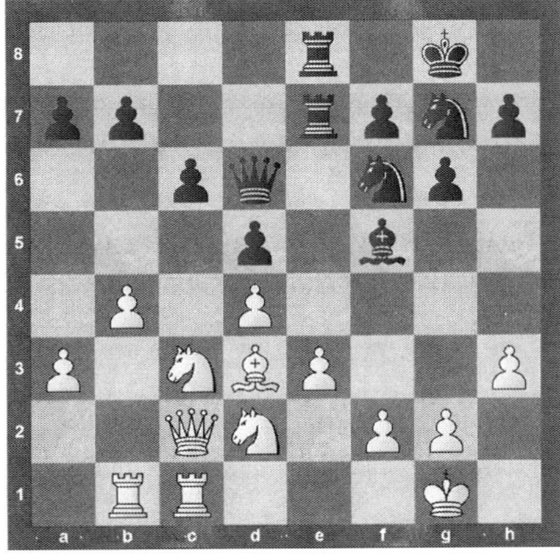

Eine interessante Stellung: Die Figuren stehen jeweils gruppiert am Damen- und am Königsflügel, aber der weiße König ist praktisch nackt, und das nutzt Schwarz jetzt aus.

20. ...	**Lf5xh3!**

Mit einem Zug – einem Läuferopfer – öffnet er den Bauernschutz, legt den König frei und ermöglicht das anschließende weitere Opfer.

21. g2xh3	**Te7xe3!**

Der Turm ist jetzt tabu. Nach 22. fxe3 gewinnt 22. ... Dg3+ und dann 23. ... Dxh3+ problemlos.

22. Ld3–f1	**Sg7–f5**

Weiß hat mit dem Läuferzug den Bauern h3 gedeckt, so dass der Turm jetzt doch hängt, aber Kashdan wartet mit einem weiteren Opfer auf.

23. f2xe3	**Dd6–g3+**
24. Lf1–g2	**Dg3xe3+**

Hier wäre das verlockende 24. ... Sxe3? ein grober Fehler, weil mit 25. Sf1!, wäre der Angriff abgewehrt und Weiß käme im Vorteil.

25. Kg1–h1	**Sf5–g3+**
26. Kh1–h2	**De3–f4**

Damit drohen empfindliche Abzugsschachs, speziell 27. ... Sf1+. Mit 27. Sde4 hätte Weiß sich jetzt retten können, und auch 27. Sf1 hätte wohl zum Remis ausgereicht, aber er spielt das augenscheinlich Naheliegende.

27. Sd2–f3	**...**

Das öffnet nämlich seiner Dame den Zugang zum Geschehen, aber in dieser Situation bietet Kashdan das dritte Opfer an.

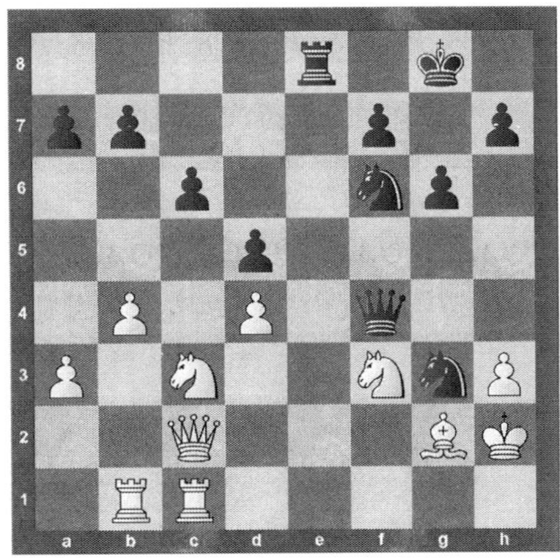

27. ...	**Te8–e2!**
28. Sc3xe2?	**...**

Die Annahme sieht so natürlich aus, und deswegen kann man sie dem Weißen nicht verdenken, aber sie ist tatsächlich spielentscheidend. Mit 28. Kg1! hätte er evtl. Remis erreichen können, aber jetzt konnte Kashdan die Schlusskombination starten.

28. ... Sg3xe2+

29. Kh2–h1 Sf6–h5

Drohend 30. ... Sg3+ gefolgt von 31. ... Se2+

30. Dc2–d2 ...

Ein letztes Aufbäumen, um die Dame zu vertreiben, aber das Matt ist jetzt forciert.

30. ... Sh5–g3+

31. Kh1–h2 Sg3–f1+

32. Kh2–h1 ...

Jetzt hätte Kashdan die weiße Dame nehmen können, aber stattdessen gibt er die seine und setzt matt.

32. ... Df4–h2+!!

33. Sf3xh2 Sf1–g3#

Ein fantastisches und seltenes Mattbild von zwei Springern gegen drei Schwer- und zwei Leichtfiguren.

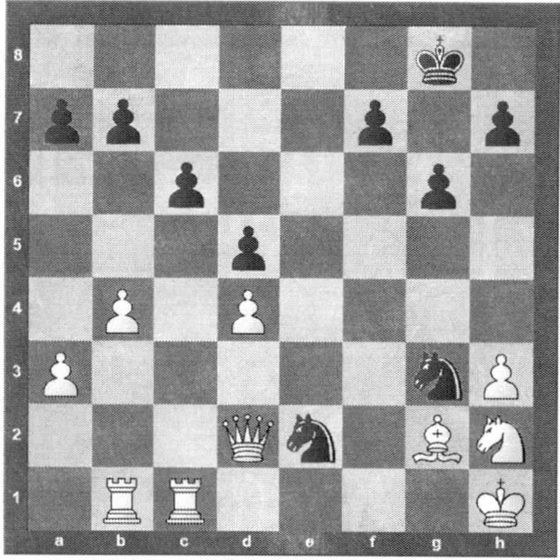

Partie 32

Canal – N.N.

(Budapest, 1934)

Skandinavisch

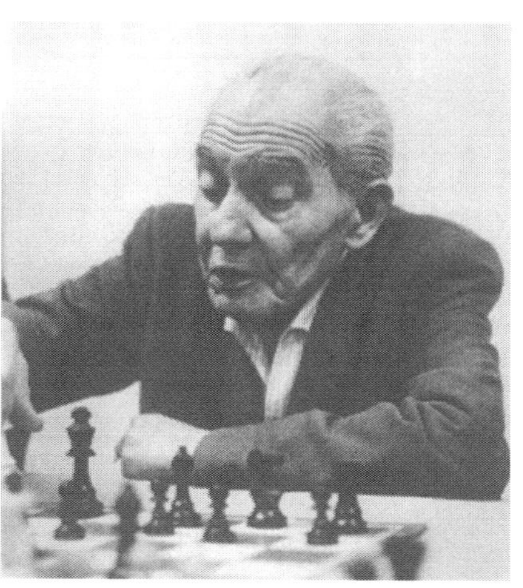

Esteban Canal, geboren 1896 in Peru, kam als Jugendlicher nach Europa, zunächst nach Deutschland, wo er das Schachspiel erlernte. Er wurde zum stärksten peruanischen Spieler und nahm an Olympiaden und internationalen Turnieren teil, an denen er durchaus auch nennenswerte Erfolge erzielen konnte. Die meiste Zeit seines Lebens verbrachte er in Italien, wo er 1981 starb.

Die folgende Partie wurde die **Peruanische Unsterbliche** getauft, in Anspielung auf die „Unsterbliche" (Partie 9) wegen eines ähnlichen Opferreigens. Sie wurde an einer Simultanvorstellung gespielt, so dass der Name des Gegners leider nicht überliefert ist.

1. e2–e4 d7–d5

2. e4xd5 Dd8xd5

3. Sb1–c3 ...

Die klassische „Skandinavische Verteidigung", bei der Schwarz die Dame früh ins Spiel bringt und Weiß sie unter Tempogewinn vertreiben kann. Die Alternative 2. ... Sg8–f6 und die Absicht, mit dem Springer zurückzuschlagen, ist spielbar, aber wenn Weiß mit 3. d4 fortsetzt, steht er besser.

3. ... Dd5–a5

4. d2–d4 c7–c6

Schwarz schafft ein Schlupfloch für die Dame, und Weiß entwickelt sich klassisch weiter.

5. Sg1–f3 Lc8–g4

6. Lc1–f4 ...

Ein natürlicher Entwicklungszug, der sich aber auch gegen das Damen-Rückzugsfeld c7 richtet.

6. ... e7–e6

7. h2–h3 Lg4xf3

Das gibt das Läuferpaar auf und erlaubt der weißen Dame die Entwicklung. Die Alternative wäre der Rückzug nach h5 unter Beibehaltung der Fesselung des Springers.

8. Dd1xf3 Lf8–b4

9. Lf1–e2 Sb8–d7

10. a2–a3 ...

Ähnlich wie im 7. Zug scheint Canal den Läufer zurück oder zum Abtausch drängen zu wollen; und tatsächlich wäre jetzt der Abtausch 10. ... Lxc3 11. bxc3 und dann 11. ... 0–0–0 angebracht gewesen. Aber Schwarz hält seinen Läufer wohl für tabu, weil er den a-Bauer als gefesselt ansieht und geht in die Falle.

10. ... 0–0–0?

11. a3xb4!! ...

Dass ein Meister nicht so einfach die Qualität einstellt, hätte der Schwarze eigentlich annehmen sollen, aber er kann der Versuchung nicht widerstehen.

11. ... Da5xa1+

12. Ke1–d2 Da1xh1

Damit hat Canal die gegnerische Dame auf die andere Seite des Brettes gelockt, so dass seine eigene am anderen Flügel den Rücken frei hat. Speziell das Feld a6 musste er für das Gelingen des folgenden Angriffs unter seine Kontrolle bringen und für den Läufer betretbar machen. Stattdessen hätte Schwarz sich auch mit der „Notbremse" 12. ... Se5 nicht mehr retten können, denn nach 13. Lxe5 Dxh1 14. Dxf7 bleibt der weiße Angriff überwältigend. So aber folgt ...

13. Df3xc6+! b7xc6

14. Le2–a6#

... ein wunderschönes Matt durch zwei Läufer.

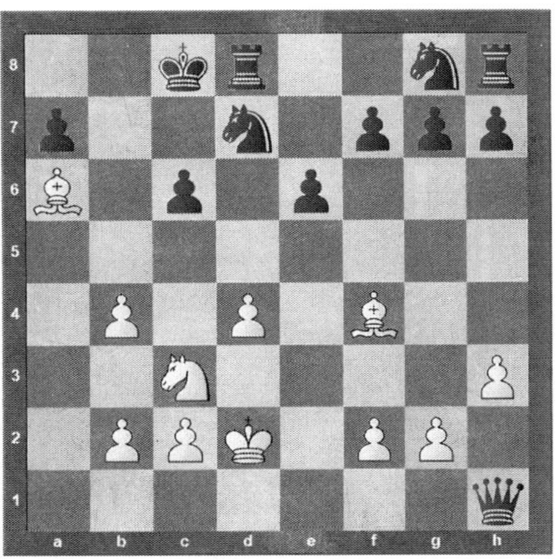

Partie 33

<u>Menchik</u> – Graf

(Semmering, 1937)

Damengambit

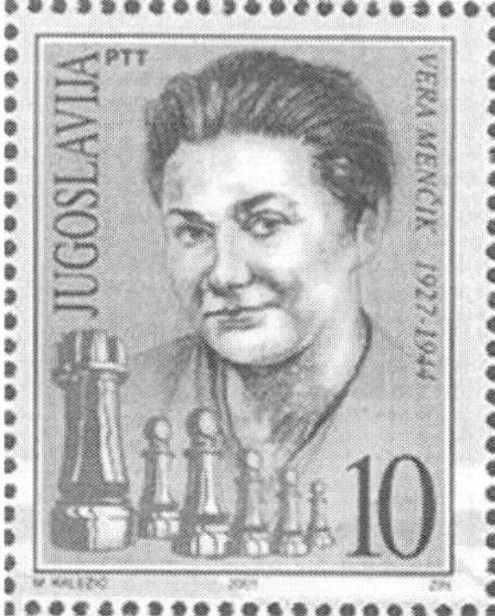

Vera Menchik, geboren 1906 in Moskau, kam als Jugendliche nach England und trat mit Anfang 20 bei internationalen Turnieren an, an denen damals nur ganz vereinzelt Frauen teilnahmen. Trotzdem konnte sie dort hervorragende Resultate erzielen und stieg zur ersten Frauenweltmeisterin auf. Diesen Titel behielt sie bis zu ihrem frühen Tod bei einem Fliegerangriff auf London im Jahr 1944.

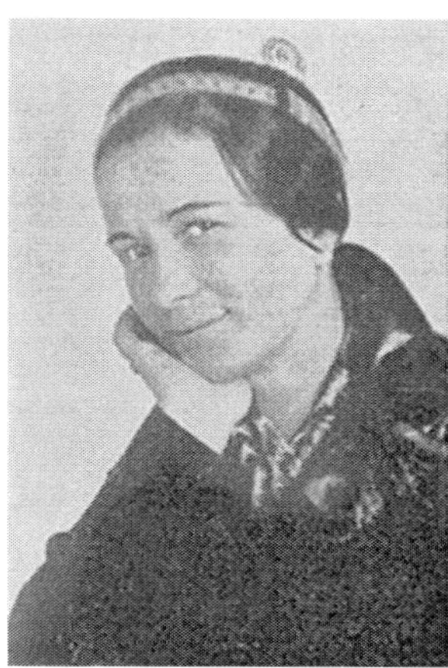

Sonja Graf, als Kind wolgadeutscher Rückkehrer 1908 in München geboren, versuchte, durch das Schachspiel ihren schwierigen familiären Verhältnissen zu entfliehen. Gefördert von Tarrasch reiste sie zu internationalen Turnieren und wurde zu einer Weltklassespielerin. Vor dem 2. Weltkrieg emigrierte sie über Argentinien in die USA, wo sie 1965 starb.

Diese Partie wurde anlässlich der Weltmeisterschaft der Frauen 1937 in Österreich auf dem Semmering gespielt. Berühmt wurde sie weniger wegen ihres Verlaufs, sondern wegen der wunderbaren Schlussphase, die mit einem entwaffnenden Zug der damaligen Weltmeisterin endet.

1. c2-c4 e7-e6

2. Sb1-c3 d7-d5

3. d2-d4 ...

Nach Zugumstellung ist das abgelehnte Damengambit entstanden ...

3. ... Sg8-f6

4. Sg1-f3 Sb8-d7

5. e2-e3 c7-c6

... und zwar die sogenannte „halb-slawische" Variante.

6. Lf1-d3 Lf8-e7?!

7. 0-0 0-0

8. e3-e4 ...

Jetzt hat Weiß ein starkes Zentrum aufgebaut, und Schwarz strebt eine Vereinfachung der Stellung an.

8. ... d5xe4

9. Sc3xe4 Sf6xe4

10. Ld3xe4 ...

Aber auch danach bleibt Weiß im Zentrum stärker und Schwarz versucht dagegenzuhalten.

10. ... Sd7-f6

11. Le4-c2 c6-c5

12. d4xc5 Dd8-a5

Weiß hat den Damentausch angeboten, aber Schwarz lehnt ab und gerät dadurch eher weiter in Nachteil.

13. Lc1-e3 Le7xc5

14. Le3-d2 Da5-c7

15. Ld2-c3 ...

Durch das vorangegangene Manöver hat Weiß das Läuferpaar sehr gut positioniert; es starrt förmlich in Richtung der schwarzen Königsstellung.

15. ... Lc5-e7

16. Dd1-e2 b7-b6

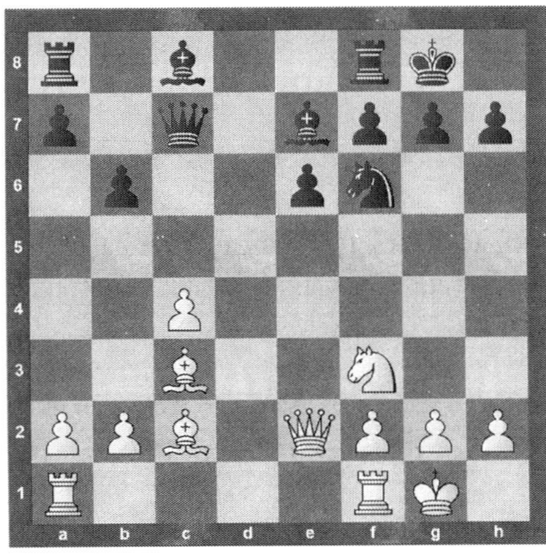

In dieser Stellung leitet Weiß nun konkrete Kampfhandlungen ein.

17. Sf3-g5 g7-g6?

Dieser Zug schwächt die schwarze Stellung. Besser wäre es, mit 17. ... La6 den c-Bauern anzugreifen.

18. De2-f3 ...

Damit wird der Turm a8 angegriffen und gleichzeitig droht 19. Lxf6.

18. ... Lc8-b7

19. Df3-h3 h7-h5

20. Ta1-d1! ...

Ein starker Zug! Noch besser wäre 20. Tef1, wonach Ideen wie das Läuferopfer auf g6 im Raum stehen könnten. Zusammen mit Dd3 würde das für einen durchschlagenden Angriff sorgen.

20. ... Sf6-g4??

Das ist auf den ersten Blick verständlich: Graf will den gefährlichen Springer durch den Angriff des Läufers vertreiben, aber es ist trotzdem der Zug, der direkt zum Verlust führt, denn jetzt findet Menchik einen überragenden Zug, der die Partie sofort entscheidet und sie, diese Partie, berühmt gemacht hat:

21. Td1-d7!!

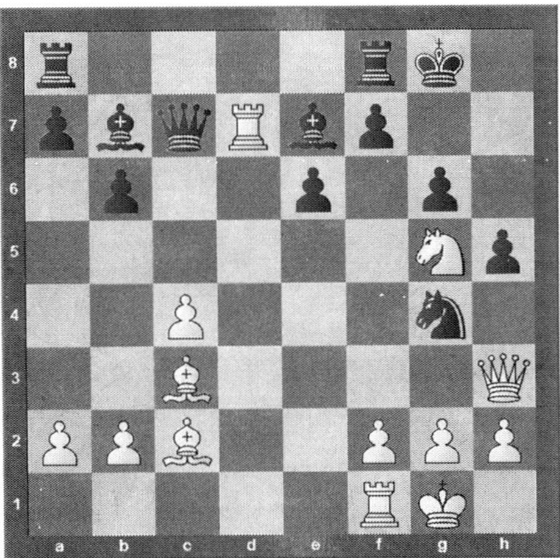

Der Turm bedroht Dame und Läufer gleichzeitig, und auf 21. ... Dxd7 entscheidet das Damenopfer 22. Dxh5 mit der Mattdrohung Dh7# bzw. der Folge 22. ... gxh5 23. Lh7#.

Auf das direkte 21. Dxh5 hätte Schwarz die „Ausrede" 21. ... Dxh2+, denn nach 22. Dxh2 Sxh2 23. Kxh2 fällt auch der Springer g5.

Schwarz gibt auf.

Partei 34

Kortschmar – Poljak

(Ukraine, 1937)

Spanisch

Leider wissen wir über die beiden Spieler dieser Partie herzlich wenig. Beide stammten aus der Ukraine.

Jefim Kortschmar wurde 1914 in Odessa geboren und starb 1978 in Russland.

Jewsei Poljak wurde 1908 in Kiew geboren und starb dort 1970.

Die Partie, derentwegen sie einen Eintrag im Geschichtsbuch verdient haben, wurde bei der Ukrainischen Meisterschaft 1937 gespielt und wird die „**Ukrainische Unsterbliche**" genannt. Sie ist eine spektakuläre Angriffspartie, in der Weiß brillant die Schwäche der gegnerischen Grundreihe ausnutzt.

1. e2–e4 **e7–e5**

2. Sg1–f3 **Sb8–c6**

3. Lf1–b5 **d7–d6**

Die „Steinitz-Verteidigung" in der Spanischen Partie war damals sehr gängig. Heute wird sie jedoch eher als passiv angesehen und man empfiehlt Weiß tatsächlich die aggressive Fortsetzung 4. d4. So geschah es auch.

4. d2–d4 **Lc8–d7**

5. Sb1–c3 **Sg8–f6**

6. 0–0 **...**

Schwarz wagt nun einen Vorstoß, der eine Abtausch-Sequenz auslöst, die dem leichten aber beständigen weißen Vorteil keinen Abbruch tut.

6. ... **Sc6xd4?!**

7. Lb5xd7+ **Dd8xd7**

8. Sf3xd4 **e5xd4**

9. Dd1xd4 **...**

Nach den Abtauschen steht Weiß etwas besser, hat Raumvorteil und seine Dame ist perfekt zentral positioniert. Schwarz muss in der Entwicklung aufholen.

9. ... **Lf8–e7**

10. Tf1–d1 **...**

Das droht schon mit 11. e5, aber Schwarz spielt weiter auf Entwicklung.

10. ... **0–0**

11. e4–e5 **Sf6–e8**

12. Lc1–f4 **...**

Der zurückgezogene Springer deckt natürlich den angegriffenen Bauern d6, aber ist dadurch auch eher passiv. Weiß hat mit dem Läuferzug den Druck verstärkt und deswegen holt Schwarz Hilfe am Damenflügel.

12. ... **a7–a5**

Das sieht zunächst seltsam aus, aber die Idee besteht darin, mit 13. ... Ta6 den Bauern d6 zu überdecken. Besser wäre jedoch die Auflösung der Fesselung mit 12. ... Dc6.

13. Td1–d3 **...**

Dieser Zug öffnet dem a-Turm Möglichkeiten in Richtung d1 oder e1, und der Turm auf d3 hat Aussichten, nach g3 oder h3 zu gelangen.

13. ... **Ta8–a6**

14. Ta1–e1 **Dd7–f5**

15. Sc3–d5 **...**

Dieser Zug wäre auch früher schon infrage gekommen, aber hier ist er wegen des ungedeckten Läufers auf e7 besonders kräftig.

15. ... **Le7–d8**

16. e5xd6 **Se8xd6**

17. Td3–g3 **...**

Weiß hat vorausschauend die e-Linie geöffnet und droht jetzt mit Mattangriff gegen g7. Schwarz kann dagegen nicht 17. ... g6 ziehen, weil dann 18. Lh6 entscheidet.

17. ... f7–f6

18. Lf4–h6 Tf8–f7

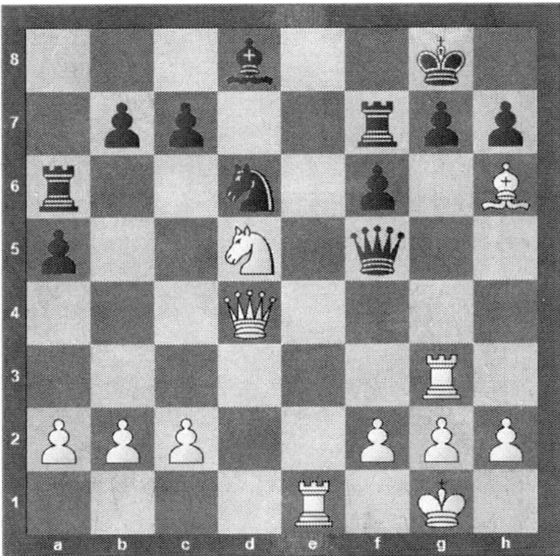

Um den Schwachpunkt g7 zu decken, schwächt Schwarz die Grundreihe, und dort wird der weiße Angriff dann auch durchdringen, und zwar beginnend mit dem folgenden überraschenden Geniestreich:

19. Sd5–b4!! ...

Der Springer opfert sich für einen Angriff auf den Turm a6 und kann nicht abgelehnt werden. Aber es ist mehr als das: Er öffnet der Dame die d-Linie und greift den Springer d6 an, der der lebenswichtige Verteidiger des Einbruchsfeldes e8 ist. Schwarz rettet den Turm, indem er den Springer nimmt ...

19. ... a5xb4

20. Dd4xd6! ...

... und Weiß bietet auch noch die Dame an. Die ist allerdings tabu, denn nach 20. ... Txd6? käme 21. Te8+ Tf8 22. Txg7+ und das Matt stünde vor der Tür. Schwarz muss also das Feld e8 decken.

20. ... Df5–d7

21. Dd6–d5! ...

Noch ein brillanter Zug: Die Dame ist aus den gleichen Gründen wie vorher immer noch tabu, aber jetzt fesselt sie auch noch den Turm f7, was die Drohung 22. Txg7+ mit sich bringt. 21. ... g6 scheitert an 22. Tge3 mit Mattangriff, aber auch die von Schwarz gewählte Fortsetzung bietet jetzt keine Rettung mehr.

21. ... Kg8–f8

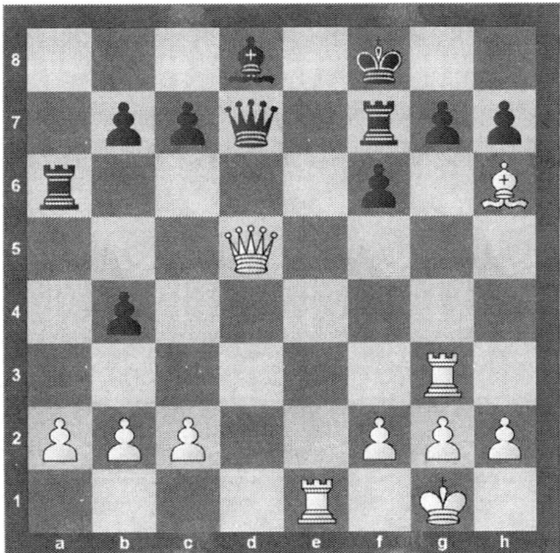

22. Tg3xg7! ...

Nach diesem Einschlag würde 22. ...Txg7 zur Fesselung des Turms durch den Läufer führen, so dass Weiß mit 23. Dxd7 die Dame gewinnen könnte. Schwarz hat also keine andere Wahl, als nun doch das Damenopfer anzunehmen.

22. ... Dd7xd5

Der Rest erinnert wunderbar an die Opernpartie von Paul Morphy (Partie 12).

23. Tg7–g8+ Kf8xg8

24. Te1-e8+ Tf7-f8

25. Te8xf8#

Partie 35

Botwinnik – Capablanca

(Rotterdam, 1938)

Nimzowitsch Indisch

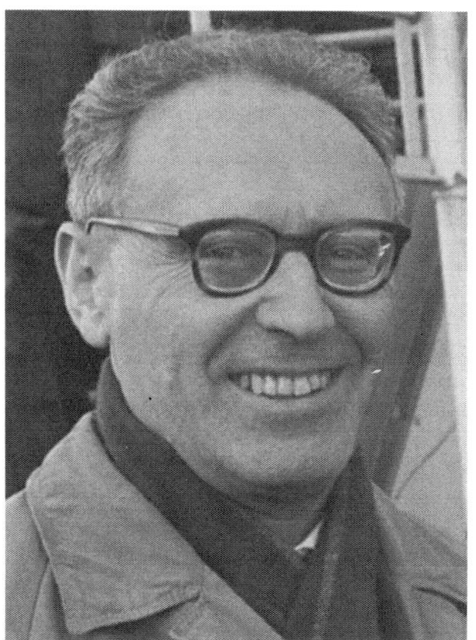

Michail Botwinnik, geboren 1911 im finnischen Teil des damaligen Russischen Kaiserreiches, kam erst mit 12 Jahren zum Schach, zeigte dann jedoch schnell seine Begabung und stieg im Russland der 30er Jahre zu einem Kandidaten für die Weltmeisterschaft auf.

Doch zunächst wurde seine Karriere durch den Ausbruch des Krieges unterbrochen. Erst danach konnte er sich gegen die stärksten Mitkonkurrenten durchsetzen und die Krone der Schachwelt erringen. Zwar verlor er den Titel in den Folgejahren zweimal, konnte ihn aber in den jeweiligen Revanchekämpfen gegen Smyslow (1957/58) und Tal (1960/61) direkt wieder zurückgewinnen. Nachdem er ihn zum dritten Mal verloren hatte, nämlich 1963 an Petrosjan und das Revancherecht abgeschafft worden war, zog er sich sukzessive vom Schach zurück, blieb aber aktiv in der wissenschaftlichen Forschung und der Ausbildung junger Spieler. Er starb 1995 in Moskau.

José Raul Capablanca, s. Partie 24

Schon 1925 hatte der 14-Jährige Botwinnik den damaligen Weltmeister Capablanca in einer Simultanpartie schlagen können. 13 Jahre später trafen sie in Rotterdam unter anderen Umständen wieder aufeinander, und wieder siegte der Jüngere, diesmal allerdings mit einer sensationellen Glanzpartie, einem Kunstwerk, das vielen als die beste Schachpartie aller Zeiten gilt. Selbstverständlich erhielt sie den Schönheitspreis des Turniers.

1. d2–d4 Sg8–f6

2. c2–c4 e7–e6

3. Sb1–c3 Lf8–b4

Capablanca wählt die Nimzowitsch-Indische Verteidigung, und Botwinnik antwortet mit einer auf Rubinstein zurückgehenden Fortsetzung.

4. e2–e3 d7–d5

5. a2–a3 ...

Nach der Befragung des Läufers ist dessen Abtausch gegen den Springer plausibel. Alternativ würde ein Rückzug nach e7 zwar einen Tempoverlust bedeuten. Der aber wäre nach den beiden letzten Bauernzügen von Weiß verschmerzbar.

5. ... Lb4xc3+

6. b2xc3 ...

Jetzt hat Weiß zwar einen Doppelbauern, aber den kann er jederzeit mit cxd5 wieder auflösen. Tatsächlich kommt es auch direkt zu einer Klärung der Struktur im Zentrum.

6. ... c7–c5

7. c4xd5 e6xd5

8. Lf1–d3 ...

Jetzt wäre 8. ... Lg4 eine gute Wahl, aber Capablanca geht auf Nummer sicher und hatte wohl eh vor, den Läufer auf dem Damenflügel zu positionieren.

8. ... 0–0

9. Sg1–e2 ...

Dieser Springerzug hält dem f-Bauern den Weg nach vorn frei, denn da wird er gebraucht werden, um den weiteren Vorstoß des e-Bauern zu unterstützen, was Weiß ein starkes Zentrum geben würde.

9. ... b7–b6

10. 0–0 Lc8–a6

Das zielt auf den Läufer d3, der dort gefährlich Richtung h7 schielt, so dass ein Abtausch im Sinne des Schwarzen wäre, aber Botwinnik geht trotzdem darauf ein.

11. Ld3xa6 Sb8xa6

Vermutlich sieht er den Springer am Rand – „bringt nur Kummer und Schand" – als schlecht positioniert an, und außerdem wäre die schwarze Stellung nach 11. Lc2 cxd4 „sehr befriedigend" (Euwe).

12. Lc1–b2?! ...

Der Zug ist schon in Ordnung, denn vermutlich soll er Schwarz zu c4 provozieren, aber aktiv kann der Läufer dort jetzt noch gar nichts ausrichten. Besser wäre der Angriff gegen den Springer mit 12. Dd3 gewesen.

12. ... Dd8–d7

Das ist indirekt gegen den a-Bauern gerichtet und zusammen mit dem Springermanöver Sc7 und Sb5 könnte Schwarz Da4 folgen lassen, sobald die weiße Dame gezogen hat. Aber das kann Weiß leicht parieren.

13. a3–a4 Tf8–e8?!

Das ist an dieser Stelle eher schwach, denn offenbar hätte Schwarz mit 13. ... cxd4 14. cxd4 die c-Linie öffnen und dann 14. ... Tfc8 spielen können – mit dem Plan 15. ... Tc4 nebst 16. ... Tac8.

14. Dd1–d3 c5–c4?!

Damit geht Capablanca am Damenflügel in den Angriff über, was zunächst auch vernünftig aussieht, aber besser wäre es gewesen, jetzt seinen Einfluss im Zentrum mit dem simplen 14. ... Db7 zu sichern ...

15. Dd3–c2 Sa6–b8

16. Ta1–e1! Sb8–c6

... denn nun kann Weiß das Zentrum halten bzw. sogar noch verstärken, während Schwarz viel Zeit dabei verloren hat, den Springer umzusetzen. Der letzte weiße Zug läuft auf die Aufgabe des a-Bauern hinaus.

17. Se2–g3 Sc6–a5?

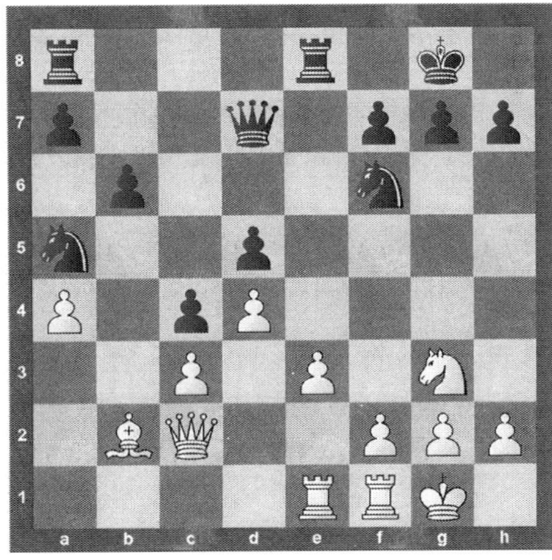

Schwarz hätte sicher gern den Vorstoß des e-Bauern nach e4 verhindert, aber er findet keine Möglichkeit. Auf 17. ...

Se4 folgt 18. Sh1, wenngleich Reuben Fine die Stellung nach 18. ... f5 19. f3 Sd6 für spielbar hält. Euwe empfiehlt, mit 17. ... Se7 den Königsflügel zu stärken, aber mit dem Textzug 17. ... Sa5 setzt Schwarz seine einmal gewählte Strategie fort.

18. f2–f3 Sa5–b3

19. e3–e4 Dd7xa4

Beide Seiten haben ihre Ziele erreicht: Schwarz hat am Damenflügel einen Bauern gewonnen, was Weiß letztlich durch den starken 16. Zug ermöglicht hat. Weiß hingegen hat den Vormarsch seines e-Bauern durchgesetzt, und es wird deutlich, dass Botwinnik mit seinem Springermanöver Sg1–e2–g3, gepaart mit f2–f3 und e3–e4 jetzt ein gefährliches Bauernzentrum aufgebaut hat, das ihm beste Angriffsaussichten am Königsflügel sichert; und er setzt den Angriff auch konsequent fort:

20. e4–e5 Sf6–d7

21. Dc2–f2 ...

Mit diesem Schwenk der Dame auf den Königsflügel hat Weiß eine kräftige Batterie in Stellung gebracht, während Schwarz am Damenflügel nicht weiterkommt. Der vermutlich geplante Springerabzug 21. ... Sbc5 mit Angriff auf die Dame und erhofftem Abtausch ist damit verhindert. Also kümmert er sich jetzt langsam mal um die Verteidigung.

21. ... g7–g6

22. f3–f4 f7–f5

23. e5xf6 e.p. ...

Nach dem Vorstoß 23. e6 hätte das Manöver 23. ... Sf8 nebst 24. ... Sxe6 die schwarze Stellung massiv verbessert. Mit dem Textzug zerschlägt Weiß hingegen den Bauernschutz um den schwarzen König und öffnet seinen im Hintergrund lauernden Figuren die entscheidenden Angriffslinien.

23. ... Sd7xf6

24. f4–f5 Te8xe1

25. Tf1xe1 Ta8–e8

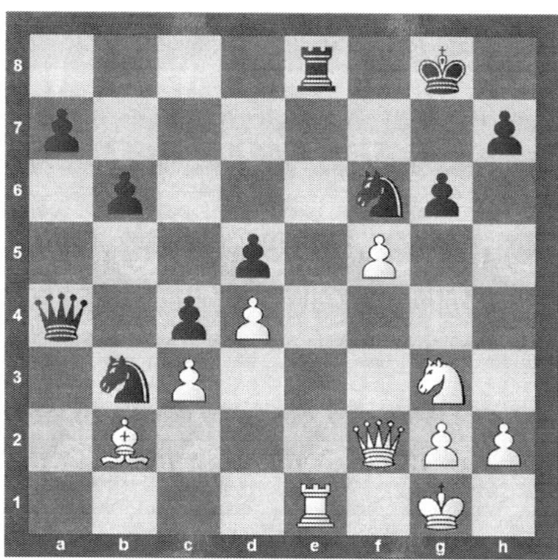

Schwarz hat den Ernst der Lage erkannt und sucht Entlastung durch Abtausch. In dieser Situation ist Vorsicht geboten: Nach 26. fxg6 hxg6 ist der Springer f6 tabu, weil der Turm auf e1 hängt, aber Botwinnik hat es in Griff und spielt das wunderbare ...

26. Te1–e6! ...

Das exponiert den Springer jetzt direkt und Schwarz könnte versucht sein, sich dem durch 26. ... Kf7 entgegenzustellen, aber das verliert, weil Weiß nach 27. Txf6+ Kxf6 mit 28. fxg6+ ein Mattnetz aus Dame und Springer spinnt.

26. ... Te8xe6

27. f5xe6 Kg8–g7

28. Df2–f4 ...

Es droht 29. Dc7+ und auch 29. Sh5+ gxh5 30. Dg5+. Also muss die schwarze Dame schleunigst zurück.

28. ... Da4–e8

29. Df4–e5 De8–e7

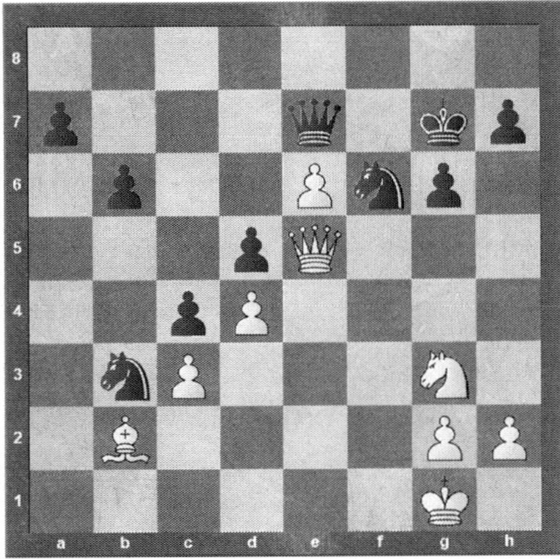

In dieser berühmten Stellung spielt Botwinnik den entscheidenden Zug, der zu den bekanntesten und faszinierendsten der Schachgeschichte zählt: Er bietet seinen Läufer, der auf b2 sowieso inaktiv ist, als Opfer an, um so die schwarze Dame abzulenken.

30. Lb2–a3!! ...

Schwarz kann es sich nicht leisten, das Opfer mit z.B. 30. ... De8 abzulehnen, denn dann gewinnt 31. Dc7+ schnell. Also nimmt er es an.

30. ... De7xa3

31. Sg3–h5+! ...

Denn jetzt ist der schwarze Springer durch die Dame gefesselt.

31. ... g6xh5

32. De5–g5+ Kg7–f8

33. Dg5xf6+ Kf8–g8

34. e6–e7 ...

Und die Umwandlung des Bauern ist nicht aufzuhalten. Schwarz versucht noch, sich in ein Remis durch Dauerschach zu retten.

34. ... Da3–c1+

35. Kg1–f2 Dc1–c2+

36. Kf2–g3 Dc2–d3+

37. Kg3–h4 Dd3–e4+

Jetzt Obacht: 38. Kh3 führt zu 38. ... Dg4#.

38. Kh4xh5 ...

Jetzt würde nach 38. ... Dg6+ 39. Dxg6 hxg6 40. Kxg6 der Freibauer durchlaufen.

38. ... De4–e2+

39. Kh5–h4 De2–e4+

40. g2–g4 De4–e1+

41. Kh4–h5

Da jetzt kein vernünftiges Schach mehr möglich und gegen die Drohung 42. ... Df8# nichts Nachhaltiges mehr auszurichten war, gab Capablanca auf.

Partie 36
Molinari – Cabral
(Montevideo, 1943)
Damengambit

Bruno Molinari hat uns leider nichts hinterlassen, als dass er in dieser fantastischen Partie die weißen Figuren führte und gegen den Landesmeister verlor.

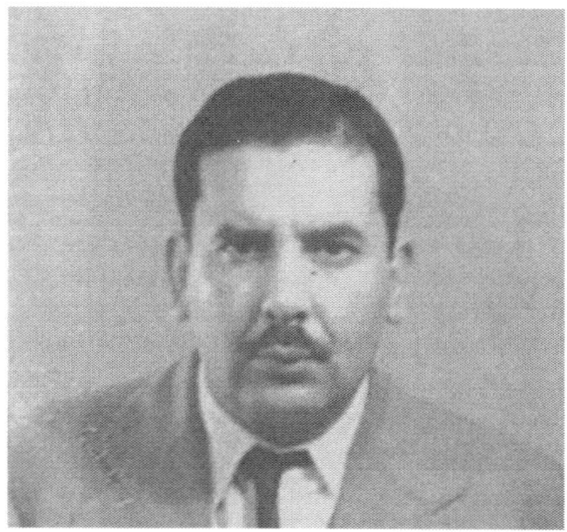

Luis Cabral, geboren 1913 in Montevideo, Uruguay, hatte eine aktive Schachkarriere in den 40er, 50er und 60er Jahren. Er nahm für sein Land an mehreren Olympiaden teil und war zweifacher Landesmeister. Er starb 1973.

Diese Partie wurde anlässlich der Landesmeisterschaft 1943 gespielt und glänzt durch ein doppeltes Turmopfer, weswegen sie den Beinamen „**Uruguayische Unsterbliche**" erhielt.

1. d2- d4 Sg8-f6
2. Sg1-f3 d7-d5
3. c2-c4 c7-c6

Das Damengambit wird abgelehnt ...

4. Sb1-c3 Sb8-d7
5. e2-e3 e7-e6

... was zur halbslawischen Verteidigung führt.

6. Lf1-d3 d5xc4
7. Ld3xc4 b7-b5
8. Lc4-d3 a7-a6

Schwarz hat den Läufer mit Tempogewinn zurückgedrängt und deckt nun den b-Bauern, um in der Folge mit 9. ...c5 am Damenflügel das weiße Zentrum anzugehen. Außerdem erlaubt die Aufstellung das Fianchetto mit Lb7. All dem sollte Weiß jetzt mit 9. e4 etwas entgegensetzen, aber er spielte verhalten weiter.

9. 0–0 c6-c5
10. b2-b3 Lc8-b7
11. Dd1-e2 Dd8-b6

Weiß hat nur zaghaft versucht, am Damenflügel Gegenspiel zu schaffen. Dort ist Schwarz jetzt gut aufgestellt.

12. Tf1-d1 Lf8-e7
13. a2-a4 b5-b4
14. Sc3-b1 Ta8-c8

Schwarz verstärkt den Druck am Damenflügel, Weiß weicht zurück und verliert in der Folge viel Zeit, um den Springer auf das Wunschfeld c4 zu bringen.

15. Sb1-d2 c5xd4
16. Sd2-c4 Db6-a7
17. Sf3xd4 ...

Damit hat Weiß sich im Zentrum wieder gut positioniert und greift jetzt an mehreren Stellen an, aber Schwarz schießt aus dem Hintergrund.

17. ... 0–0
18. Lc1-d2 a6-a5
19. Sd4-b5 Da7-a8
20. Sb5-d6 ...

Fast schon übermütig, wie Weiß jetzt

versucht, mittels der Springergabel den gefährlichen Läufer b7 zu tauschen, statt den angegriffenen Bauern g2 zu decken. Genau das nutzt Schwarz aus:

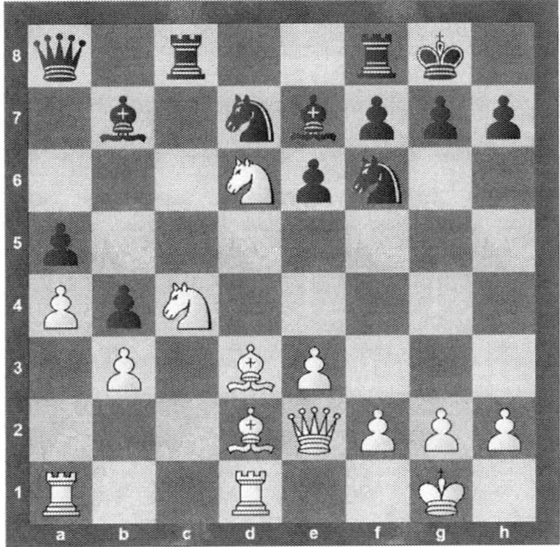

20. ...	**Lb7xg2!**
21. Sd6xc8	**Tf8xc8**
22. Td1-e1	**...**

Das schafft die unheilvolle Position von Dame und Turm auf derselben Diagonalen ab, die durch 22. ... Lf3 bedroht war.

22. ...	**Lg2-f3**
23. De2-f1	**Da8-d5**

Die Drohung 24. ... Dg5+ kann Weiß mit ...

24. e3-e4	**...**

... noch elegant verhindern aber dann packt Schwarz einen Keulenschlag aus:

24. ...	**Tc8xc4!**

Schwarz bietet Dame und Turm an, aber 25. exd5 verbietet sich wegen 25. ... Tg4+ und Matt wenig später. Also schlägt Weiß den Turm.

25. b3xc4	**Dd5-h5**

Weiß konnte verhindern, dass die Dame auf die g-Linie kommt, aber jetzt droht sowohl 26. ... Ld6 als auch 26. ... Sg4, was ein Matt auf h2 ermöglichen würde.

26. Ld2-f4	**Sf6-g4**
27. Ld3-e2	**Sd7-e5**
28. h2-h3	**Le7-c5!**

Weiß stemmt sich mit allen Mitteln gegen die beiden Leichtfiguren auf f3 und g4, aber Schwarz kann sie aus dem Rückraum decken und damit den Angriff verstärken. Der h-Bauer ist angesichts von 29. hxg4? Dh1# gefesselt.

29. Lf4-g3	**Sg4xf2!**

Das droht mit dem vernichtenden 30. ... Sxh3+, d.h. Weiß muss den Springer schlagen und stirbt in Schönheit.

30. Lg3xf2	**Dh5-g5+**
31. Kg1-h2	**Dg5-f4+**
32. Lf2-g3	**...**

Die weißen Verteidigungszüge sind praktisch erzwungen, und dann kommt der finale Geniestreich:

32. ...	**Lc5-g1+!**
33. Df1xg1	**Se5-g4+**

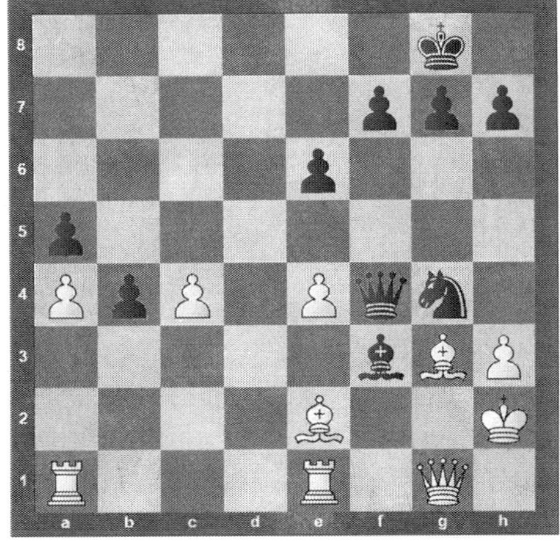

Hier gibt Weiß auf, denn nach 34. hxg4 macht Schwarz mit 34. ... Dh6+ alles klar.

4. Neue Systeme

37. Geller – Euwe (Zürich, 1953)

38. Byrne – Fischer (New York, 1956)

39. Fischer – Reshevsky (New York, 1958)

40. Polugajewski – Neschmetdinow (Sotschi, 1958)

41. Spasski – Bronstein (UdSSR, 1960)

42. Tal – Hecht (Warna, 1962)

43. Cholmow – Bronstein (Kiew, 1964)

44. Pionerskaja Prawda – Tal (Sowjetunion, 1969)

45. Tal – Swiridow (Stuttgart, 1969)

46. Larsen – Spasski (Belgrad, 1970)

47. Fischer – Spasski (Reykjavik, 1972)

48. Bagirow – Gufeld (Kirowabad, 1973)

49. Gaprindaschwili – Servaty (Dortmund, 1974)

50. Liu Wenzhe – Donner (Buenos Aires, 1978)

51. Portisch – Pintér (Budapest, 1984)

52. Karpow – Kasparow (Moskau, 1985)

53. Wladimirow – Jepischin (Taschkent, 1987)

54. Iwantschuk – Jussupow (Brüssel, 1991)

55. Short – Timman (Tilburg, 1991)

56. Deep Blue – Kasparow (Philadelphia, 1996)

Das Schach in der zweiten Hälfte des 20. Jahrhunderts war von zwei wesentlichen Ereignissen geprägt:

- Dem Sieg des US-Amerikaners Bobby Fischer über Boris Spasski bei der Weltmeisterschaft 1972
- Der ersten Niederlage eines amtierenden Weltmeisters gegen eine Maschine, nämlich Kasparow gegen Deep Blue, 1997

Beides wurde lange für unmöglich gehalten, und beides hat die Schachwelt verändert, das letztere sicher nachhaltiger.

Aber beginnen wir mit der Zeit direkt nach dem Krieg. Der offiziell amtierende Weltmeister war Alexander Aljechin, ein gebürtiger Russe, der schon in den 30er und auch noch in den 40er Jahren mehr oder weniger offen mit den Positionen der deutschen Nationalsozialisten sympathisiert hatte. Gegen Ende des Krieges zog er sich ins Exil nach Portugal zurück, wo er 1946 starb. Seinen Titel hatte er kriegsbedingt seit dem Revanchekampf von 1937 gegen Euwe nicht mehr verteidigt und in seinen letzten Lebensjahren wurde er kaum noch als stärkster Spieler der Welt angesehen. Die internationale Schachszene wurde um diese Zeit schon klar beherrscht durch Spieler aus der Sowjetunion, die dort durch staatliche Unterstützung das Schach kontinuierlich weiter professionalisierten. So kam es nicht von ungefähr, dass im fünfköpfigen Teilnehmerfeld des ersten WM Turniers der Nachkriegszeit drei Sowjets vertreten waren – komplettiert durch den niederländischen Ex-Weltmeister Max Euwe und den US-Amerikaner Samuel Reshevsky. Michail Botwinnik konnte sich gegen sämtliche Kontrahenten relativ klar durchsetzen und war ab 1948 der sechste offizielle Schachweltmeister.

Er konnte den Titel bis in die 60er Jahre hinein verteidigen, nur unterbrochen durch zwei kurze Perioden, in denen die Weltmeister Smyslow und Tal hießen, von denen er sich wegen des damals noch gültigen Revancherechts den Titel jeweils direkt wieder zurückholen konnte. Erst 1963 musste Botwinnik sich Petrosjan geschlagen geben, und dies dann endgültig, denn das Recht auf den direkten Rückkampf war abgeschafft worden; und Petrosjan gab die Krone schon 1969 an Spasski ab – alles Spieler aus der damaligen UdSSR.

Man kann ohne Übertreibung festhalten, dass die Sowjets das internationale Schach von den frühen 40ern bis in die späten 80er Jahre, also bis zum Zusammenbruch der UdSSR, dominierten, was die bisherige Beobachtung bestätigt, dass es im Schach meist Perioden gab, in denen einzelne Nationen bzw. Schulen die Szene beherrschten.

Unterbrochen wurde die sowjetische Vorherrschaft erst durch das kurze aber heftige Intermezzo von Robert „Bobby“ Fischer aus den USA. Ähnlich wie Morphy hundert Jahre vorher in die Phalanx der herrschenden – damals europäischen, wenn nicht gar deutschen – Meister eingebrochen war und mit großer Überlegenheit alle etablierten Spitzenspieler besiegte, so stieg auch Fischer fast aus dem Nichts in den Ring und sorgte im Establishment für erhebliche Unruhe. Und genauso wie Morphy sich nach seinem Siegeszug durch Europa, speziell gegen Anderssen, wieder in die USA zurückzog, um in der schachlichen Versenkung zu verschwinden, so tauchte auch Fischer nach dem Gewinn der Weltmeisterschaft relativ schnell wieder ab, zumindest für mehr als 20 Jahre. Sein WM-Kampf gegen Spasski, der 1972 in Reykjavik auf Island stattfand, wurde in den damaligen Medien zum „Match of the Century“ gemacht, zum Kampf der beiden politischen Weltmächte, gar zur Fortsetzung des kalten Krieges auf dem Schachbrett.

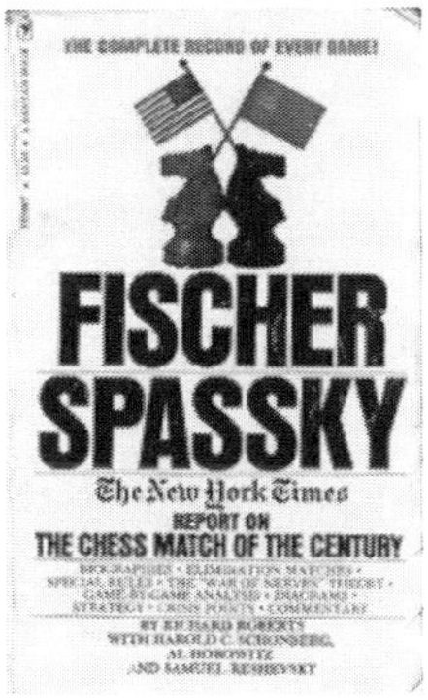

Fischers Weg war ganz nach dem Geschmack der amerikanischen Öffentlichkeit: Der Held zieht allein gegen eine feindliche Übermacht zu Felde und gewinnt am Ende die Schlacht. Tatsächlich war Fischer quasi auf sich selbst gestellt: Ohne die üblichen Sekundanten spielte er gegen eine Armada des sowjetischen Schachapparats und siegte besonders in den Ausscheidungskämpfen mit einer Dominanz, die es vorher noch nicht gegeben hatte.

Dieser Erfolg löste in den USA eine nie dagewesene Begeisterung für das Schachspiel aus. Die Vereine erlebten einen regelrechten Boom, und auch außerhalb organisierter Strukturen etablierte sich eine rege Schachaktivität: Ähnlich wie im Frankreich des 18. Jahrhunderts trafen sich in US-amerikanischen Parks sogenannte „Chess Hustlers“, abschätzig auch als „Schachzocker“ bezeichnet, die man allerdings wohlwollend auch in der Tradition des Café de la Régence stehend sehen darf. Damit hat Fischer für das Schach mehr getan als viele andere: So wie Steinitz seinerzeit dem eher spielerischen Schach eine systematische Grundlage gab, Lasker die Professionalisierung vorantrieb und in Russland Infrastrukturen geschaffen wurden, so hat Fischer dem Sport auf der kommerziellen Ebene zum Durchbruch verholfen.

Aber – wie gesagt – er konnte die Vorherrschaft der Sowjets nur vorübergehend eindämmen. Sein Gegner Spasski war nach der Niederlage gegen den Amerikaner bei der politischen Kaste in seinem Heimatland in Ungnade gefallen und emigrierte daraufhin in den Westen. Aber der nächste Herausforderer um ein WM-Duell kam wieder aus der UdSSR: Anatoli Karpow. Nach diversen Meinungsverschiedenheiten über Turnierformalitäten trat Fischer nicht mehr an und Karpow wurde 1975 am grünen Tisch zum Weltmeister erklärt.

Den Makel des geschenkten Titels konnte er jedoch in den nachfolgenden Titelkämpfen und Turnieren mehr als wettmachen, in dem er in überlegener Manier unterstrich, dass das sowjetische Schach in der Post-Fischer-Ära das Zepter wieder fest in der Hand hielt.

Der erste ernsthafte Konkurrent Karpows war Garri Kasparow, der auch aus der sowjetischen Schachelite stammte, sich aber früh gegen das Establishment – auch politisch – positionierte und dadurch im eher systemtreuen Karpow einen idealen Antipoden fand. Die beiden lieferten sich ab Mitte der 80er Jahre fast ein Jahrzehnt lang epische Duelle, in denen Kasparow die Oberhand behielt.

Erst als es Anfang der 90er Jahre zur Aufspaltung des Schach-Weltverbands kam, wurde Karpow wieder einer der Weltmeister, und zwar im ursprünglichen Verband, der FIDE. Dem hatte Kasparow nach langen Streitereien den Rücken gekehrt und zusammen mit Nigel Short einen Konkurrenz-Verband gegründet, die PCA, die „Professional Chess Association“. In diesem behielt Kasparow den Titel und beherrschte die Schachszene gegen Ende des Jahrhunderts klar; und nach dem Zerfall der Sowjetunion und dem Wegfall der staatlichen Unterstützung ging auch die dominierende Stellung der systemtreuen sowjetischen Spieler deutlich zurück.

Kasparow war schließlich der erste Weltmeister, der gegen einen Computer unter Wettbewerbsbedingungen verlor. Schon seit den 60er Jahren war Computerschach Forschungsgegenstand, und weil Programme und Hardware sich nahezu linear weiterentwickelten, war es bald absehbar, dass Maschinen irgendwann dem Menschen im Schach überlegen sein würden. 1997 war es soweit: Im zweiten Anlauf konnte ein Parallelrechner namens „Deep Blue“ den Weltmeister relativ deutlich schlagen.

Seitdem hat das Computerschach Dimensionen erreicht, die Fluch und Segen zugleich sind: Analysen der „Engines“ bringen in den Turnier-Vorbereitungen so gut wie alles zu Tage, und es bewahrheitet sich doch noch die Erwartung Capablancas aus den 30er Jahren, dass „man“ irgendwann alles „wissen“ wird; besser gesagt: Die Maschine „weiß“ vielleicht nicht alles, aber sie ist dem Menschen in allen Belangen überlegen.

Diese Entwicklung hat zu einer historischen Zäsur im Schach geführt, ganz zufällig gegen Ende des Jahrhunderts; und damit wollen wir ein weiteres Kapitel als beendet ansehen und ein neues aufschlagen.

Partie 37

Geller – Euwe

(Zürich, 1953)

Nimzowitsch Indisch

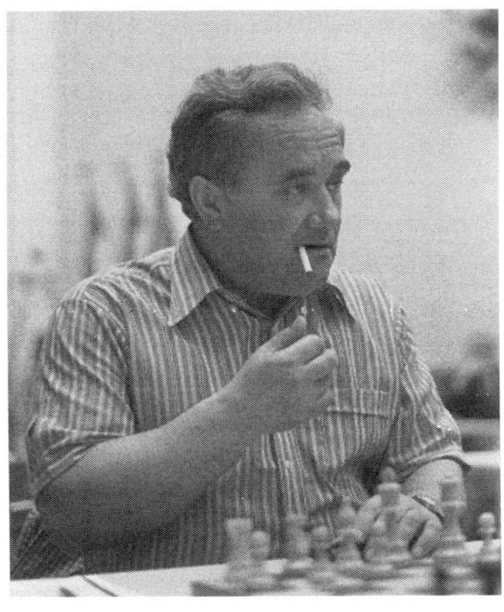

Efim Geller, geboren 1925 in Odessa, kam erst spät zum Schach: Ende der 40er Jahre begann seine Karriere und führte ihn steil nach oben. Er erzielte bei nationalen und internationalen Turnieren hervorragende Ergebnisse und holte über Jahre olympische Medaillen mit dem sowjetischen Team. Trotz seiner Weltklasseleistungen wurde er nie „richtiger“ Weltmeister, allerdings errang er spät, nämlich 1992, den Titel „Weltmeister der Senioren“. Gestorben ist er 1998 in Moskau.

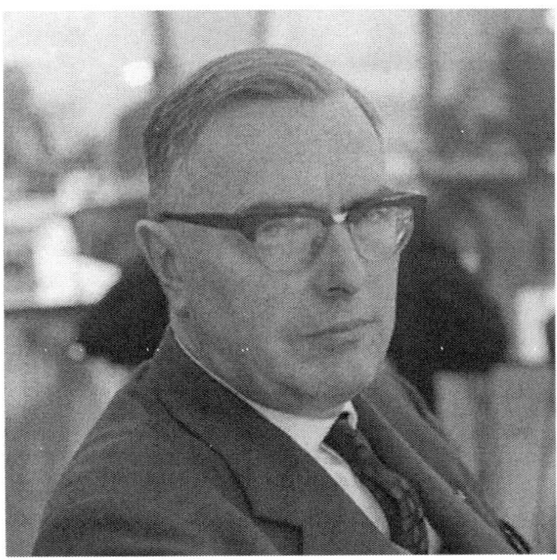

Max Euwe, geboren 1901 in Amsterdam, betrat nach dem 1. Weltkrieg die Schachbühne und spielte erfolgreich zunächst bei holländischen und dann auch bei ausländischen Turnieren. 1935 wurde er zum Herausforderer des Weltmeisters Aljechin, und besiegte ihn sogar – ein für die Fachwelt damals überraschender Sieg. Im direkten Revanchekampf zwei Jahre später unterlag er dem alten Weltmeister jedoch wieder. Euwe war von Hause aus Mathematiker und betätigte sich zunächst als Lehrer, später als Versicherungsmathematiker (Aktuar). Schließlich wandte er sich jedoch der Informatik zu, wurde Professor für

Kybernetik und schuf Grundlagen für die Programmierung von Schachcomputern. Auch als Autor leistete er Beachtliches: Sein Lehrbuch „Schach von A bis Z" ist ein Standardwerk. Er starb 1981 in Amsterdam.

Diese Partie spielten die beiden am berühmten Turnier von Zürich 1953, wo sie den „Schönheitspreis" gewann. Sie hat Generationen von Schachspielern immer wieder fasziniert.

1. d2-d4 Sg8-f6

2. c2-c4 e7-e6

3. Sb1-c3 Lf8-b4

Euwe wählt die klassische Nimzowitsch-Indische Verteidigung, in der Schwarz zum Abtausch auf c3 bereit ist, um gegen das Feld e4 zu spielen oder sich ggf. schwarzfeldrig aufzubauen. Es geht weiter mit der sogenannten Rubinstein Variante.

4. e2-e3 c7-c5

5. a2-a3 ...

Das lenkt in die Sämisch-Variante ein, aber es verschenkt ohne Not ein Tempo und wird dem schwarzfeldrigen Läufer das Entwicklungsfeld a3 verstellen.

5. ... Lb4xc3+

6. b2xc3 b7-b6

7. Lf1-d3 Lc8-b7

8. f2-f3 ...

Geller sieht natürlich, dass die Bauernstruktur am Damenflügel schwierig ist und weiß, dass Schwarz dort mit Läufer und Springer auf Bauernfang gehen wird. Also versucht er, vom Königsflügel her ein starkes Zentrum aufzubauen und dort anzugreifen.

8. ... Sb8-c6

9. Sg1-e2 0-0

10. 0-0 Sc6-a5

Der Springer greift den Bauern c4 an und macht den Weg für den Turm frei, der von c8 aus ebenfalls Druck auf den Bauern ausüben kann.

11. e3-e4 Sf6-e8

Weiß marschiert voran. Der Rückzug des schwarzen Springers auf das unnatürliche Feld e8 befreit den schwarzen f-Bauern, damit er sich den weißen Figuren entgegenstellen kann. Außerdem verhindert er die unangenehme Fesselung durch 12. Lg5, die nach e4 drohte, und schließlich öffnet er der Dame den Weg auf den Königsflügel – falls nötig.

12. Se2-g3 c5xd4

13. c3xd4 Ta8-c8

14. f3-f4? ...

Das sieht schon nach einem starken Zentrum aus, aber Weiß ignoriert den Angriff auf den Bauern c4. Besser wäre 14. c5 gewesen, denn nach 14. ... bxc5 15. dxc5 Txc5 16. Ld2 mit der Drohung 17. Lb4 hätte Weiß aktives Spiel für den geopferten Bauern.

14. ... Sa5xc4

15. f4-f5 f7-f6

16. Tf1-f4 ...

Konsequent verfolgt Geller den Plan des Angriffs auf der f-Linie. Dem hat Euwe den f-Bauern entgegengestellt, aber der drohende Schwenk von Turm und Dame Richtung h4 und h5 sieht sehr gefährlich aus. Doch Euwe behält die Ruhe und spielt einen in dieser Situation seltsam anmutenden Zug.

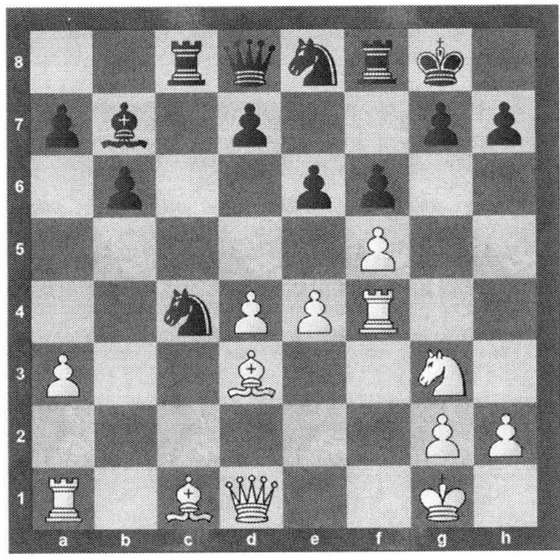

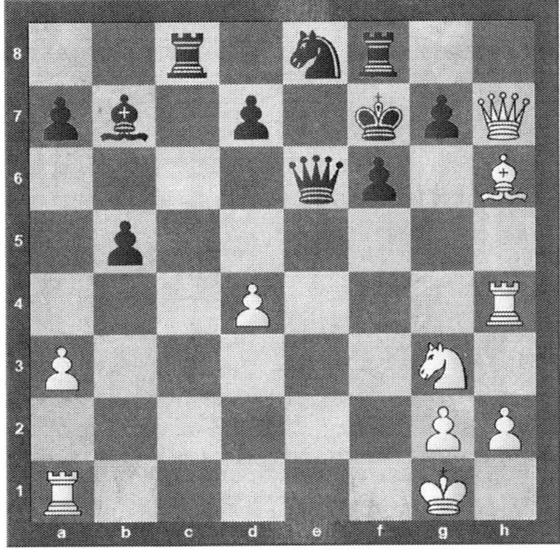

16. ... b6-b5!

Das deckt vordergründig den Springer, aber wichtiger: Es öffnet seiner Dame den Weg nach b6 und weiter nach d4, wo sie Turm und König angreifen würde.

17. Tf4-h4 Dd8-b6

18. e4-e5! ...

Das schafft elegant die Deckung für den d-Bauern durch den Turm h4 und macht dem Läufer auf d3 die Sicht nach h7 ein wenig freier.

18. ... Sc4xe5

Da der d-Bauer gefesselt ist, steht der Springer da sicher und bedroht den Läufer.

19. f5xe6 Se5xd3

20. Dd1xd3 ...

Das jetzt naheliegende 21. exd7 scheitert an 21. ... Dc6 (Bronstein). Die eigentliche Drohung hier ist 21. Dxh7+, aber auch diesbezüglich bleibt Euwe gelassen.

20. ... Db6xe6

21. Dd3xh7+ Kg8-f7

22. Lc1-h6 ...

Optisch könnte man die Stellung als für Schwarz sehr bedrohlich einschätzen: Weiß hat jeweils zwei Schwer- und Leichtfiguren rund um den schwarzen König positioniert, der nicht gerade solide dasteht, und droht mit 23. Tf1.

Andererseits ist aber auch der weiße König freigelegt. Die weiße Dame vereitelt aus der Ferne den Einbruch des schwarzen Turms auf c2 und der Läufer hält die Dame von der dritten Reihe, speziell von e3, fern.

Genau das hebelt Euwe mit seinem nächsten Zug aus, der zu Recht als einer der spektakulärsten Züge der Schachgeschichte gilt:

22. ... Tf8-h8!!

Spätere Analysen haben zwar gezeigt, dass 22. ... Tc4 sogar noch stärker gewesen wäre, aber das darf der Würdigung von 22. ...Th8 keinen Abbruch tun. Das Turmopfer kann Weiß nicht sinnvoll ausschlagen und muss damit akzeptieren, dass sein Angriff unterbrochen wird. Gleichzeitig reißt Schwarz die Initiative zum Gegenangriff an sich.

23. Dh7xh8 Tc8-c2

Droht 24. ... Txg2+ mit sicherem Mattangriff.

24. Ta1-c1? ...

Rettung bzw. Remis wäre evtl. möglich gewesen nach 24. d5 Lxd5 25. Td1 Txg2+ 26. Kf1, aber auch dann bleibt die Stellung komplex.

24. ... Tc2xg2+

25. Kg1-f1 De6-b3!

Genau dieser Zug wäre durch 24. d5 verhindert worden. Nun aber besiegelt er das Schicksal des Weißen, denn diese Stellung spielen Dame und Turm leicht nach Hause. Nach ...

26. Kf1-e1 Db3-f3

... gibt Geller auf, denn das Matt in wenigen Zügen ist unvermeidbar.

Partie 38

Byrne – Fischer

(New York, 1956)

Grünfeld Indisch

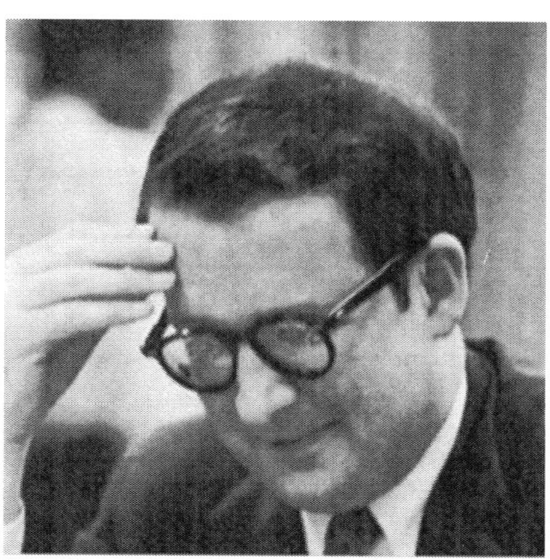

Donald Byrne, geboren 1930 in New York, war mit Anfang 20 amerikanischer Meister und trug den Titel „Internationaler Meister" (IM). Er nahm für die USA an Länderkämpfen und Olympiaden teil, alles mit beachtlichen Erfolgen, war also in den 50ern und 60ern einer der stärksten US-Amerikaner. Bis heute bekannt blieb er eigentlich jedoch nur wegen dieser Partie gegen den späteren Weltmeister. Byrne starb im jungen Alter von 45 Jahren in Philadelphia.

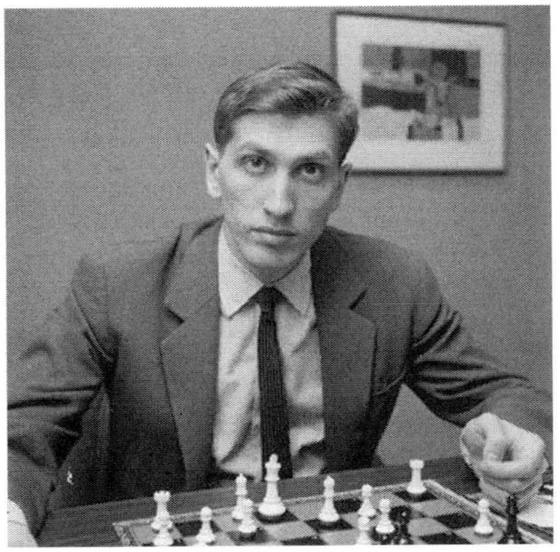

Robert, genannt **„Bobby" Fischer,** geboren 1943 in Chicago, wuchs in ärmlichen Verhältnissen und in einem schwierigen familiären Umfeld in New York auf. Er stürzte sich früh ins Schachspiel und fand in einem Schachverein eine Ersatzfamilie und einen väterlichen Mentor. Schon als 14-Jähriger wurde er Landesmeister der USA, brach die Schule ab und wurde Schachprofi. Ab da führte seine Karriere steil nach oben und gipfelte in seinem WM-Kampf gegen den amtierenden Weltmeister Boris Spasski, den er klar gewann. Danach zog er sich vom Schach zurück und verschwand für Jahre in der Versenkung. Menschlich schon immer schwierig, fiel er in seinen letzten Jahren nur noch durch abstruse Verschwörungstheorien auf.

Einen Revanchekampf gegen Spasski, 1992 ausgetragen in Montenegro und Serbien, gewann er zwar, hatte damit jedoch gegen die damaligen Sanktionsregeln der USA verstoßen und konnte danach nicht mehr in sein Heimatland zurückreisen. Er starb 2008 in Island. Seine beiden Bücher „Fischer lehrt Schach" und „Meine 60 denkwürdigen Partien" gehören zu den meistverkauften Schachbüchern überhaupt.

Die folgende Partie wurde damals vom anwesenden Meister und Schachautor Hans Kmoch als **„Jahrhundertpartie"** gerühmt, und sie hat diesen Titel bis heute auch behalten. Fischer war damals 13 Jahre alt und als großes Talent landesweit anerkannt. Byrne hingegen war mit 26 Jahren schon ein erfahrener US-amerikanischer Schachmeister und seine Niederlage in dieser Partie machte Fischer in der internationalen Schachwelt schlagartig berühmt.

1. Sg1–f3 Sg8–f6

2. c2–c4 g7–g6

3. Sb1–c3 Lf8–g7

4. d2–d4 0–0

Fischer spielte Zeit seines Lebens nur eine überschaubare Anzahl an Eröffnungen; mit Weiß fast nur 1. e4 und als Schwarzer wählte er meist Sizilianisch oder eine Variante der indischen Verteidigungen.

5. Lc1–f4 d7–d5

Hier wählt er Grünfeld-indisch.

6. Dd1–b3 d5xc4

7. Db3xc4 c7–c6

8. e2–e4 Sb8–d7

Damit hat Weiß ein starkes Zentrum aufgebaut, allerdings mit einer exponierten Dame, während Schwarz sich noch passiv aufbaut. Solide wäre jetzt 9. Le2 und Rochade, aber Weiß drückt eher aufs Tempo.

9. Ta1–d1 Sd7–b6

10. Dc4–c5 ...

Auch den letzten Angriff auf die Dame beantwortet Byrne mit einem aggressiven Schritt nach vorne statt mit einem Rückzug.

10. ... Lc8–g4

11. Lf4–g5? ...

Byrne will vielleicht den Springer an den Bauern e7 fesseln, den ja auch die Dame im Auge hat. Eventuell hat er also im nächsten Zug den Vorstoß e4-e5 geplant, aber der Textzug ist natürlich ein Tempoverlust; und den nutzt der 13-jährige Fischer eiskalt aus.

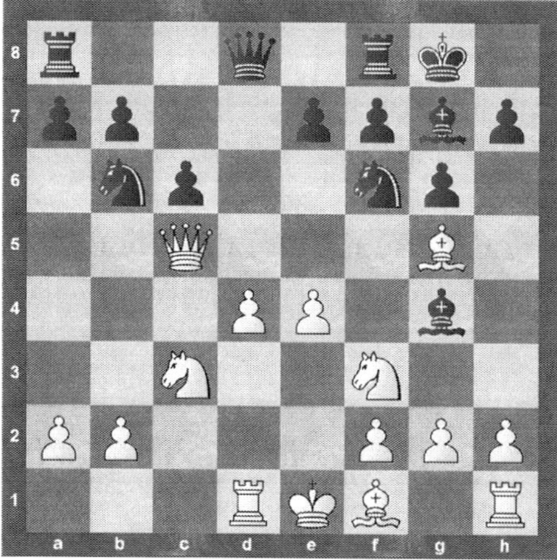

11. ... Sb6–a4!

Mit diesem Ausfall – einem sogenannten Ablenkungsopfer – greift der Springer die gegnerische Dame an. Dass er selbst vom weißen Damenspringer angegriffen ist, spielt dabei keine Rolle, denn nach 12. Sxa4 gabelt 12. ... Sxe4 Dame und Läufer auf. Wohlgemerkt: Da der Springer f3 gefesselt ist, wäre 13. Dc1 erzwungen, worauf der Gewinnzug 13. ... Da5+ folgen würde. Also tritt Byrnes Dame jetzt doch den Rückzug an.

12. Dc5–a3 Sa4xc3

13. b2xc3 Sf6xe4

Sieht nach einem Schnitzer aus, denn die folgende Läufergabel auf e7 ist kaum zu übersehen.

14. Lg5xe7 Dd8–b6

15. Lxf8 scheidet aus wegen der Folge 15. ... Lxf8 16. Db3 Sxc3! mit der Idee 17. Dxc3 Lb4. Also entwickelt Weiß jetzt endlich seinen Königsläufer.

15. Lf1–c4 Se4xc3

Dass auch dieser Springer tabu ist, ist nicht so einfach zu sehen: Auf 16. Dxc3 folgt 16. ... Te8 und nach 17. Da3 entscheidet 17. ... Lxf3 nebst 18. ... Dc7. Also beantwortet Byrne den Angriff auf seinen Turm, indem er seinerseits die schwarze Dame angreift.

16. Le7–c5 Tf8–e8+

17. Ke1–f1 ...

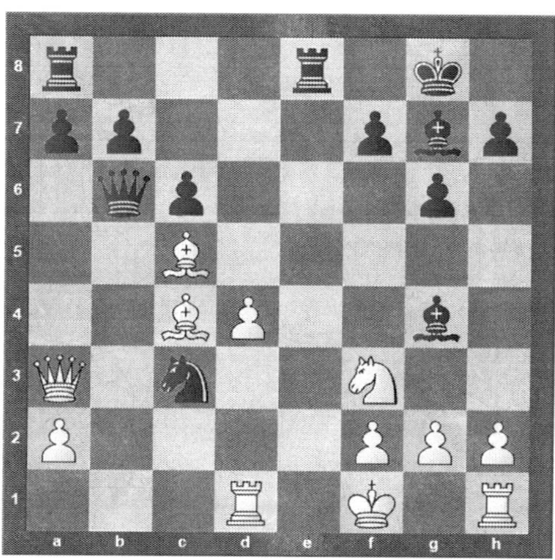

In dieser Stellung spielt Fischer den „Zug des Jahrhunderts":

17. ... Lg4–e6!!

Damit bietet er seine Dame als Opfer an! Verschmäht Weiß es, z. B. mit 18. Lxe6, dann gewinnt 18. ... Db5+ 19. Kg1 Se2+ 20. Kf1 Sg3+ 21. Kg1 Df1+ 22. Txf1 Se2#. Auf 18. Dxc3 folgt 18. ... Dxc5 und auf 18. Ld3 einfach 18. ... Sb5, und Schwarz behält jeweils bei guter Stellung seinen Mehrbauern. Also nimmt Byrne das Opfer an.

18. Lc5xb6 Le6xc4+

19. Kf1–g1 Sc3–e2+

Und jetzt schaukelt der Springer „zwickmühlenartig" mit stets wiederkehrenden Schachgeboten hin und her und nimmt dabei mit, was er kriegen kann.

20. Kg1–f1 Se2xd4+

21. Kf1–g1 Sd4–e2+

22. Kg1–f1 Se2–c3+

23. Kf1–g1 a7xb6

Materiell ist Weiß zwar noch im Vorteil, aber in der Stellung kann man den Turm auf h1 fast nicht zählen, und der Turm d1 hängt.

24. Da3–b4 Ta8–a4

25. Db4xb6 Sc3xd1

Und jetzt ist Schwarz auch materiell im Vorteil und hat Freibauern. Unter anderen Umständen hätte Byrne die Partie an dieser Stelle sicher aufgegeben, aber er spielte sie sportlich tapfer zu Ende. Mit der Wiedergabe der abschließenden Züge erfüllen wir aber nicht nur die Chronistenpflicht, denn auch sie sind herrlich anzusehen und nachzuspielen; besonders, wenn man bedenkt, dass hier ein 13-Jähriger die schwarzen Figuren führte.

26. h2–h3 Ta4xa2

27. Kg1–h2 Sd1xf2

28. Th1–e1 Te8xe1

29. Db6–d8+ Lg7–f8

30. Sf3xe1 Lc4–d5

31. Se1–f3 Sf2–e4

32. Dd8–b8 b7–b5

33. h3–h4 h7–h5

34. Sf3–e5 Kg8–g7

35. Kh2–g1 Lf8–c5+

36. Kg1–f1 Se4–g3+

37. Kf1–e1 Lc5–b4+

38. Ke1–d1 Ld5–b3+

39. Kd1–c1 Sg3–e2+

40. Kc1–b1 Se2–c3+

41. Kb1–c1 Ta2–c2#

Partie 39
Fischer–Reshevsky
(New York, 1958)
Sizilianisch

Bobby Fischer, s. Partie 38

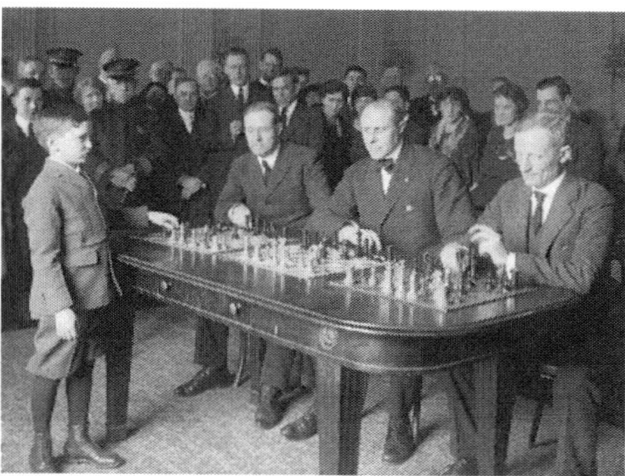

Samuel Reshevsky, geboren 1911 in Lodz, Polen, war eines der berühmtesten Schach-Wunderkinder. Schon als Achtjähriger spielte er in seiner Heimat Simultanvorstellungen und fuhr damit fort, nachdem seine Familie nach Amerika ausgewandert war und dort das Talent des Jungen zu Geld machen wollte. Ab den 30er Jahren zählte er zu den führenden Spielern in den USA und Anfang der 50er galt er als bester Spieler außerhalb der UdSSR. Er starb 1992 in New York.

In dieser Partie schüttelt der 15-jährige Fischer schon in der Eröffnung eine wunderbare Kombination aus dem Ärmel, die dazu führt, dass der Großmeister schon im 11. Zug verloren ist.

1. e2-e4 c7-c5

2. Sg1-f3 Sb8-c6

3. d2-d4 c5xd4

4. Sf3xd4 ...

Das ist der klassische „Offene Sizilianer", in dem Schwarz einige gute Fortsetzungen zur Wahl stehen. Reshevsky wählt die „beschleunigte Drachenvariante".

4. ... g7-g6

Das bereitet das Läuferfianchetto vor, wonach der Läufer auf das Zentrum zielen wird; dem setzt Fischer prophylaktisch etwas entgegen.

5. Lc1-e3 Lf8-g7

6. Sb1-c3 Sg8-f6

Beide Seiten entwickeln sich lehrbuchmäßig, und Weiß wird mit dem nächsten Zug den schwarzen Vorstoß nach d5 verhindern.

7. Lf1-c4 0-0

8. Lc4-b3 ...

Dieser Zug ist eine Neuerung Fischers. Er verhindert die Variante mit der Bauerngabel nach 8. ... Sxe4 9. Sxe4 d5.

8. ... Sc6-a5?

Reshevsky will natürlich den gegen f7 gerichteten Läufer loswerden, aber das ist schon der entscheidende Fehler. Besser ist 8. ... d6 gefolgt von einem Entwicklungszug des Damenläufers.

9. e4-e5! ...

Da der Springer nach 9. ... Sh5 10. g4 verlorenginge, zieht er zurück auf die Grundreihe.

9. ... Sf6-e8?

9. ... Sxb3 mit der forcierten Folge 10. exf6 Sxa1 11. fxg7 hätte den Schaden noch in Grenzen gehalten und gewisse Rettungschancen geboten, denn Schwarz erhält Turm und Bauern für die beiden Leichtfiguren, aber Reshevsky sieht noch nicht was auf ihn zukommt.

10. Lb3xf7+! ...

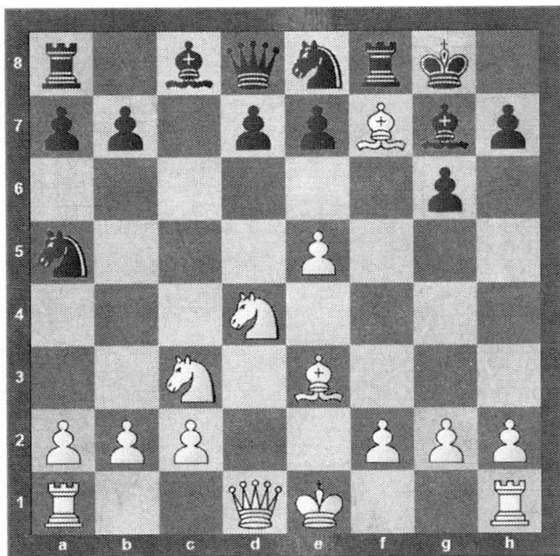

Ein wunderbares Beispiel dafür, dass f7 häufig ein lohnendes Ziel für einen Läufer ist. Schlagartig wird jetzt klar, dass dieser Zug die Partie entscheidet, denn wie auch immer Schwarz antwortet, es folgt 11. Se6! mit Damengewinn oder Mattangriff.

10. ... Ke8xf7

11. Sd4-e6 ...

Auf 11. ... Kxe6 folgt 12. Dd5+ und der schwarze König muss ins Freie nach f5, wo er eine leichte Beute wird.

11. ... d7xe6

12. Dd1xd8

Damit ist die Partie für Fischer natürlich klar gewonnen, so dass wir uns den Rest sparen. Sie ist aber nach Zügen hier noch nicht einmal zur Hälfte vorbei, denn Reshevsky spielte sie sportlich bis zum 40. Zug weiter.

Partie 40

Polugajewski – Neschmetdinow

(Sotschi, 1958)

Altindische Verteidigung

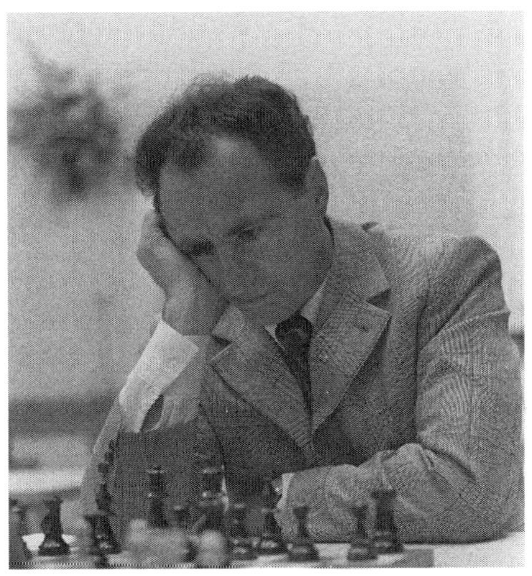

Lew Polugajewski, geboren 1934 in der damaligen belarussischen Sowjetrepublik, war ab Anfang der 60er Jahre Teil der internationalen Schachszene. Er war mehrfach Meister der UdSSR, erzielte Erfolge bei internationalen Turnieren und nahm an Kandidatenwettkämpfen für die Weltmeisterschaft teil. Da er sich aber nie nach ganz oben spielen konnte, betätigte er sich als Trainer und Sekundant und lieferte Beiträge zur Theorie, insbesondere zur Sizilianischen Eröffnung, in der eine Variante nach ihm benannt ist. Er starb 1995 in Paris.

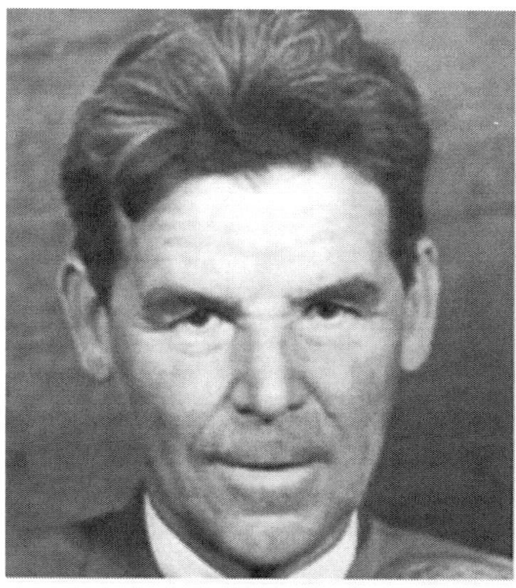

Raschid Neschmetdinow, geboren 1912 in Kasachstan, war nicht nur ein begabter Schachspieler, sondern erzielte auch im Damespiel beachtliche nationale Erfolge. Im Schach war er mehrfach Meister der russischen Unionsrepublik, schaffte es jedoch nie ganz an die Spitze der sowjetischen Elite. Er starb 1974.

Diese Partie gehört wahrscheinlich zu den faszinierendsten Angriffspartien überhaupt, und sie ist sicher eine der besten aus den 50er Jahren.

1. d2-d4 Sg8-f6

2. c2-c4 d7-d6

3. Sb1-c3 e7-e5

In der „Altindischen Verteidigung", baut Schwarz sich etwas beengt auf, so dass Weiß in der Regel im Vorteil bleibt. In der Hauptvariante käme jetzt 4. Sf3, aber Weiß wagt direkt den Vorstoß ins Zentrum, was Schwarz Möglichkeiten für Gegenspiel gibt.

4. e2-e4 e5xd4

5. Dd1xd4 Sb8-c6

Der Vorstoß des Bauern gab Schwarz die Möglichkeit, den d-Bauern zu schlagen und dadurch die Dame herauszulocken, um sie dann mit Tempogewinn anzugreifen und zurückzudrängen.

6. Dd4-d2 g7-g6

7. b2-b3 Lf8-g7

8. Lc1-b2 0-0

Schwarz nutzt den Tempogewinn, um seinen König in Sicherheit zu bringen.

9. Lf1-d3 Sf6-g4

Der Zug ist interessant, denn er öffnet dem Läufer g7 den Zugang zum Zentrum und der Dame den Weg auf den Königsflügel, schafft also sehr viel Initiative im Spiel von Schwarz, und das speziell auf den schwarzen Feldern, während Weiß sich etwas unbeholfen aufbaut.

10. Sg1-e2 Dd8-h4

Mit der Doppeldrohung 11. ... Dxf2+ und 11. ... Sxh2.

11. Se2-g3 ...

Verhindert zwar die Umsetzung der Drohungen, aber es provoziert den Vormarsch des f-Bauern, den Schwarz sich aber noch vorbehält.

11. ... Sg4-e5

12. 0-0 f7-f5

13. f2-f3 Lg7-h6

Es deutet sich an, dass es in der f-Linie zum Clash kommen wird, und Schwarz versucht, die weiße Dame abzudrängen. Das könnte Weiß mit 14. f4 unterbinden, aber dann käme 14. ... Sg4 mit starkem Angriff gegen h2. Also zieht Weiß die Dame lieber zurück.

14. Dd2-d1 f5-f4

15. Sg3-e2 g6-g5

16. Sc3-d5 g5-g4

Wunderbar, wie Schwarz mit drei Bauernzügen die weißen Figuren am Königsflügel zurückdrängt. Weiß hat sich am Damenflügel etwas Luft verschafft, muss sich aber jetzt gegen die schwarzen Bauern stemmen, denn es droht 17. ... g3 und 18. ... Dxh2+.

17. g2-g3 f4xg3

18. h2xg3 Dh4-h3

19. f3-f4 ...

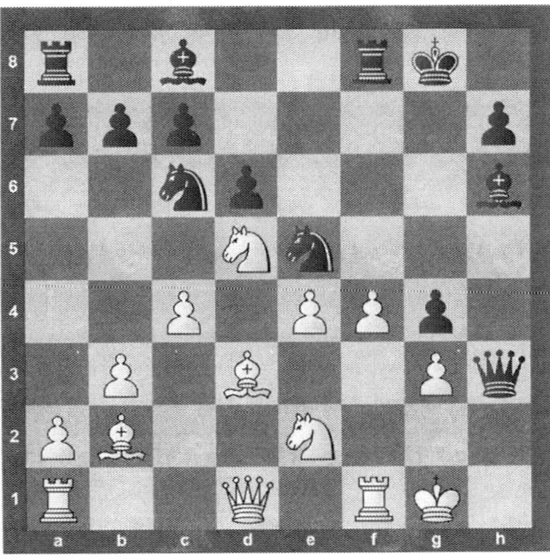

Jetzt liegt 19. ... Sf3+ gefolgt von 20. ... Dh2+ nahe, aber dann könnte der König sich Richtung e3 retten, und Weiß stünde sogar besser. Neschmetdinow findet einen besseren Zug ...

19. ... Lc8-e6!

... der mit dem Springer d5 den Bewacher des wichtigen Feldes e3 angreift. Gleichzeitig bietet Schwarz das Springeropfer auf e5 an, aber das kann nicht mit 20. fxe5 angenommen werden, weil dann nach 20. ... Lxd5 der Läufer auf h6 über e3 eingreift und mit Hilfe des Turmes f8 matt setzt. Also muss der Springer d5 gedeckt werden.

20. Ld3-c2 Tf8-f7

21. Kg1-f2 Dh3-h2+

22. Kf2-e3 ...

Bevor Schwarz die Verdoppelung der Türme auf der f-Linie schafft, macht der weiße König sich aus dem Staub.

22. ... Le6xd5

23. c4xd5 Sc6-b4

Der Springer bedrängt den Läufer c2, und Weiß sollte ihn mit 24. a3 zum Rückzug oder Abtausch zwingen, um die Stellung wieder einigermaßen offen zu halten, aber es kam anders.

24. Tf1-h1 ...

Der Zug ist verständlich, denn er verspricht vielleicht einen Läuferfang, aber Neschmetdinow hat die Antwort, die die Partie berühmt machen wird:

24. ... Tf7xf4!!

Schwarz bietet Dame und Turm als Opfer an, und die nun möglichen Varianten kann er unmöglich durchgerechnet haben. Er verlässt sich hier wahrscheinlich größtenteils auf seine Intuition und rechnet mit der naheliegendsten Reaktion des Weißen, also dem Schlagen der Dame, was dann auch geschieht. Die Alternativen, mit 25. gxf4 oder 25. Sxf4 den Turm zu schlagen, öffnen der schwarzen Dame die zweite Reihe und ergäben nach 25. ... Lxf4+ bzw. 25. ... Sxc2+ direkt eine schwarze Gewinnstellung.

25. Th1xh2 Tf4-f3+

26. Ke3-d4 ...

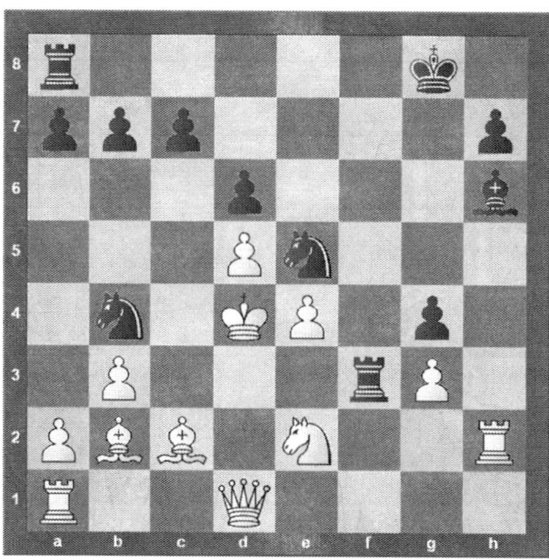

Eine interessante Stellung: Der weiße König steht mitten auf dem Brett und kann momentan nirgendwohin, aber Schwarz hat eine Dame weniger und kein direktes Matt. Dazu braucht er noch einen Vorbereitungszug:

26. ... Lh6-g7!

Jetzt droht das Abzugsschach 27. ... Sc6 und wenn er vorher b5 ziehen könnte, dann wäre das der Mattzug. Also verhindert Weiß genau das.

27. a2-a4 ...

Es hätte viele andere Möglichkeiten gegeben (z.B. 27. Sg1 mit Angriff auf den Turm), von denen einige zu sehr komplexen Varianten geführt hätten, aber letztendlich hätte Weiß sich jetzt nicht mehr retten können. Nach dem gewählten Zug schaltet sich der c-Bauer ein.

27. ... c7-c5+

28. d5xc6 e.p. b7xc6

Droht 29. ... c5#. Weiß zögert das Matt noch maximal hinaus, kann es aber nicht mehr verhindern.

29. Lc2-d3 Se5xd3+

Der Rest ist erzwungen.

30. Kd4-c4 d6-d5+

31. e4xd5 c6xd5+

32. Kc4-b5 Ta8-b8+

33. Kb5-a5 Sb4-c6+

Weiß gibt auf, denn nach 34. Ka6 kann Schwarz auf drei verschiedene Arten matt setzen.

Partie 41
Spasski – Bronstein
(Leningrad, 1960)
Königsgambit

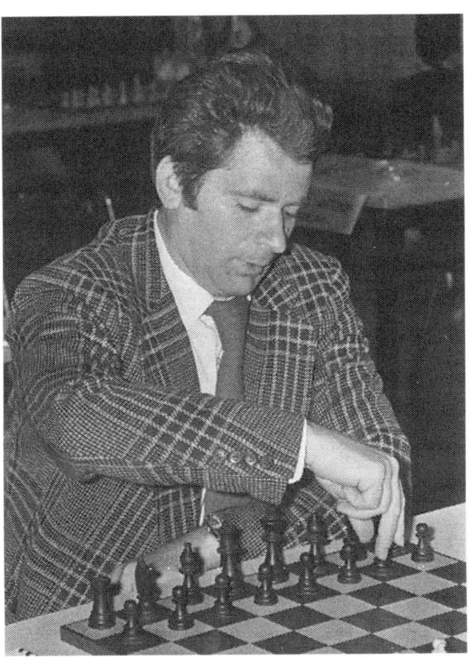

Boris Spasski, geboren 1937 in Leningrad, war ein typisches Kind der sowjetischen Schachschule. Früh wurde sein Talent erkannt und entsprechend gefördert, so dass er als Kind und Jugendlicher schnell Erfolge hatte und geradlinig auf einen WM-Kampf gegen den Weltmeister seiner Zeit, Tigran Petrosjan, zusteuerte. Im zweiten Anlauf gelang es ihm, ihn zu schlagen, und er behielt den Titel von 1969 bis 1972. In dem Jahr verlor er spektakulär gegen Bobby Fischer, wodurch er in seiner Heimat in Ungnade fiel. Er verließ das Land Richtung Frankreich und wurde französischer Staatsbürger. Dort – und auch in der deutschen Bundesliga – spielte er noch bis 2002 und zog 2012 wieder nach Russland.

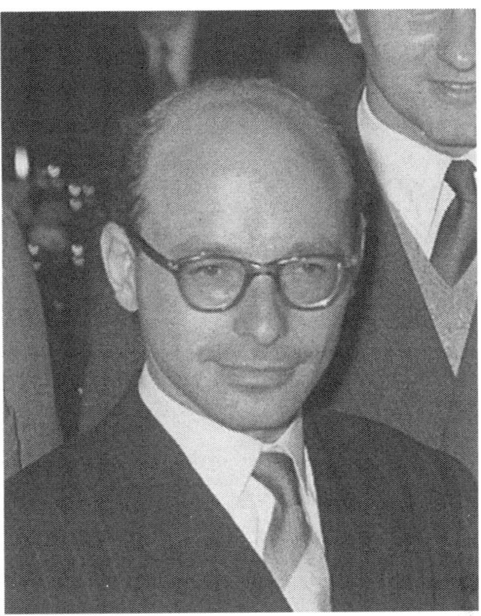

David Bronstein, geboren 1924 in der Ukraine, kam früh unter die Fittiche der sowjetischen Schachschule und machte in den 40er Jahren in Russland auf sich aufmerksam. Anfang der 50er Jahre wurde er zum Herausforderer des amtierenden Weltmeisters Botwinnik. Das Match verlief dramatisch und endete unter leicht fragwürdigen Umständen insgesamt unentschieden, so dass Botwinnik nach damaligem Reglement den Titel behalten durfte. Danach spielte er noch bis in die 90er Jahre hinein und starb 2006 in Minsk. Sein Buch über das berühmte Schachturnier von Zürich aus dem Jahr 1953, von dem wir hier die Partie 37 aufgenommen haben, gehört zu den Klassikern der Schachliteratur.

Diese Partie wurde ursprünglich an der sowjetischen Meisterschaft 1960 gespielt und später im James Bond Film „From Russia with Love" verwendet; dort waren allerdings leicht abgewandelt nur die letzten paar Züge zu sehen.

1. e2–e4 e7–e5

2. f2–f4 e5xf4

3. Sg1–f3 d7–d5

Spasski eröffnet mit dem klassischen und nicht ganz harmlosen Königsgambit; Bronstein antwortet mit der sogenannten „modernen" Verteidigung.

4. e4xd5 Lf8–d6

Das deckt den vorgerückten Bauern auf f4 und bereitet die Rochade vor.

5. Sb1–c3 Sg8–e7

6. d2–d4 0–0

7. Lf1–d3 ...

Hier ist der Läufer gut positioniert und schielt nach h7.

7. ... Sb8–d7

8. 0–0 h7–h6?

Das ist nicht wirklich nachvollziehbar, denn es schwächt g6 und damit die Diagonale d3-h7, die der weiße Läufer kontrolliert. Besser war 8. ... Sf6!. So kann Weiß seinen Springer ins Zentrum bringen

9. Sc3–e4! Se7xd5

10. c2–c4 Sd5–e3

11. Lc1xe3 f4xe3

Nach dem Abtausch steht Weiß im Zentrum deutlich besser und der e-Bauer wird nicht zu retten sein, aber erst marschiert Weiß weiter nach vorn.

12. c4–c5 Ld6–e7

Nach 12. ... Lf4 wäre 13. g3 gekommen, und dann wäre es für den Läufer ungemütlich, d.h. der Rückzug war erzwungen, aber er blockiert damit natürlich die eigenen Schwerfiguren.

13. Ld3–c2! ...

Ein einfacher, aber starker Zug, der der Dame den Weg nach d3 freimacht, von wo aus sie direkt den schwarzen König bedroht. Bronstein versucht, den neuralgischen Punkt h7 zu festigen, indem er den Springer nach f8 manövrieren will.

13. ... Tf8–e8

Dazu muss der Turm das Feld räumen, was jetzt allerdings auch f7 schwächt; und Weiß setzt wie erwartet fort.

14. Dd1–d3 e3–e2?

15. Se4–d6!? ...

Ein waghalsiger Zug. Weiß hätte den frechen Bauern auf e2 unter Beibehaltung seines Vorteils schlucken können; mit dem Springerzug opfert er den Turm für die Mattdrohung nach 16. Dh7+.

15. ... Sd7–f8?

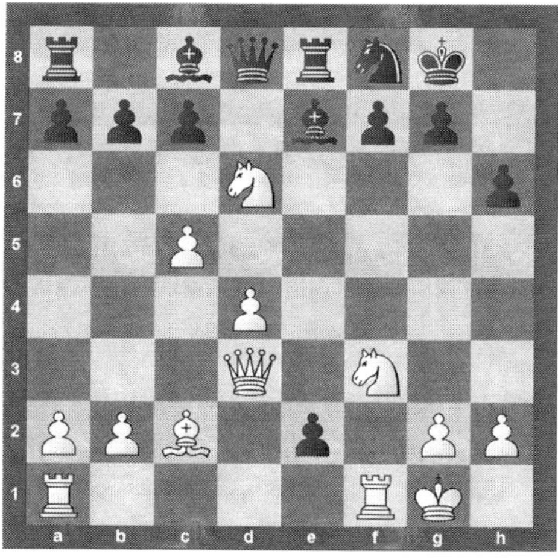

Das ist jetzt die geplante Deckung von h7, aber es reicht nicht. Das einfachere 15. ... Lxd6 hätte zwar wahrscheinlich

auch zum Vorteil von Weiß geführt, nämlich nach 16. Dh7+ Kf8 17. cxd6 exf1D+ 18. Txf1 cxd6 19. Dh8+ Ke7 20. Te1+. Aber die Situation wäre längst nicht so klar gewesen. So jedoch kann Spasski seine wunderbare Kombination anbringen.

16. Sd6xf7! **e2xf1D+**

17. Ta1xf1 **...**

Es ist klar, dass Schwarz den Springer nicht nehmen kann. 17. ... Kxf7 18. Se5+ Kg8 19. Dh7+! Sxh7 20. Lb3+ Kh8 21. Sg6#.

17. ... **Lc8–f5**

Interessant wäre noch 17. ... Dd5!?, aber dann ist 18. Lb3! bedrohlich.

18. Dd3xf5 **Dd8–d7**

Bronstein will natürlich abtauschen, aber das ist nicht in Spasskis Sinne.

19. Df5–f4 **Le7–f6**

20. Sf3–e5 **Dd7–e7**

Auch 20. ... Lxe5 hätte ihn nicht gerettet, denn dann folgt 21. Sxe5 De7 22. De4 g6 23. Txf8+ Txf8 und Matt in wenigen Zügen.

21. Lc2–b3 **Lf6xe5**

Ungefähr diese Stellung wird dann im James-Bond-Film gezeigt:

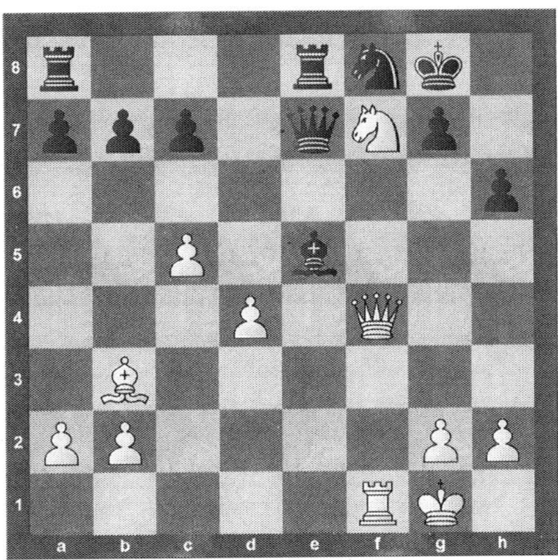

Der Zigarre rauchende Weißspieler gibt dann das Abzugsschach:

22. Sf7xe5+ **Kg8–h7**

23. Df4–e4+

Schwarz gibt auf, denn die einzigen beiden Verteidigungszüge wären 23. ... g6 oder 23. ... Kh8, die Weiß beide am einfachsten mit 24. Txf8 (+) beantworten könnte. Der baldige Gewinn wäre nicht aufzuhalten.

Partie 42

Tal – Hecht

(Warna, 1962)

Damenindisch

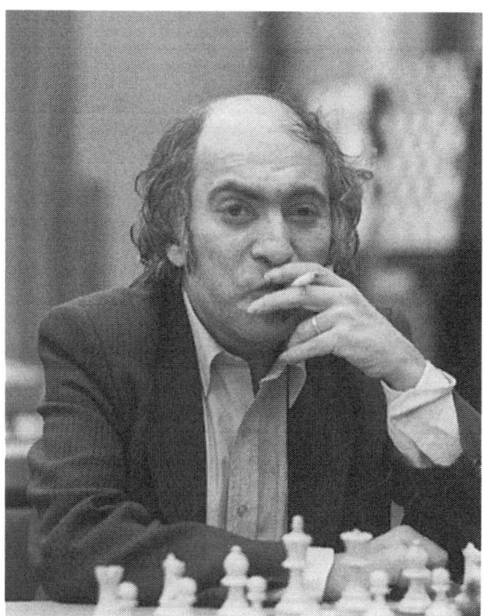

Michail Tal, geboren 1936 in Riga, Lettland, war Anfang der 50er Jahre in der sowjetischen Elite angekommen und kämpfte sich stetig weiter an die Weltspitze. 1960 spielte er gegen Botwinnik um den WM-Titel und wurde der bis dahin jüngste offizielle Weltmeister[2]. Ein Jahr später verlor er den Titel allerdings wieder im direkten Revanchekampf. Zeit seines Lebens machte sein ungesunder Lebensstil ihm zu schaffen. Trotzdem spielte er bis zum Schluss auf höchstem Niveau, wenn auch weit entfernt von seiner besten Zeit in den 60er Jahren. Er starb früh 1992 in Moskau.

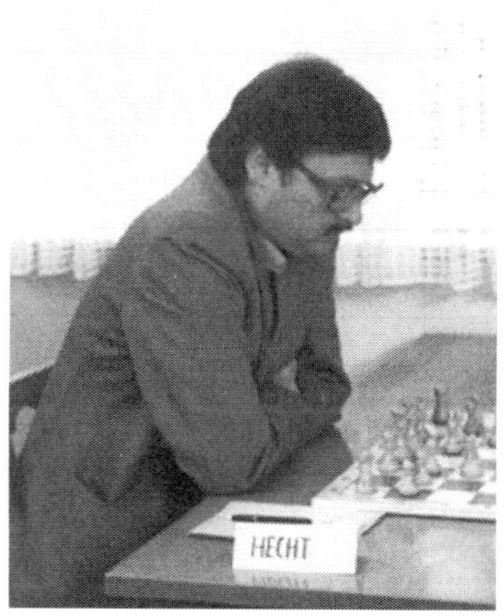

Hans Joachim, genannt Hajo **Hecht,** geboren 1939 in Brandenburg, ist einer der erfolgreichsten deutschen Spieler, mehrfacher deutscher Meister mit Solingen und dem FC Bayern und 10-facher Olympiateilnehmer für Deutschland. Er war allerdings nie Profi, sondern arbeitete in der Kreisverwaltung Solingen und betätigte sich nebenbei auch als Sekundant für den bekanntesten deutschen Spieler seiner Zeit, Robert Hübner.

Diese Partie ist ein hervorragendes Beispiel dafür, wie der geniale Taktiker Tal im Mittelspiel die Grundlagen für ein aussichtsreiches Endspiel legt.

1. d2-d4	**Sg8-f6**
2. c2-c4	**e7-e6**
3. Sg1-f3	**b7-b6**

Hecht will es dem Weltklassespieler Tal nicht zu leicht machen und wählt die grundsolide Damenindische Verteidigung.

4. Sb1-c3	**Lf8-b4**
5. Lc1-g5	**Lc8-b7**

2 Paul Morphy wurde mit 21 Jahren Weltmeister, was bis heute Rekord ist, allerdings gab es den Titel damals offiziell noch nicht. Unterboten wurde Tals Marke später von Garri Kasparow und Magnus Carlsen, die beide erst 22 Jahre alt waren, als sie den höchsten Titel errangen.

6. e2-e3 **h7-h6**

7. Lg5-h4 **Lb4xc3+**

8. b2xc3 **...**

Schwarz setzt eher auf zwei Springer anstelle des Läuferpaars, was ein Indiz dafür ist, dass er eine geschlossene Stellung bevorzugt.

8. ... **d7-d6**

9. Sf3-d2 **e6-e5**

10. f2-f3 **Dd8-e7**

11. e3-e4 **...**

Weiß stellt sich massiv im Zentrum auf ...

11. ... **Sb8-d7**

12. Lf1-d3 **Sd7-f8**

... während Schwarz sich eher einigelt und jetzt auch mit der Umgruppierung des Springers wenig offensive Ambitionen an den Tag legt; aktiver war 12. ... g5. Tal allerdings will die Stellung öffnen und opfert dafür einen Bauern.

13. c4-c5?! **d6xc5**

14. d4xe5 **De7xe5**

15. Dd1-a4+ **c7-c6**

Der Zug blockiert den Läufer und erlaubt dem weißen Springer auf d2 über c4 nach d6 zu kommen. Besser wäre es gewesen, den 12. Zug „zurückzunehmen" und 15. ... S8d7 zu spielen oder noch besser 12. ... S6d7, wonach Weiß nur zweifelhafte Kompensation hat.

16. 0-0 **Sf8-g6**

Greift den Läufer an, aber statt Rückzug geht Tal jetzt direkt zum Angriff über.

17. Sd2-c4 **...**

Am besten wäre nun 17. ... Dxc3, auch wenn Weiß dann die Möglichkeit zu der Springergabel 18. Sd6+ erhielte oder nach 18. Lxf6 einen weiteren schwarzen Doppelbauern hervorrufen könnte, denn auf 18. ... Dxf6 hätte Weiß mit 19. e5 eine gefährliche Antwort. Hecht wählt einen nur scheinbar solideren Zug:

17. ... **De5-e6?**

18. e4-e5 **...**

Tal legt nach und plant, 19. Te1. Natürlich verbietet sich 18. ... Sxe5, weil Tal nach 19. Sxe5 Dxe5 und 20. Te1 die Dame gewinnt. Also macht Hecht jetzt auch einen Angriffszug.

18. ... **b6-b5**

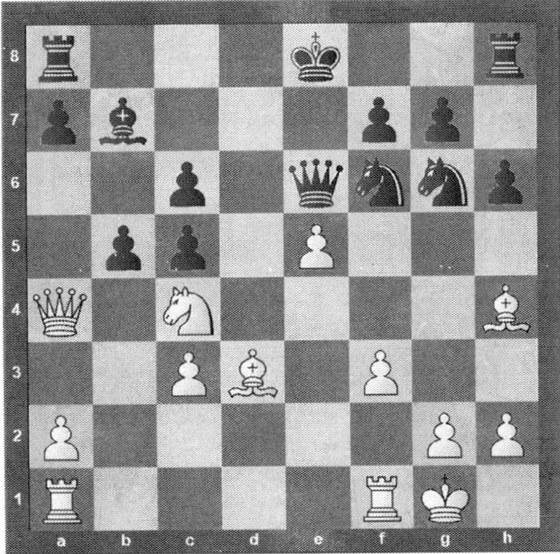

Und das sieht eigentlich nicht schlecht aus, denn er gabelt damit Dame und Springer auf, und um den Läufer auf h4 muss Weiß sich auch noch kümmern. Aber Tal hat eine wunderbare Antwort:

19. e5xf6! **...**

Er opfert seine Dame, ohne dass die Kompensation direkt sichtbar wäre. Hecht akzeptiert.

19. ... **b5xa4**

20. f6xg7 **Th8-g8**

21. Ld3-f5! **...**

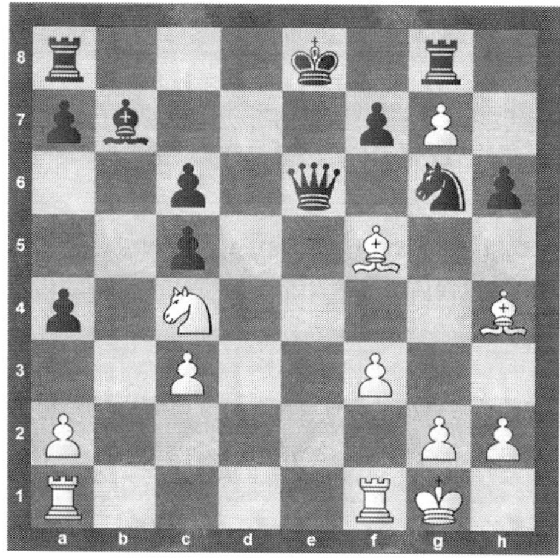

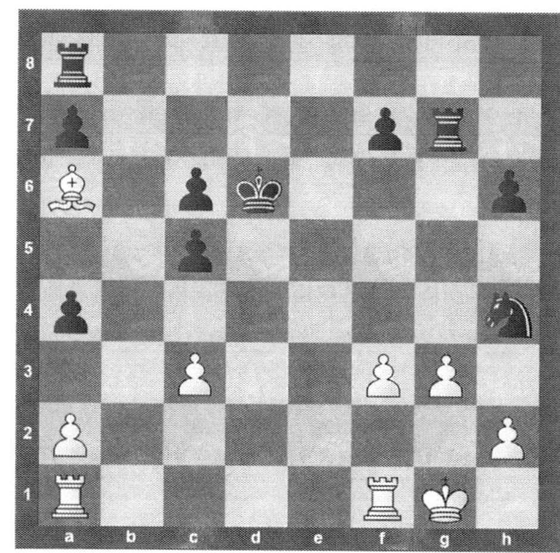

Mit 21. Tfe1 hätte Weiß scheinbar die Dame zurückgewonnen, aber nach 21. ... Sxh4 verliert er zuviel Material und hätte keinen Angriff mehr. Jetzt wirft Tal dem Hecht alle drei Leichtfiguren zum Fraß vor.

21. ... Dxc4 führt zu 22. Tfe1+ De6 23. Txe6 f7xe6 24. Lxg6+ und Matt in wenigen Zügen. Und nach 21. ... Dxf5 kommt die Springergabel 22. Sd6+ und danach hat Weiß die klar bessere Stellung. Hecht entscheidet sich für die dritte Option.

21. ...	**Sg6xh4**
22. Lf5xe6	**...**

Wenn jetzt 22. ... fxe6, dann 23. Sd6+ und 24. Sxb7. Also versucht Hecht, den Springer zu fangen ...

22. ...	**Lb7-a6**
23. Sc4-d6+	**Ke8-e7**
24. Le6-c4	**...**

... was Tal elegant pariert.

24. ...	**Tg8xg7**
25. g2-g3	**Ke7xd6**
26. Lc4xa6	**...**

Jetzt sind wir in einem klassischen Endspiel, in dem Schwarz zwar sogar einen Mehrbauern hat, aber Dank seines Kombinationszaubers hat Weiß insgesamt leichten Vorteil wegen der besseren Bauernstruktur – und die Konzentration des Schwarzen lässt allmählich nach.

26. ...	**Sh4-f5**
27. Ta1-b1	**f7-f6?**

Besser wäre 27. ... Se3 mit der Idee 28. Tf2 Sd5. Nach dem Textzug steht Weiß zum ersten Mal klar besser.

28. Tf1-d1+	**Kd6-e7**
29. Td1-e1+	**Ke7-d6**
30. Kg1-f2	**c5-c4**
31. g3-g4	**...**

Das ist etwas seltsam, und es vergibt den weißen Vorteil wieder. 31. Tb4 wäre erkennbar besser gewesen.

31. ...	**Sf5-e7**
32. Tb1-b7	**Ta8-g8**

Hebt die Fesselung des Springers auf.

33. La6xc4	**Se7-d5**
34. Lc4xd5	**c6xd5**
35. Tb7-b4	**Tg8-c8?**

Hecht beteiligt sich an den Abtauschen. Besser wäre jetzt der Angriff durch 35. ... f5 gewesen, um die g-Linie zu öffnen, womit Schwarz wieder hätte ausgleichen können.

36. Tb4xa4 Tc8xc3

37. Ta4-a6+ Kd6-c5

38. Ta6xf6 ...

Jetzt muss er den h-Bauern defensiv ziehen.

38. ... h6-h5

39. h2-h3 h5xg4

40. h3xg4 ...

Und damit hat Weiß zwei verbundene Freibauern.

40. ... Tg7-h7

41. g4-g5 Th7-h5

42. Tf6-f5 Tc3-c2+

43. Kf2-g3 Kc5-c4

44. Te1-e5 ...

Das greift den d-Bauern an und erlaubt dem eigenen g-Bauern den Vormarsch.

44. ... d5-d4

45. g5-g6 Th5-h1

46. Te5-c5+ Kc4-d3

47. Tc5xc2 Kd3xc2

Abtausch ist jetzt im Sinne des Führenden.

48. Kg3-f4 Th1-g1

49. Tf5-g5

Hier gibt Hecht auf, denn jetzt ist dem Durchmarsch des g-Bauern nichts mehr entgegenzusetzen. Trotzdem wäre die Fortsetzung durchaus noch interessant gewesen, denn nach 49. ... Txg5 50. Kxg5 d3 51. g7 d2 52. g8D d1D hat Weiß den Zug 53. Db3+ mit nachfolgendem Damentausch und dann erst zieht der freie f- Bauer durch.

Partie 43

Cholmow – Bronstein

(Kiew, 1964)

Sizilianisch

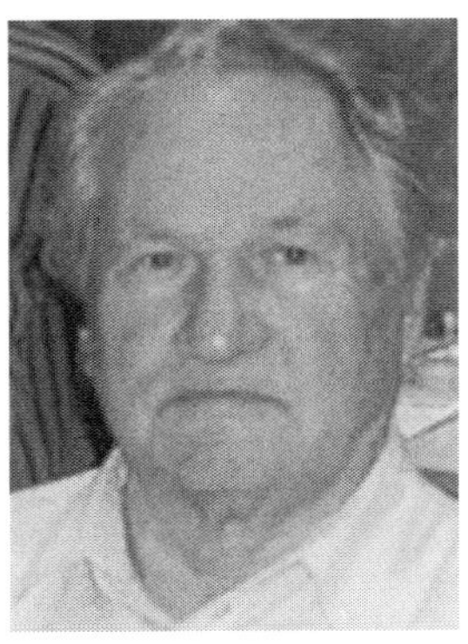

Ratmir Cholmow, geboren 1925 in Russland, war mehrfacher Meister in Litauen und nahm in Serie an den Meisterschaften der UdSSR teil. 1960 wurde er Großmeister, konnte allerdings danach keine größeren Erfolge feiern. International bestritt er nur Turniere in sozialistischen Ländern. Seine beste Zeit hatte er Mitte der 50er Jahre als Trainingspartner der Weltmeister Botwinnik und Smyslow. Bis ins hohe Alter blieb er schachlich aktiv und starb 2006 in Moskau.

David Bronstein, s. Partie 41

Diese Partie wurde anlässlich der UdSSR-Meisterschaft 1964 gespielt und enthält einen der besten Züge der Geschichte, nämlich Cholmows Springeropfer im 18. Zug.

1. e2-e4 c7-c5

2. Sg1-f3 Sg8-f6

Die sogenannte „Rubinstein-Variante" sieht man nicht so oft. Schwarz greift direkt e4 an, worauf natürlich 3. e5 kommen könnte, aber es geht in normalen Bahnen weiter.

3. Sb1-c3 d7-d6

4. d2-d4 c5xd4

5. Sf3xd4 a7-a6

Damit haben wir jetzt die Najdorf-Variante, und Cholmow wählt eine der aggressiveren Fortsetzungen.

6. Lc1-g5 e7-e6

7. f2-f4 Lf8-e7

8. Dd1-f3 Dd8-c7

9. 0-0-0 Sb8-d7

Bis jetzt ist Weiß gut entwickelt und Schwarz hinkt noch etwas hinterher. Außerdem hat Weiß sich sehr offensiv aufgebaut, und wenn jetzt zu verschiedenen Seiten rochiert wird, was sich andeutet, dann kann man keine ruhige Partie erwarten, sondern – wie es sich auch schon abzeichnet – einen Bauernsturm des Weißen am Königsflügel. Genau das unterstreicht Cholmow schon im nächsten Zug.

10. g2-g4 b7-b5

11. Lg5xf6 g7xf6

Weiß drückt und tauscht auf f6, um das Feld g5 für den Weitermarsch des g-Bauern frei zu machen. Ungewöhnlich ist, dass Schwarz mit dem Bauern g7 zurückschlägt. Normalerweise wäre der Springer von d7 aus herübergesprungen, um die Bauernstruktur intakt zu halten.

12. f4-f5 Sd7-e5

13. Df3-h3 0-0

Den Springer hat Bronstein auf e5 gut positioniert, aber die Rochade scheint angesichts der halb-offenen g-Linie etwas gewagt, und Weiß bemüht sich, die Linie weiter zu öffnen.

14. g4-g5 b5-b4

Schwarz greift den Springer an und versucht, Gegenspiel am Damenflügel zu bekommen, aber Weiß ist am Königsflügel einen Zug voraus.

15. g5xf6 Le7xf6

16. Th1-g1+ Kg8-h8

17. Dh3-h6 ...

Da ist auch schon die erste Mattdrohung durch 18. Dxf6#, und natürlich ein Angriff auf Turm und Läufer, gegen den es nur eine Verteidigung gibt.

17. ... Dc7-e7

Und damit sieht das Brett aus Sicht Cholmows so aus:

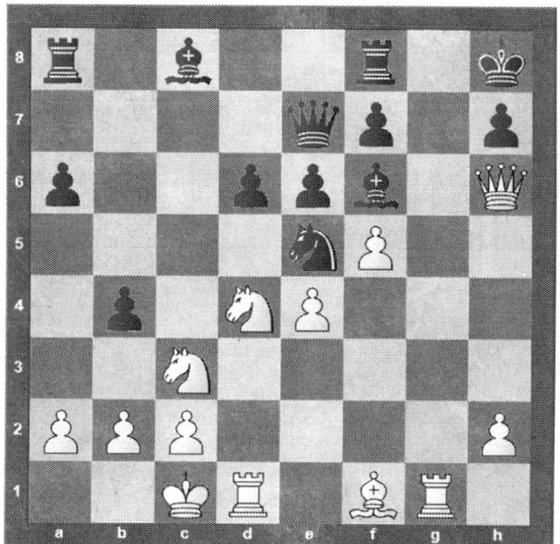

Sein Springer auf c3 hängt und Schwarz steht im Zentrum nicht schlecht, aber die offene g-Linie mit der Dame auf h6 sieht gefährlich aus. Weiß müsste die Felder e5 und f6 kontrollieren, um einen Angriff durchzubringen, und genau das erreicht er durch den nächsten Zug, der im Übrigen Geschichte geschrieben hat:

18. Sd4-c6!! ...

Das greift die Dame an, die aber ja nicht wegziehen darf. Also muss der Springer geschlagen werden, und das gibt das Feld e5 frei.

18. ... Se5xc6

19. e4-e5 ...

Nun wird die Mattdrohung greifbar, denn nach 20. exf6 würde Weiß sofort gewinnen. Außerdem kann der Springer c3 jetzt mit Angriff auf den Läufer f6 nach e4. Und 19. ... Lxe5 scheitert an 20. f6, gefolgt von 21. Ld3 und der Angriff käme durch. Schwarz reagiert verzweifelt.

19. ... Lf6-g5+

20. Tg1xg5 f7-f6

Dadurch deckt die Dame jetzt auch h7 und der Bauer auf f6 greift den Turm an. Weiß antwortet mit einem Angriff auf die Dame.

21. e5xd6 De7-f7

22. Tg5-g3 b4xc3

23. Lf1-c4 ...

Jetzt hat Weiß alle Figuren in Stellung gebracht. Was noch erwartet werden darf, ist natürlich die Verdoppelung der Türme auf der g-Linie.

23. ... c3xb2+

24. Kc1-b1 ...

Der weiße König geht geschickt hinter dem gegnerischen Bauern in Deckung. Ihn zu schlagen wäre unklug wegen 24. ... Tb8+.

24. ... Sc6-d8

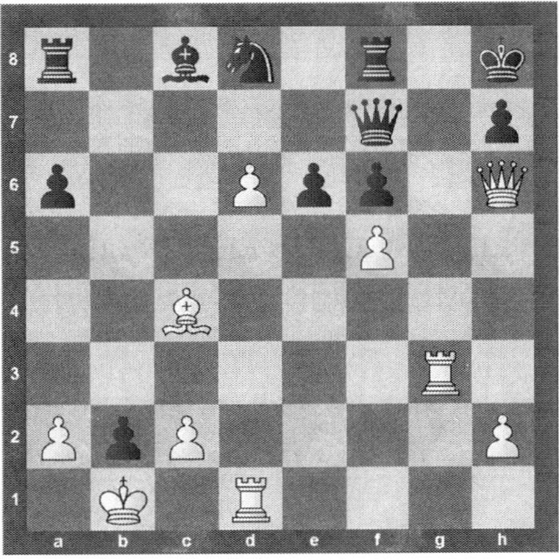

Schwarz steckt jetzt alle Kräfte in die Defensive, um die 7. Reihe zu verteidigen, und genau das muss Weiß stören. Mit 25. d7 hätte er das jetzt schnell schaffen können, aber er bleibt bei seinem ursprünglichen Plan.

25. Td1-g1 Ta8-a7

26. d6-d7 Ta7xd7

27. f5xe6 Sd8xe6

28. Lc4xe6 ...

Noch ein Angriff auf die Dame, die wieder nicht wegziehen darf, weil sonst 29. Dxf8+ oder 29. Tg8+ kommt. Der Rest ist rein technisch und zögert das Ende nur noch geringfügig hinaus.

28. ... Td7-d1+

29. Tg1xd1 Lc8xe6

30. Kb1xb2 Tf8-b8+

31. Kb2-a1 Le6xa2

32. Tg3-d3 Df7-e7

33. Ka1xa2 De7-e6+

34. Td3-b3

Und mit einem Turm weniger gibt Schwarz auf.

Partie 44
Pionerskaja Prawda – Tal
(Sowjetunion, 1969)
Zweispringerspiel im Nachzug

Pionerskaja Prawda war eine sowjetische Jugendzeitschrift.

Michail Tal, s. Partie 42

Diese Partie ist eine sogenannte „**Beratungspartie**“, bei der Gruppen von Spielern gegeneinander spielen und sich in den einzelnen Lagern jeweils untereinander beraten. Meist natürlich spielt eine Menge von Amateuren gegen einen stärkeren Spieler – hier eben die Leser der Zeitung gegen den ehemaligen Weltmeister.

1. e2-e4 **e7-e5**

2. Sg1-f3 **Sb8-c6**

3. Lf1-c4 **Sg8-f6**

Zweispringerspiel im Nachzug: Schwarz greift e4 an, Weiß könnte ruhig 4. Sc3 spielen, geht aber gleich zum Angriff auf f7 über.

4. Sf3-g5 **...**

Üblich ist jetzt die „Preußische Partie” 4. ... d5 mit gutem Gegenspiel, aber Tal setzt noch einen drauf und wählt den scharfen „Traxler Gegenangriff“.

4. ... **Lf8-c5**

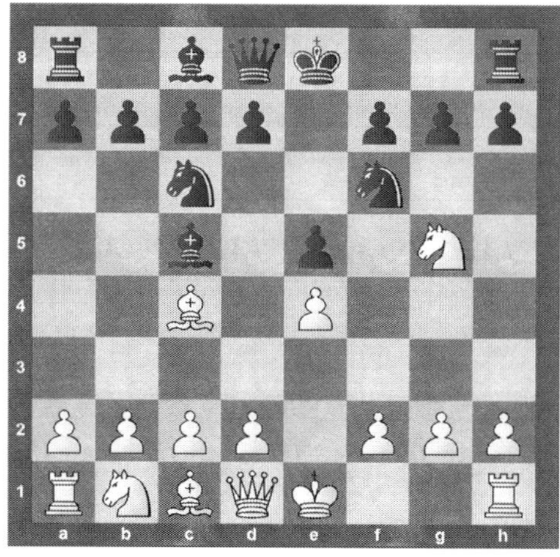

Er hat wahrscheinlich darauf spekuliert, dass die Leser damit nicht vertraut waren und die folgende Springergabel mit der Hoffnung auf Materialgewinn spielen würden; er behält recht.

5. Sg5xf7 **...**

Besser wäre 5. Lxf7+ oder auch 5. d4. So aber bekommt Schwarz Angriff und Weiß gerät schnell in die Defensive.

5. ... **Lc5xf2+**

6. Ke1xf2 **Sf6xe4+**

7. Kf2-g1 **Dd8-h4**

Schon droht Matt durch 8. ... Df2#.

8. g2-g3 **Se4xg3**

9. h2xg3 **Dh4xg3+**

10. Kg1-f1 **Th8-f8**

Schwarz hat Material geopfert, aber der weiße König ist bloßgestellt.

11. Dd1-h5 **d7-d5**

12. Lc4xd5 **Sc6-d4**

Es droht 13. ... Lg4 gefolgt von 14. ... Le2#. Außerdem hat er mit 13. ... Sxc2 nebst 14. ... De1 die Aussicht darauf, Material zurückzugewinnen. Das will Weiß sicher verhindern und bietet Abtausch, was Schwarz jetzt ablehnen muss.

13. Dh5-h2 Dg3-g4

14. Dh2xe5+ Lc8-e6

15. Ld5xe6 ...

Dadurch kommt Weiß noch einmal zum Angriff, denn es droht ein empfindliches Abzugsschach durch den Läufer, aber Tal kann dagegenhalten.

15. ... Dg4-f3+

16. Kf1-g1 Sd4-e2+

17. Kg1-h2 Df3-f2+

18. Kh2-h3 Df2-f3+

19. Kh3-h4 ...

Hier hätte 19. Kh2 schon zu Dauerschach und Remis führen können, aber die Leser wollten mehr. Auf 19. ... Dxh1+? folgt jetzt 20. Lh3+ Kxf7 21. De6#, aber in diese Falle geht Tal nicht.

19. ... Df3-f2+

20. Kh4-h5 ...

Jetzt droht 21. Lc8+ und Matt wie oben. Also nimmt Tal die Leichtfiguren für den Turm.

20. ... Tf8xf7

21. Le6xf7+ Ke8xf7

22. Th1-h2? Df2-f3+

Weiß macht hier einen entscheidenden Fehler, den Tal sofort nutzt. Mit 22. Th3! hätten die Leser sich in Vorteil gebracht, aber jetzt stehen sie auf Verlust: 23. Kg5 würde mit 23. ... h6+ beantwortet, was zu Materialverlust führt und die Partie verliert.

23. Kh5-h4 g7-g5+!

24. De5xg5 Ta8-g8

Jetzt würde z.B. 25. Dxg8+ Kxg8 26. Txe2 Dxe2 zum Sieg für Schwarz führen.

25. Dg5-h5+ Df3xh5+

26. Kh4xh5 ...

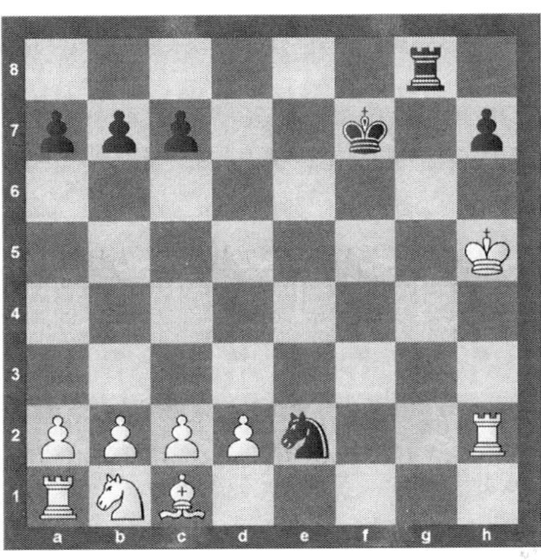

In dieser Stellung hätte 26. ... Sf4+ nach 27. Kh4 h5 oder 27. Kh6 Tg6+ 28. Kxh7 Tg7+ 29. Kh6 Kg8! schnell zum Matt geführt. Schwarz zieht jedoch ...

26. ... Se2-g3+?

... wonach die Leserschaft sich ins Remis durch Dauerschach retten kann.

27. Kh5-h6 Sg3-f5+?

28. Kh6xh7 Tg8-g7+

Jetzt kann Schwarz nur noch über die Stellungswiederholung ...Tg7+, Kh8 Tg8+, Kg7 in ein Remis abwickeln, nachdem er 27. ... Tg6+ mit Matt in 6 Zügen ausgelassen hatte.

Partie 45

Tal – Swiridow

(Stuttgart, 1969)

Sizilianisch

Michail Tal, s. Partie 42

Waleri Swiridow war einer der Gegner Tals in einer Simultanvorstellung. Mehr als sein Name ist nicht überliefert.

In dieser Partie marschiert ein Bauer wie zum Touchdown im American Football und beendet das Spiel spektakulär.

1. e2-e4	**c7-c5**
2. Sg1-f3	**d7-d6**
3. d2-d4	**c5xd4**
4. Sf3xd4	**Sg8-f6**
5. Sb1-c3	**g7-g6**

Der sizilianische Drache mit Läufer-Fianchetto, der oft zu verwickelten und spannenden Stellungen führt, vor allem, wenn die Spieler zu verschiedenen Seiten rochieren. Weiß setzt mit dem Jugoslawischen Angriff fort.

6. Lc1-e3	**Lf8-g7**
7. f2-f3	**Sb8-c6**
8. Dd1-d2	**Lc8-d7**

Weiß deutet an, dass er am Königsflügel angreifen wird. Der Läuferzug von Schwarz macht das Feld c8 für den Turm frei, so dass er Druck auf der c-Linie ausüben kann, speziell gegen c3.

9. 0-0-0	**Dd8-a5**
10. Kc1-b1	**Ta8-c8**

Mit dem Damen- und dem Turmzug macht Schwarz klar, dass er am Damenflügel angreifen wird. Tal richtet sich mit seinem Königszug darauf ein, was aber zu dieser Zeit noch nicht nötig war. Passender wäre sicher 10. g4 gewesen, was jetzt auch kommt.

11. g2-g4	**h7-h6**

Das raubt Schwarz die Rochade, denn nach 12. 0-0 würde der h-Bauer hängen, und das wiederum gibt Tal das Startsignal für seinen Angriff.

12. h2-h4	**a7-a6**
13. Lf1-e2	**Sc6-e5**

Jetzt setzt auch Schwarz sich in Bewegung und wird 14. ... b5 spielen wollen, unterstützt durch den Turm auf der c-Linie, die der Springer gerade frei gemacht hat, aber er kommt nicht mehr dazu, denn jetzt muss Tal die folgende Kombination schon gesehen haben.

14. g4-g5	**h6xg5**
15. h4xg5	**Th8xh1**

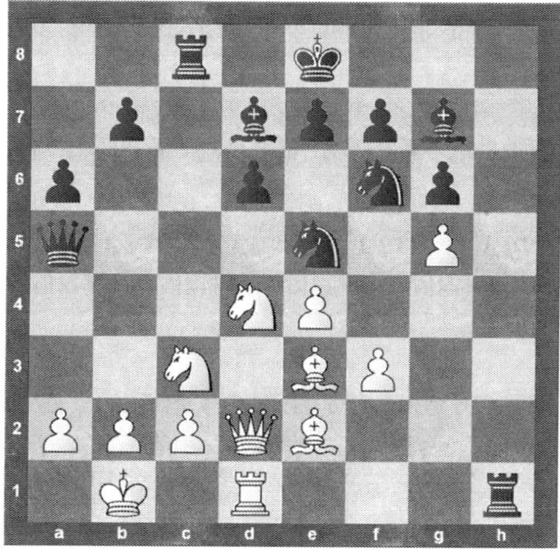

Käme jetzt 16. Txh1, dann könnte Schwarz sich mit 16. ... Sh5 etwas Luft verschaffen, aber es kommt der völlig überraschende Schlag:

16. g5xf6!	**...**

Jetzt hängen bei Schwarz Turm und Läufer, und wenn er auf f6 schlägt, hat er im Saldo eine Figur verloren. Also muss er den Turm nehmen, was mit Schach erfolgt, so dass er seinen Läufer evtl. als gesichert ansah. Weit gefehlt!

16. ... Th1xd1+

17. Sc3xd1! ...

Das hatte Schwarz wahrscheinlich nicht erwartet, aber es gewinnt, denn durch den Abzug des Springers ist die ungedeckte Dame angegriffen. Die wehrt sich mit ...

17. ... Da5xd2

... und ist nun aber umrundet von weißen Leichtfiguren, die sich perfekt gegenseitig decken, und kann nur zusehen, wie der weiße Bauer den Läufer nimmt ...

18. f6xg7!

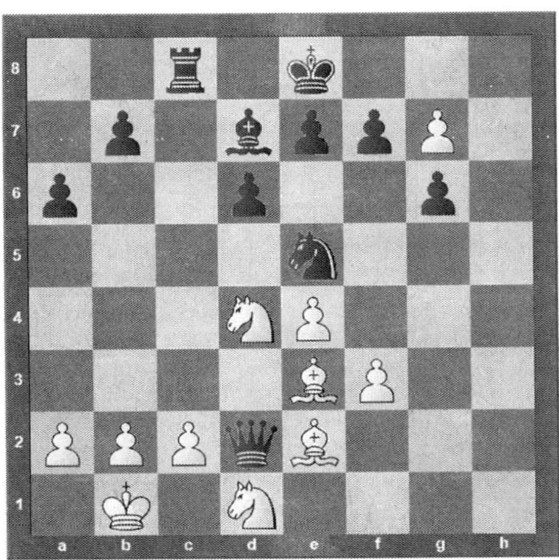

... und sicher die Grundlinie erreichen wird, während Schwarz wegen der Mattdrohung in der Zwischenzeit nicht seine Dame retten kann.

Schwarz gibt auf.

Partie 46

Larsen – Spasski

(Belgrad, 1970)

Larsen System

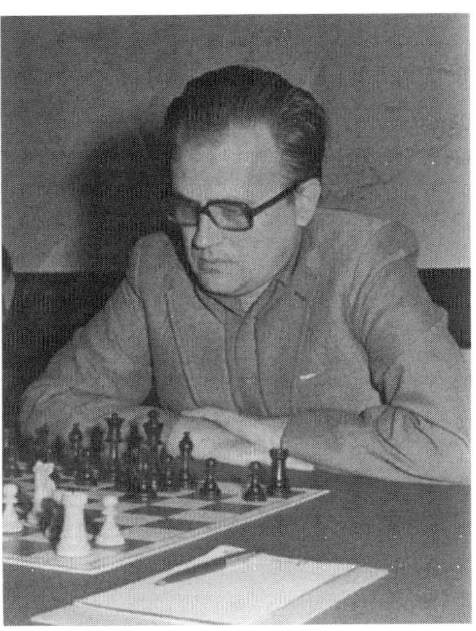

Bent Larsen, geboren 1935 in Dänemark, beherrschte früh die dänische Schachszene und vertrat sein Land bei mehreren Olympiaden. Ab den 60er Jahren war er auch international sehr erfolgreich und galt als einer der besten Spieler außerhalb der Sowjetunion. Bei seinem Anlauf auf die Weltmeisterschaft verlor er dramatisch gegen Bobby Fischer und konnte sich danach in der Weltelite nicht mehr halten. Er spielte allerdings noch bis weit in die 80er Jahre hinein, vor allem in Spanien, und war der erste Großmeister, der gegen einen Computer unterlag. Er starb 2010 in Buenos Aires.

Boris Spasski, s. Partie 41

Diese Partie spielten die beiden im Rahmen des Wettkampfes „UdSSR gegen den Rest der Welt", bei dem Larsen – anstelle von Fischer – am ersten Brett spielte und dies insgesamt auch rechtfertigen konnte. Das Turnier an sich gewannen die Sowjets ganz knapp, die Partie hier allerdings gewann Spasski in brillanter Manier. Sie ist sicher eine seiner besten Partien überhaupt.

1. b2–b3 ...

Durchaus ein interessanter Eröffnungszug, der auch nach Larsen selber benannt ist und dessen Idee es natürlich ist, den Läufer c1 nach b2 zu fianchettieren, um von dort aus Felder im Zentrum zu kontrollieren. Selbst auf Großmeisterniveau sieht man diese Eröffnung sehr selten, aber sie ist durchaus spielbar, auch wenn sie den Anzugsvorteil eher aus der Hand gibt. Dem Laien ist sie sicher nicht zu empfehlen.

1. ... e7–e5

2. Lc1–b2 Sb8–c6

3. c2–c4 ...

Alternativ hätte Weiß erst die zentralen Bauern ziehen können, also z.B. 3. e3, gefolgt von 4. Lb5, aber so geht die Eröffnung in eine Art „Sizilianisch im Anzug" über.

3. ... Sg8–f6

4. Sg1–f3 ...

Greift den Bauern e5 mit Läufer und Springer an, aber Schwarz entscheidet sich aggressiv für die Vorwärts-Verteidigung.

4. ... e5–e4!

5. Sf3–d4 Lf8–c5

Der Springer muss ein zweites Mal ziehen und kann erneut angegriffen werden, d.h. Schwarz gewinnt hier schon Tempi.

6. Sd4xc6 d7xc6

7. e2–e3 Lc8–f5

Durch das Schlagen mit dem d-Bauern hat Spasski seine Läuferentwicklung ermöglicht und kontrolliert jetzt gut das Feld d3. Dem stellt Weiß sich entgegen.

8. Dd1–c2 Dd8–e7

9. Lf1–e2 0–0–0

Damit steht Schwarz schon besser, denn er hat Entwicklungsvorsprung bei den Figuren und mehr Raum im Zentrum. Weiß sollte jetzt dringend etwas für seine Entwicklung tun, z.B. 10. Sc3, aber er kam auf einen seltsamen Zug:

10. f2–f4? ...

Dass der f-Bauer nicht e.p. geschlagen werden konnte, weil das den Läufer einstellt, wird Larsen klar gewesen sein, aber ansonsten kann man bei dem Zug keine Motivation erkennen. Und diesen neuerlichen Tempoverlust verträgt die weiße Stellung nicht mehr, wie Spasski sogleich nachweist.

10. ... Sf6–g4!

Dieser Zug legt die Schwächen der weißen Stellung sofort offen und gibt Schwarz eine Gewinnstellung. Der Springer auf g4 und der Läufer auf c5 zielen auf e3 und die Dame hat freie Bahn nach h4. Letzteres ist die wesentliche Bedrohung, der Larsen mit dem nächsten Zug begegnet.

11. g2–g3 h7–h5

12. h2–h3 h5–h4!

Schwarz opfert den Springer für die Öffnung der h-Linie. Das ist ein bekanntes Motiv, ...

13. h3xg4 h4xg3

14. Th1–g1 ...

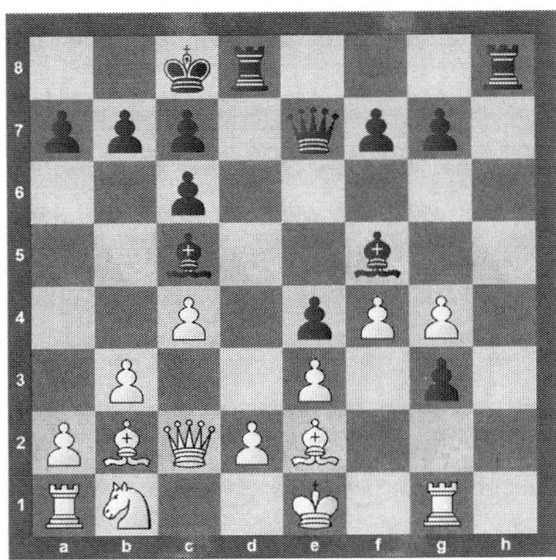

... und hier ermöglicht es ein grandioses Turmopfer:

14. ...	**Th8–h1!!**
15. Tg1xh1	**g3–g2**
16. Th1–f1	**...**

Auf 16. Tg1 wäre die Dame über h4 mit Schach nach h1 gekommen, und der Rest wäre eine Formsache gewesen.

16. ...	**De7–h4+**
17. Ke1–d1	**g2xf1D+**

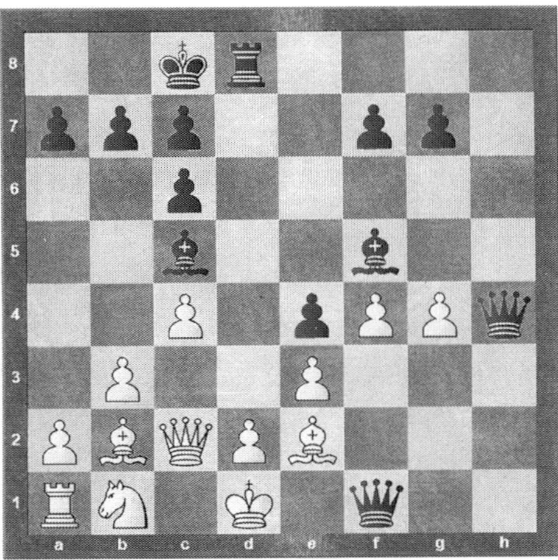

In dieser Stellung gibt Larsen auf. Gefolgt wäre: 18. Lxf1 Lxg4+ 19. Kc1 De1+ 20. Dd1 Dxd1#

Partie 47

Fischer – Spasski

(Reykjavik, 1972)

Damengambit

Robert „Bobby“ Fischer, s. Partie 38

Boris Spasski, s. Partie 41

Dies ist die legendäre **6. Partie** des WM-Kampfes von 1972, die der Sieger Fischer überraschend nicht mit seinem Lieblingszug 1. e4 eröffnete, und die der unterlegene Spasski sportlich mit anerkennendem Applaus beendete.

1. c2-c4	**...**

Fischer eröffnet entgegen jeglicher Gewohnheit und aller Erwartung Englisch.

1. ...	**e7-e6**
2. Sg1-f3	**d7-d5**
3. d2-d4	**...**

Damit sind wir im abgelehnten Damengambit.

3...	**Sg8-f6**
4. Sb1-c3	**Lf8-e7**
5. Lc1-g5	**0-0**
6. e2-e3	**h7-h6**
7. Lg5-h4	**...**

Bis hierher sind das alles Standardzüge in dieser Verteidigung, und nun wählt Spasski mit der Tartakower-Variante diejenige, die er am besten zu kennen glaubte.

7. ...	**b7-b6**
8. c4xd5	**...**

Mit dieser Standardantwort im Tartakower plant Weiß die teilweise Öffnung der c-Linie, auf der er dann seinen Turm platzieren wird, um gegen die später evtl. entstehenden Hängebauern c5 und d5 spielen zu können.

8. ... Sf6xd5

9. Lh4xe7 Dd8xe7

10. Sc3xd5 e6xd5

Und das ist bis hierher genau die Hauptvariante in diesem Abspiel.

11. Ta1-c1 Lc8-e6

Spasski verzichtet auf das Läuferfianchetto und entwickelt den Läufer stattdessen zur anderen Seite. Das wiederum gibt Fischer Anlass, am Damenflügel den Druck zu erhöhen.

12. Dd1-a4 c7-c5

13. Da4-a3 ...

Das drückt auf den Bauern c5 und fesselt ihn gleichzeitig, so dass Schwarz ihn absichert.

13. ... Tf8-c8

14. Lf1-b5! ...

Dadurch wird die Entwicklung des schwarzen Springers gehemmt, wogegen Schwarz sich mit ...

14. ... a7-a6

... wehrt, aber da der a-Bauer von der Dame gefesselt ist, wirkt die Gegenmaßnahme nicht.

15. d4xc5 b6xc5

16. 0-0 Ta8-a7

Mit diesem Zug entfesselt Schwarz den a-Bauern, denn der Turm ist jetzt gedeckt. Das hätte er zwar besser durch 16. ... Db7 geschafft, aber immerhin muss Fischer sich jetzt um den Läufer kümmern.

17. Lb5-e2 Sb8-d7

17. ... Sc6 hätte den Bauern c5 im Regen stehen lassen, und so entwickelt Schwarz den Springer, auf das einzige momentane mögliche Entwicklungsfeld d7, womit er allerdings der Dame die Deckung entzieht. Diesen Umstand macht Weiß sich zunutze und setzt die entscheidende Zugfolge an.

18. Sf3-d4! ...

Spasskis Lager sah später ein, dass man diesen Springerzug hätte verhindern müssen. Möglich ist er natürlich, weil der c-Bauer gefesselt ist, und so gelingt Fischer eine weitere Schwächung der schwarzen Stellung.

18. ... De7-f8

Das entfesselt den Bauern, aber jetzt kann Weiß weiter vordringen und Linien öffnen.

19. Sd4xe6! f7xe6

Das ist die Schlüsselstellung in dieser Partie:

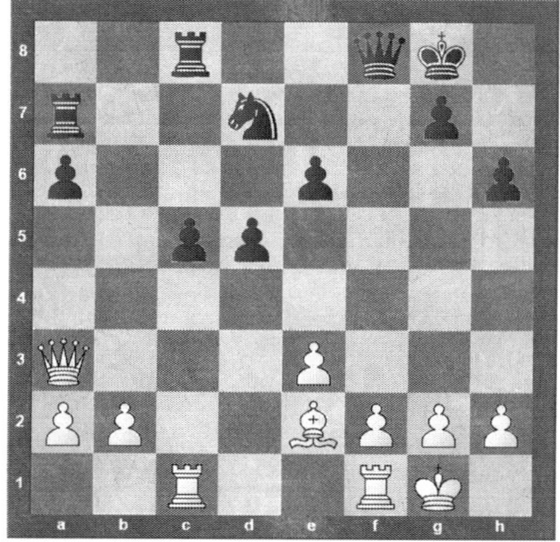

Der Turm a7 und der Springer d7 sind schlecht positioniert, aber Schwarz hat auf den ersten Blick ein starkes Zentrum. Doch genau da setzt Fischer den Hebel an.

20. e3-e4! ...

Nach 20. ... dxe4 21. Tc4 nebst 22. Tfc1 würde das ganze Zentrum auseinanderfallen, aber auch alle anderen Optionen sind fraglich. Auf 20. ... Sf6 käme 21. e5! Sd7 und 22. f4. Wahrscheinlich wäre 20. ... c4 die bessere Wahl gewesen, denn der mögliche Damentausch danach wäre für Schwarz vorteilhaft gewesen, aber auf 21. Dh3! Df7 wäre 22. Lh5! sehr unangenehm. Guter Rat ist also teuer, und Spasskis Fortsetzung bringt die ganze Stellung zum Kippen.

20. ... d5-d4

21. f2-f4 ...

Jetzt hat Weiß Kontrolle über e5, d.h. der Springer kann nicht weiter aktiviert werden und der Bauer verliert den Anschluss an die anderen Zentrumsbauern. Außerdem bekommt der Läufer das Feld c4 und die Dame hat freie Bahn nach h3; beides zusammen wird den Bauern e6 zu Fall bringen.

21. ... Df8-e7

22. e4-e5 Tc8-b8

Schwarz hat die Dame aus dem Einflussbereich des Läufers gezogen und versucht, mit dem Turm den Punkt b2 zu attackieren.

23. Le2-c4 Kg8-h8

Das bringt den König aus der Schusslinie des Läufers, denn nach 24. f5 wäre das Vis-à-vis ein weiteres Problem gewesen.

24. Da3-h3 ...

Wie erwartet erhöht das den Druck auf e6, aber es bietet auch den b2 an. Schwarz entscheidet sich für die Defensive.

24. ... Sd7-f8

25. b2-b3 a6-a5

26. f4-f5 ...

Wie programmiert schaltet Fischer Zug um Zug weiter.

26. ... e6xf5

27. Tf1xf5 Sf8-h7

Jetzt könnte man versucht sein, mit 28. Tf7 den Turm a7 zu gewinnen, aber tatsächlich könnte dann Schwarz mit 28. ... Sg5 die Qualität gewinnen.

28. Tc1-f1 De7-d8

Nach dem letzten Turmzug wäre 29. Tf7 möglich geworden, aber Spasski bringt die Dame in Sicherheit und hofft, dass sie seinen d-Bauern im Vormarsch unterstützen kann.

29. Dh3-g3 Ta7-e7

30. h2-h4 Tb8-b7

31. e5-e6 Tb7-c7

Dass der e-Bauer vorrücken würde, war klar, und dadurch ist der c-Bauer angegriffen, den Spasski mit dem letzten Turmzug deckt, aber er erlaubt auch der weißen Dame den „Platz an der Sonne" im Zentrum.

32. Dg3-e5 Dd8-e8

33. a2-a4 ...

Eigentlich ein unnötiger Zug, der aber die Hilflosigkeit der schwarzen Stellung offenbart; und Spasski macht ab jetzt eine Reihe hilfloser Züge. Sein d-Bauer ist zwar frei, aber nicht durchzubringen. Weiß führt seine Angriffsbatterie langsam aber sicher zum Finale.

33. ... De8-d8

34. Tf1-f2 Dd8-e8

35. Tf2-f3 De8-d8

36. Lc4-d3 Dd8-e8

37. De5-e4 ...

Nach einigem Lavieren liegt das Matt nun in der Luft, denn wenn die Türme auf der f-Linie durchstarten, wird die Dame auf h7 matt setzen; konkret: 38. Tf8+ würde ein Matt in drei Zügen einleiten.

37. ...	**Sh7-f6**
38. Tf5xf6	**g7xf6**
39. Tf3xf6	**Kh8-g8**
40. Ld3-c4	**...**

Statt des „brutalen“ 40. Txh6, was auch gewonnen hätte, spielt Fischer noch einen unscheinbaren feinen Zug, der 41. Tf7 nebst 42. Dh7 androht.

40. ...	**Kg8-h8**
41. De4-f4	

Das droht mit 42. Tf8+, und dann wird Schwarz nicht mehr aller Drohungen Herr. Eine überragende Partie des – aus damaliger Sicht – kommenden Weltmeisters, an deren Ende Spasski als fairer Sportsmann sogar applaudierte; zusammen mit der halben Welt.

Partie 48

Bagirow – Gufeld

(Kirowabad, 1973)

Königsindisch

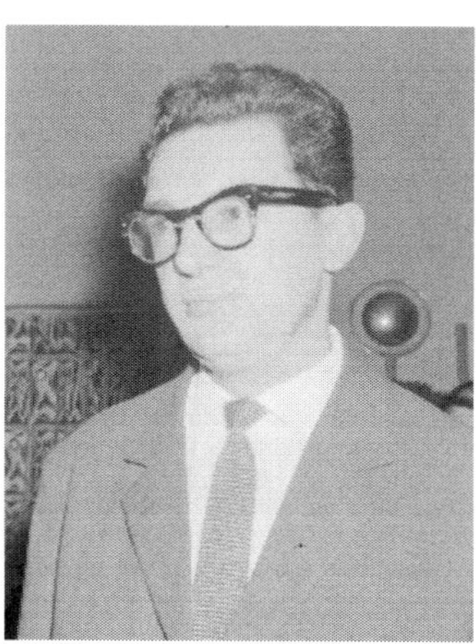

Wladimir Bagirow, geboren 1936 in Georgien, trat als 16-Jähriger erstmals bei den UdSSR-Meisterschaften an und errang in der Folge einige nationale und regionale Titel in der Sowjetunion. Später wurde er Trainer und betreute auch Spitzenspieler wie z.B. Garri Kasparow. Nach dem Zusammenbruch der Sowjetunion spielte er auch im Ausland, u.a. in Deutschland, und nahm an internationalen Mannschaftswettkämpfen teil. Er starb 2000 in Finnland.

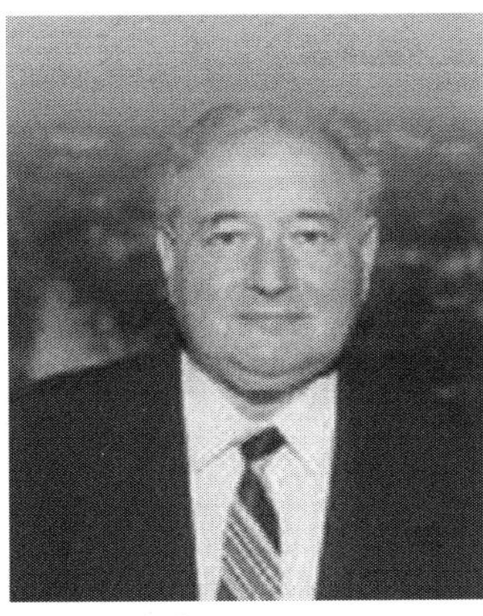

Eduard Gufeld, geboren 1936 in Kiew, war ein sowjetischer Großmeister. Er spielte mehrfach im Teilnehmerfeld der russischen Meisterschaften, allerdings mit schwankenden Ergebnissen und ohne die ganz großen Erfolge. Trotzdem konnte er immer auch an Auslandsturnieren spielen, wodurch er im Verdacht stand, KGB-Mitarbeiter zu sein. Er übersiedelte in den 90er Jahren in die USA und starb dort 2002.

Diese Partie ist bekannt als „Gufelds Unsterbliche". Er selbst nannte sie seine **„Mona Lisa"**, weil er sie – wie da Vinci das Gemälde – immer bei sich trug.

1. d2–d4 g7–g6

2. c2–c4 Lf8–g7

Das Königsfianchetto war die für Gufeld typische Eröffnung mit Schwarz.

3. Sb1–c3 d7–d6

4. e2–e4 Sg8–f6

5. f2–f3 ...

Somit ist die Sämisch-Variante der Königsindischen Verteidigung entstanden.

5. ... 0–0

6. Lc1–e3 Sb8–c6

7. Sg1–e2 Ta8–b8

8. Dd1–d2 ...

Weiß deutet an, dass er auf der Damenseite rochieren wird und seine Bauern am Königsflügel bald losmarschieren werden. Schwarz deutet Angriff am Damenflügel an.

8. ... a7–a6

9. Le3–h6 ...

Es zeigt sich, dass Spannung aufkommen wird: Schwarz hat 9. ... b5 vorbereitet, um am Damenflügel zu attackieren, und Weiß will den Läufer auf g7 tauschen, um so den wichtigsten Verteidiger der durch g7-g6 geschwächten schwarzen Felder zu beseitigen.

9. ... b7–b5

10. h2–h4 ...

Weiß opfert den Bauern auf c4 und nimmt im Gegenzug für seinen Angriff am Königsflügel die Öffnung der b–Linie in Kauf. Folglich muss er von den eigenen Chancen sehr überzeugt gewesen sein. Schwarz aber verschmäht den Bauern und begegnet dem Flankenangriff mit einem Vorstoß ins Zentrum, was ein bewährtes strategisches Gegenmittel ist.

10. ... e7–e5

11. Lh6xg7 Kg8xg7

12. h4–h5 ...

Es geht alles sehr schnell: Schon steht der h-Bauer vor der Tür und es droht hxg6, was die h-Linie für den weißen Turm öffnen würde. Derweil hat Schwarz auf dem anderen Flügel noch nicht viel erreicht.

12. ... Kg7–h8

Statt dieses vorsichtigen Zuges wäre 12. ... bxc4 besser gewesen.

13. Sc3–d5 ...

Greift den Springer auf f6 an, der das kritische Feld h7 bewacht.

13. ... b5xc4

14. h5xg6 f7xg6

15. Dd2–h6 ...

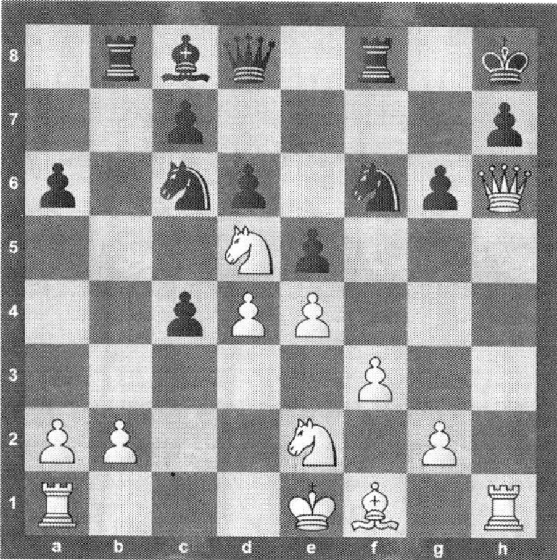

Weiß hätte nach 16. Sxf6 eine unparierbare Mattdrohung auf h7, so dass Schwarz sich jetzt nicht auf b2 bedienen kann. Auch droht 16. Dxg6, aber Schwarz findet eine brillante Antwort.

15. ... Sf6–h5!

16. g2–g4 ...

Weiß ist ungeduldig und will dem Schwarzen keine Luft lassen. Besser wäre sicher eine geduldigere Fortsetzung mit 16. 0-0-0 gewesen und dann erst der Angriff durch 17. g4. So aber bringt er das Spiel schon jetzt in die kritische Phase.

16. ... Tb8xb2

17. g4xh5 ...

Droht 18. hxg6 mit empfindlichem Angriff auf den König, aber Schwarz hat noch eine Antwort parat.

17. ... g6–g5!

Das ist einer der wichtigsten Züge der Partie: Die Öffnung der h-Linie wird erst einmal verhindert. Aber Weiß legt nach.

18. Th1–g1 g5–g4!

Wieder eine geniale Antwort. Schwarz hat die Situation am Königsflügel durch zwei simple, aber sehr effektive Züge gelöst und droht nun seinerseits mit 19. ... Dh4+. Deswegen wird es dem Weißen wohl mulmig.

19. 0–0–0 Tb2xa2

Und jetzt hat Schwarz plötzlich Gegenangriff, während der weiße Angriff steckenzubleiben scheint.

20. Se2–f4 e5xf4

21. Sd5xf4 ...

Mit der Idee 22. Sg6+, aber das kann Schwarz leicht entkräften.

21. ... Tf8xf4

22. Dh6xf4 ...

Materiell ist die Stellung in etwa ausgeglichen, aber der schwarze Angriff ist schon wesentlich gefährlicher, da die weißen Schwerfiguren keine offenen Linien finden.

22. ... c4–c3

23. Lf1–c4 Ta2–a3

24. f3xg4 Sc6–b4

Droht Matt durch 25. ... Ta1#.

25. Kc1–b1 ...

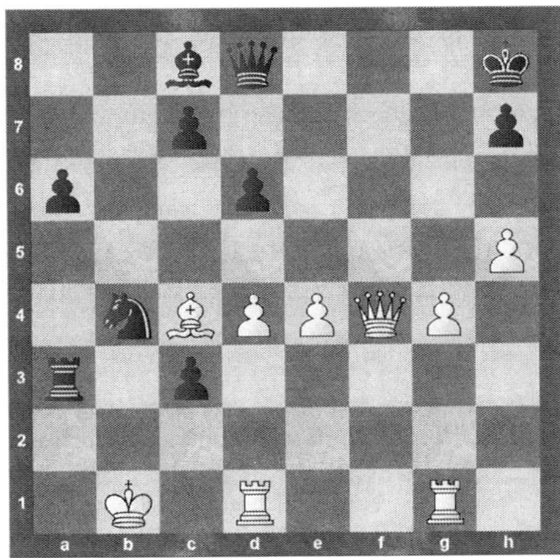

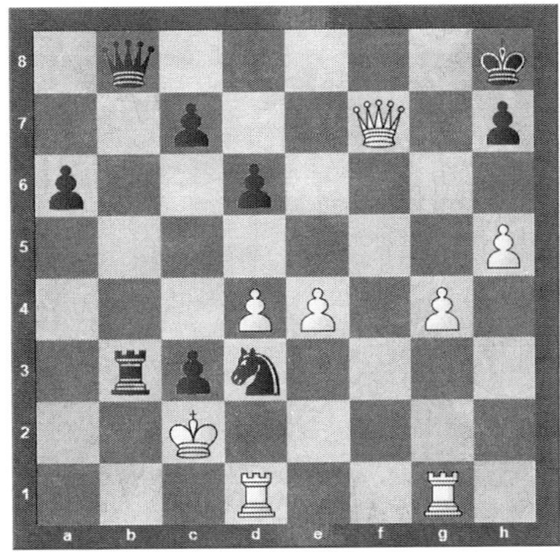

Jetzt 25. ... c2+ zu spielen, sieht verlockend aus, brächte aber am Ende wenig.

25. ... Lc8–e6!

Schwarz bietet ein Läuferopfer an, um der Dame den Weg nach b8 zu öffnen.

26. Lc4xe6 Sb4–d3!

Der Springer ist tabu, denn nach 27. Txd3 kommt 27. ... Db8+ und Matt kurz darauf. Weiß versucht einen letzten Verzweiflungsangriff, kann das Matt aber nicht mehr verhindern.

27. Df4–f7 Dd8–b8+

28. Le6–b3 ...

Das sieht komisch aus, aber 28. Kc2 hätte sofort zum Matt geführt.

28. ... Ta3xb3+

29. Kb1–c2 ...

29. ... Sd3–b4+!

Ein glänzendes Turmopfer, das in allen Varianten zum Matt führt.

30. Kc2xb3 Sb4–d5+

31. Kb3–c2 Db8–b2+

32. Kc2–d3 Db2–b5+

Weiß gibt auf. Die letzten Züge wären ein Kreisen der Dame um den König:

33. Kc2 De2+ 34. Td2 Dxd2+ 35. Kb3 Db2+ 36. Kc4 Db5#

Partie 49

Gaprindaschwili – Servaty

(Dortmund, 1974)

Sizilianisch

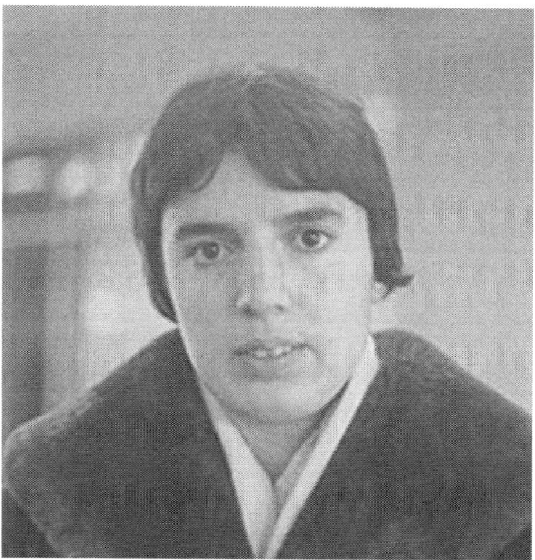

Nona Gaprindaschwili, geboren 1941 in Georgien, kam als Kind zum Schach und stieg schnell zur nationalen Spitzenspielerin auf. Sie nahm an einem Dutzend Schacholympiaden teil und war ab 1962 Weltmeisterin. Den Titel konnte sie bis 1978 verteidigen, und im gleichen Jahr errang sie den Titel „Großmeister“ – als erste Frau überhaupt. Ihr schachlicher Werdegang diente übrigens als Vorlage für die Hauptfigur in der Netflix-Serie „The Queen´s Gambit". Allerdings empfand sie die Darstellung ihrer Person als nicht angemessen und verklagte deswegen die Macher der Produktion – mit Erfolg.

Rudolf Servaty, geboren 1928, war ein guter Vereinsspieler mit einer Elo-Ziffer über 2000, aber er blieb ohne irgendwelche hier nennenswerten Meriten; außer natürlich, dass er als Verlierer dieser Partie in der Liste der schönsten Partien verewigt wurde.

In dieser Partie zeigt die Weltmeisterin eine Kombination, die man später auch die „**Gaprindaschwili-Falle**“ nannte.

1. e2-e4 c7-c5

2. Sg1-f3 Sb8-c6

3. d2-d4 c5xd4

4. Sf3xd4 g7-g6

Der „beschleunigte Drache“, in dem der fianchettierte Läufer den Springer d4 angreifen wird, anstelle des häufig gespielten 4. ... Sf6 mit Druck auf e4. Allerdings hat Weiß in dieser Variante Zeit genug, um nun mit 5. c4 die Kontrolle über das Zentrum zu verstärken. Genau das macht die Weltmeisterin.

5. c2-c4 Lf8-g7

6. Lc1-e3 Sg8-f6

7. Sb1-c3 ...

Nach einigen üblichen und leicht verständlichen Zügen folgt nun ein etwas überraschender Springerausfall.

7. ... Sf6-g4

Diesen Doppelangriff auf zwei Leichtfiguren, nämlich den Läufer e3 und den Springer d4, kann Weiß leicht parieren, indem er den ungedeckten Springer g4 vom Brett nimmt.

8. Dd1xg4 Sc6xd4

Schwarz droht nicht nur mit der Springergabel auf c2, sondern auch mit d5, wonach die weiße Dame dem Angriff des Läufers c8 ausgesetzt wäre. Weiß löst das Problem durch Rückzug der Dame unter gleichzeitigem Gegenangriff auf den Springer d4.

9. Dg4-d1 e7-e5

10. Sc3-b5 0-0

Weiß greift den starken Springer d4 an, aber nach 11. Sxd4? exd4 12. Lxd4 Da5+ müsste der König ziehen, und nach 13.

Ke2 Te8 hätte Schwarz genügend Kompensation in Form von Angriffsmomentum für den geopferten Bauern.

11. Lf1-e2 Dd8-h4

Servaty hält das Spiel der Weltmeisterin anscheinend für zu passiv und geht mit dem letzten Damenzug in die Offensive. Er greift den Bauern e4 an, der momentan schwer zu decken ist, und würde von dort Richtung g2 schielen. Aber da die Dame nun auf dem anderen Flügel ist und nicht mehr das Schach auf a5 geben kann, darf Weiß den Springer schlagen.

12. Sb5xd4 e5xd4

13. Le3xd4 Dh4xe4

Der schwarze Plan scheint aufzugehen: Er hat den Bauern e4 gewonnen, und nun hängen der Bauer g2 und der Läufer d4. Allerdings hatte Gaprindaschwili einen Zug weiter gerechnet.

14. Ld4xg7 ...

Damit greift sie den Turm f8 an, aber den hält Servaty wahrscheinlich für tabu, und statt das geforderte 14. ...Kxg7 zu spielen, vertraut er darauf, dass er nach ...

14. ... De4xg2?

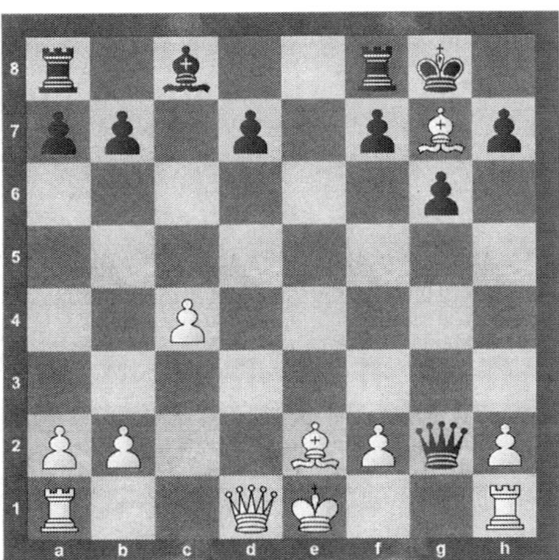

... zunächst die empfindliche Drohung 15 ... Dxh1+ hat. Aber genau da schnappt die „Gaprindaschwili-Falle" zu:

15. Dd1-d4! ...

Das wird ihm in dem Moment sicher klar. Nach 15. Lf3? Te8+ hätte er auf Gewinn gestanden, so aber steht er glatt auf Verlust.

15. ... Dxh1+

16. Ke1-d2! Dh1xa1

17. Dd4-f6

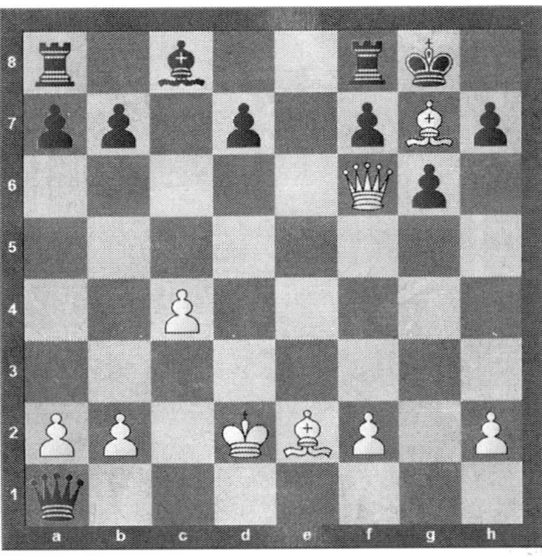

Der letzte Zug ist die Pointe der Kombination: Die Dame blockiert den f-Bauern, der die Diagonalachse Dame-Läufer mit f6 hätte unterbrechen können. Jetzt aber gibt es gegen 18. Lh6 oder 18. Lh8 nebst Matt durch 19. Dg7 keine sinnvolle Antwort und Schwarz gibt auf.

Partie 50

Liu Wenzhe – Donner

(Buenos Aires, 1978)

Pirc Verteidigung

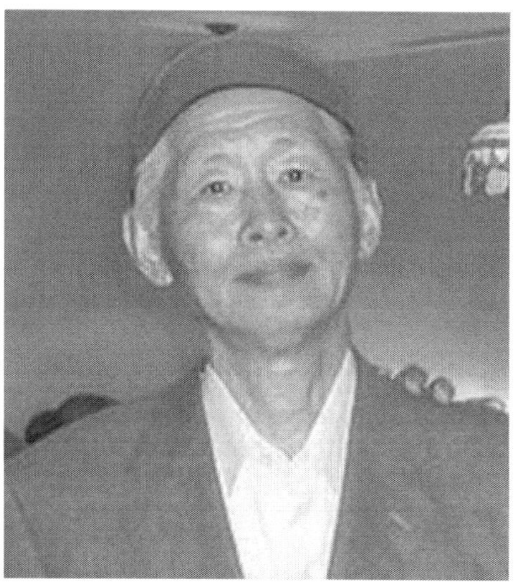

Liu Wenzhe, geboren 1940 in der Mandschurei, machte Mitte der 60er Jahre in einem Wettkampf China-UdSSR auf sich aufmerksam. Die Kulturrevolution unterbrach jedoch seine Schachkarriere und erst Ende der 70er Jahre tauchte er in der Szene wieder auf. Er avancierte zum ersten chinesischen Spitzenspieler und wurde später Trainer der Nationalmannschaft Chinas. Er starb 2011 in Peking.

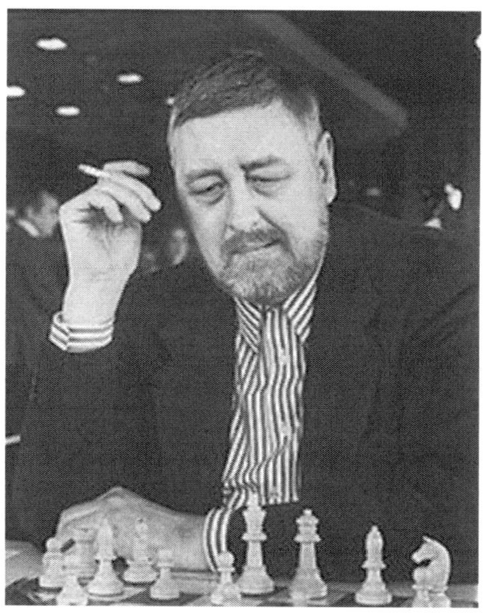

Jan Hein Donner, geboren 1927 in Den Haag, war ab den 50er Jahren eine feste Größe im niederländischen Schach und 20 Jahre lang die Nummer 2 hinter dem ehemaligen Weltmeister Max Euwe. Er spielte bis Ende der 70er Jahre fast alle Schacholympiaden für die Niederlande und feierte in der Zeit viele internationale Erfolge. Anfang der 80er zog er sich krankheitsbedingt zurück und starb 1988 in Amsterdam.

Diese Partie wurde anlässlich der Schacholympiade 1978 gespielt. Sie ist die erste von zwei „**Unsterblichen**“ mit chinesischer Beteiligung.

1. e2-e4	**d7-d6**
2. d2-d4	**Sg8-f6**
3. Sb1-c3	**g7-g6**

Das sind die ersten Züge der Pirc – oder auch jugoslawischen – Verteidigung. Schwarz verzichtet zunächst auf die Besetzung des Zentrums und wird den

Königsläufer fianchettieren und dann am Damenflügel den c- und den b-Bauern zu aktivieren.

4. Lf1-e2 Lf8-g7

5. g2-g4 ...

Damit macht Weiß frühzeitig klar, wohin die Reise gehen soll, aber einen weiteren Vorstoß nach g5 will Schwarz fürs Erste unterbinden.

5. ... h7-h6

6. h2-h3 c7-c5

7. d4-d5 0-0

Nach der Klärung der Lage im Zentrum gibt die kurze Rochade des Schwarzen dem Weißen das Signal zum Angriff.

8. h3-h4 e7-e6

9. g4-g5 ...

Greift den Springer f6 an, und da ein Rückzug den h-Bauern kosten würde, tauscht Schwarz lieber.

9. ... h6xg5

10. h4xg5 Sf6-e8

Das engt die schwarze Stellung weiter ein. Besser wäre 10. ... Sh7 mit Angriff auf den g-Bauern gewesen.

11. Dd1-d3 ...

Nun droht der Damenschwenk auf die h-Linie, wo die beengte Stellung des Königs genau dazu einlädt. Zusammen mit dem Turm auf h1 wäre das eine gefährliche Konstellation.

11. ... e6xd5

Das verwehrt der Dame das Feld h3, lässt ihr aber die alternative Route über g3, die zwar einen Zug länger dauert, aber nicht minder schlagkräftig ist. Außerdem erhält der Springer c3 eine Einladung ins Zentrum.

12. Sc3xd5 Sb8-c6

Das ist ungenau gespielt. Besser wäre 12. ... Sc7 gewesen, um gegen den zentralen weißen Springer zu arbeiten und den Turm nach e8 bringen zu können.

13. Dd3-g3 Lc8-e6

Das ist jetzt gegen den Springer gerichtet, aber es kommt zu spät.

14. Dg3-h4 ...

Und schon ist die Mattdrohung 15. Dh7# da.

14. ... f7-f5

15. Dh4-h7+ Kg8-f7

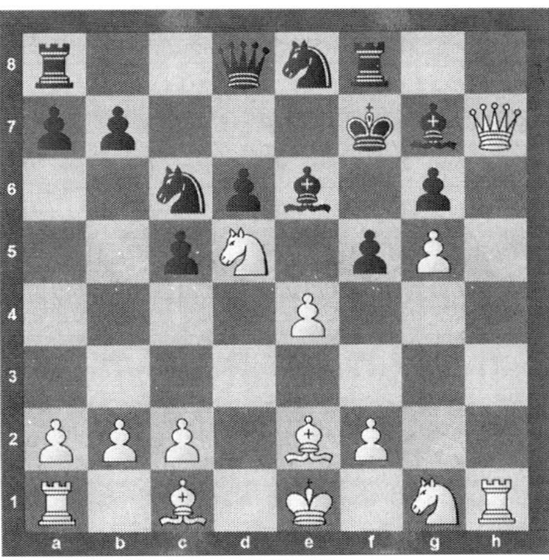

Hier spielte Liu Wenzhe ein wunderbares Damenopfer:

16. Dh7xg6+! ...

Und Donner muss annehmen, weil der Springer die Flucht des Königs Richtung e7 verhindert und auf 16. ... Kg8 folgt 17. Dh7+ und 18. g6#. Der Rest ist erzwungen, aber nicht minder hübsch anzusehen.

16. ... Kf7xg6

17. Le2-h5+ Kg6-h7

18. Lh5-f7+ Lg7-h6

19. g5-g6+ **Kh7-g7**

20. Lc1xh6+

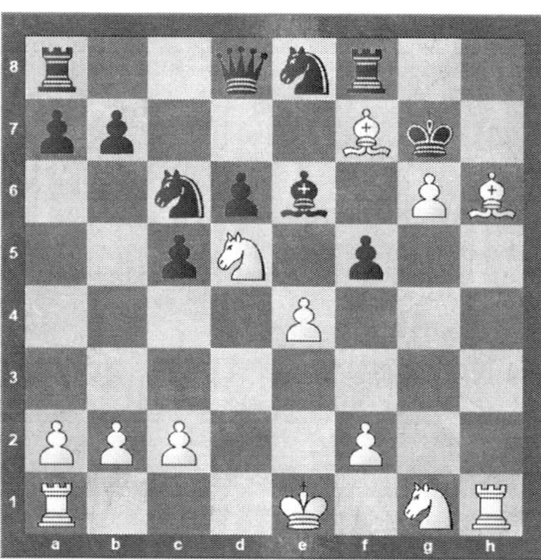

Und diese Stellung gibt Schwarz auf, denn das Matt ist nicht abzuwenden: 20. … Kh8 21. Lxf8+ Dh4 22. Txh4#.

Partie 51

Portisch – Pintér

(Budapest, 1984)

Damengambit

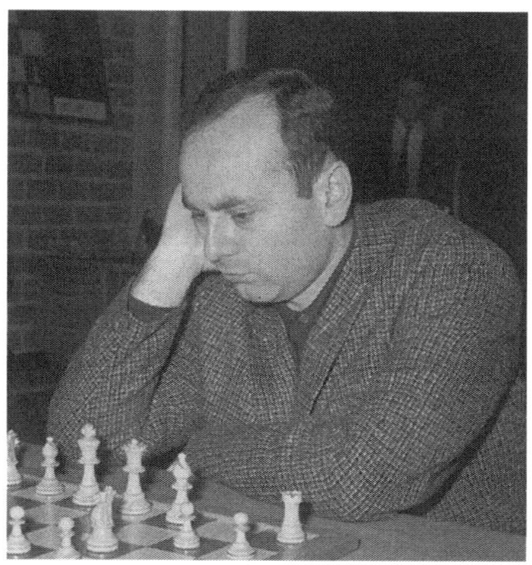

Lajos Portisch, 1937 in Ungarn geboren, war ab 1960 Großmeister und galt ab den 60er und bis in die 80er Jahre hinein als *der* ungarische Spitzenspieler. Er nahm an mehreren Kandidatenturnieren für die Weltmeisterschaft teil und kam zweimal bis ins Halbfinale. Auf internationaler Ebene war er ein oft gesehener und erfolgreicher Turnierspieler und nahm für Ungarn an 20 Olympiaden teil.

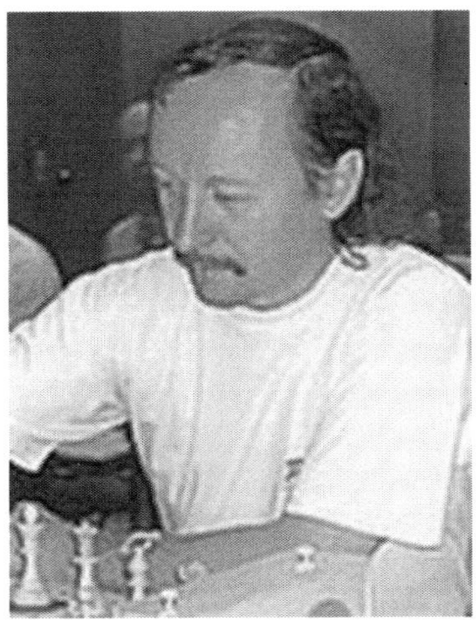

József Pintér, 1953 in Budapest geboren, war ab Mitte der 70er Jahre einer der besten Spieler in Ungarn. Als mehrfacher Landesmeister dort stieg er bis in die Nähe der Weltelite auf und nahm für sein Land an diversen Schacholympiaden teil. Auf Vereinsebene spielte er in Ungarn und Österreich und blieb auf europäischer Ebene bis weit in die 2000er Jahre erfolgreich.

Diese Partie wurde anlässlich der ungarischen Meisterschaft gespielt und in mehreren Medien als eine der besten der 80er Jahre gefeiert.

1. d2-d4 Sg8-f6

2. c2-c4 e7-e6

3. Sg1-f3 d7-d5

4. Sb1-c3 c7-c5

Nach Zugumstellung haben wir die Semi-Tarrasch-Verteidigung im abgelehnten Damengambit.

5. c4xd5 Sf6xd5

6. e2-e4 Sd5xc3

7. b2xc3 c5xd4

8. c3xd4 ...

Nach diesen Abtauschen hat Weiß ein starkes Bauernzentrum, und der Plan von Schwarz wird es sein, dieses von den Flanken her unter Beschuss zu nehmen.

8. ... Sb8-c6

9. Lf1-c4 b7-b5?!

So kann Schwarz den Läufer mit Tempogewinn zurückdrängen, besser aber wäre ein „normaler" Entwicklungszug gewesen. Natürlich ist der b-Bauer tabu, denn nach 10. Lxb5? würde Schwarz mit 10. ... Da5+ eine Figur gewinnen.

10. Lc4-e2 Lf8-b4+

Diese Entwicklung des Läufers hätte einen Zug früher kommen sollen, gefolgt von der kurzen Rochade.

11. Lc1-d2 Dd8-a5

Jetzt könnte direkt 12. a4 kommen, was den 9. Zug von Schwarz bestrafen würde, denn nach dem Abtausch der Bauern hätte Weiß ein schönes starkes Zentrum behauptet; aber es kam anders.

12. Ld2xb4 Da5xb4+

13. Dd1-d2 Lc8-b7

Jetzt könnte Weiß versucht sein, durch Damentausch, also 14. Dxb4 Sxb4, und anschließendes 15. Lxb5+ einen Bauern zu gewinnen. Dann aber hätte Schwarz nach 15. ... Ke7 die starke Doppeldrohung 16. ... Sc2+ und 16. ... Lxe4, und beide auf einmal könnte Weiß nicht parieren. Also sucht er andere Wege, die Dame zum Abtausch zu zwingen.

14. a2-a3 Db4xd2+

15. Ke1xd2 ...

Da 15. Sxd2 den Bauern d4 verliert, ist der Königszug durchaus richtig, nur beginnt damit die Exponierung des Königs, die letztlich zu seinem Ende führen wird.

15. ... a7-a6

16. a3-a4 b5-b4

Weiß sucht den Tausch, aber Schwarz will das Bauernpaar behalten und zieht den Bauern weiter, um ihn durch den nachlaufenden a-Bauern zu decken. Dem schiebt Weiß einen Riegel vor.

17. a4-a5 ...

Besser aber wäre 17. Thc1 gewesen, denn nach 17. ... a5 hätte 18. Lb5 eine Figur gewonnen. So aber kann Schwarz das Zentrum unter Druck setzen.

17. ... Ta8-d8

18. Kd2-e3 ...

Jetzt muss der König sogar den Zentrumsbauern d4 verteidigen, und Schwarz nutzt das, um weiter Druck zu machen.

18. ... f7-f5

19. e4xf5 e6xf5

20. Le2-c4 ...

Das soll natürlich die Rochade verhindern, aber wahrscheinlich will Schwarz gar nicht rochieren, sondern den König in den Angriff integrieren.

20. ... Ke8-e7!

Schlagartig wird klar, dass der König über f6 attackieren soll, und dass der Turm h8 auf die e-Linie ziehen wird. Deswegen will Weiß zumindest den Springer vertreiben.

21. d4-d5 ...

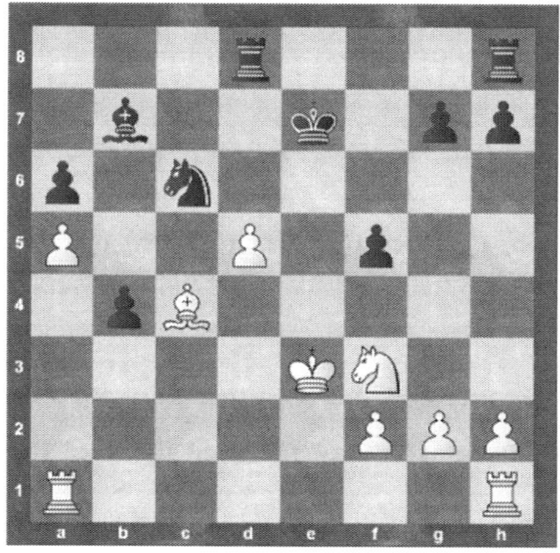

Sicher würde man den Rückzug des Springers erwarten, aber Schwarz opfert ihn zugunsten eines weiteren Angriffszuges des Königs.

21. ... Ke7-f6!?

22. d5xc6 Th8-e8+

23. Ke3-f4 ...

Jetzt wäre offenbar 23. ... g5+ eine gute Idee, denn das treibt den König nach g3, und nach 24. ... f4 und 25. ... Lc8 würde sich das Netz zuziehen; aber Pintér setzt auf seine Schwerfiguren.

23. ... Te8-e4+

24. Kf4-g3 Lb7-c8

Das sieht schon bedrohlich eng aus für Weiß, denn es droht 25. ... Tg4+ und/oder 25. ... f4+.

25. Ta1-c1 Te4-g4+

26. Kg3-h3 f5-f4

Gegen das drohende Abzugsschach 27. ... Tg6+ hat Weiß 28. g4. Daher will Portisch den Turm aktiv vertreiben.

27. Sf3-e5? ...

Stattdessen hätte er an dieser Stelle mit 27. c7! Te8 und 28. Le6! den schwarzen Angriff widerlegen können, denn nach 28.

... Lxe6 gewinnt 29. Tc6!. Seine Idee ist natürlich 27. ... Kxe5 28. Te1+ gefolgt von 29. Le6 und Weiß gewinnt, aber Pintér setzt offensiv fort, indem er den König noch stärker in den Angriff einbringt.

27. ... Kf6-g5!?

Mit 27. ... Tg3+ hätte Schwarz an der Stelle das Matt in einigen Zügen erzwingen können. Nun würde auf 28. Sxg4 das Matt durch 28. ... Lxg4# folgen.

28. Se5-f7+ Kg5-h5

Wieder eine Mattdrohung durch Abzugsschach des Turmes auf g4, d.h. der weiße Springer darf nicht auf d8 schlagen. Portisch verhindert das Abzugsschach durch eine Fesselung.

29. Lc4-e2 ...

Nach dieser guten Idee droht auch 30. Tc5+, aber Schwarz erzwingt die Entfesselung sofort.

29. ... Td8-d3+

Dagegen hat Weiß nur einen vernünftigen Zug:

30. g2-g3 ...

Das gibt dem König auch noch das Rückzugsfeld g2, aber das Loch stopft Schwarz und entfesselt gleichzeitig den Turm.

30. ... f4-f3

Nun verliert 31. Lxf3 nach 31. ... Txf3 glatt, da wegen der Doppelschach- und Mattdrohung Tgxg3# der Springer f7 fällt, und das sowohl nach 32. Kg2 Txf7 als auch nach 32. Tc5+ Tg5+ 33. Kg2 Txf7. Die von Weiß gewählte Fortsetzung verliert ebenfalls forciert, führt aber vorher noch zu einer sehenswerten Sequenz von gegenseitigen Schachgeboten.

31. Tc1-c5+ Tg4-g5+

32. g3-g4+ Lc8xg4+

33. Kh3-g3 f3xe2+

Nach diesem weiteren Abzugsschach gab Weiß auf, denn auf 34. Kg2 folgt 34. ... Lh3# und nach 34. Kf4 geht durch 34. ... Txc5 entscheidendes Material verloren.

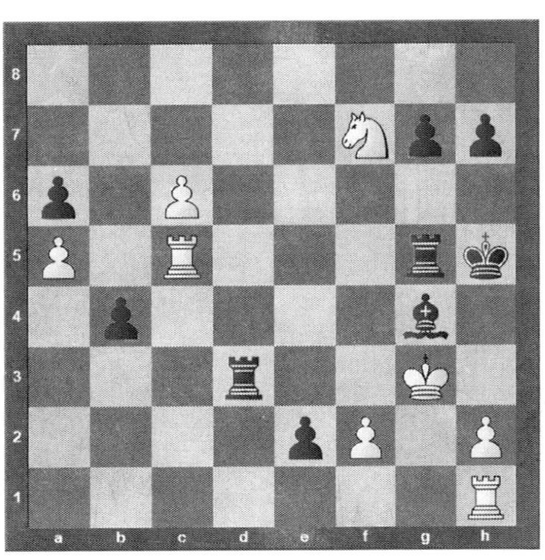

Partie 52
Karpow – Kasparow
(Moskau, 1985)
Sizilianisch

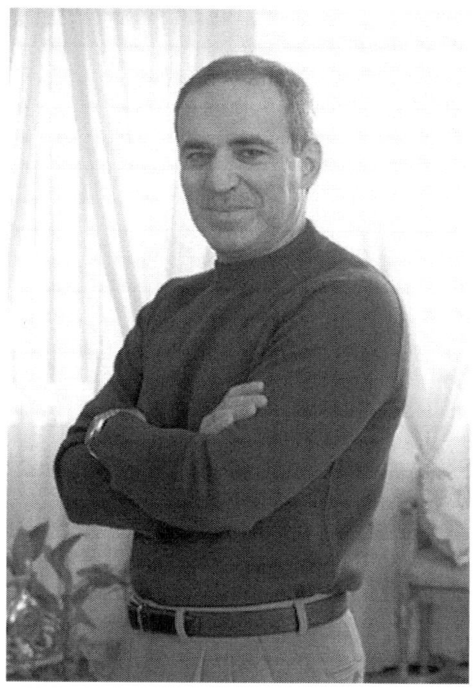

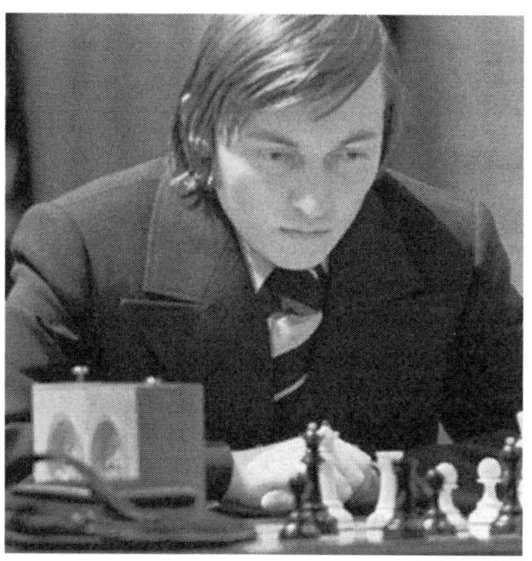

Anatoli Karpow, geboren 1951 im Südural, wurde schon im Kindesalter als Schachtalent entdeckt und entsprechend gefördert, u.a. vom ehemaligen Weltmeister Botwinnik. 1969 gewann er die Jugendweltmeisterschaft und wurde 1975 zum Herausforderer des amtierenden Weltmeisters Bobby Fischer. Da dieser jedoch nicht mehr antrat, ernannte der Weltverband FIDE Karpow zum Weltmeister. 10 Jahre behielt er den Titel und verlor 1985 gegen Garri Kasparow, gegen den er in der Folge auch noch drei Revanchekämpfe spielte – und alle verlor. Erst durch die Aufspaltung des Weltverbands war er von 1993 bis 1999 nochmals Weltmeister der FIDE. Nach seiner Schachkarriere ging er in die Politik und zog für die Putin Partei „Einiges Russland“ in die Duma ein. Wegen seiner damit zusammenhängenden politischen Aktivitäten wurde er 2022 von der EU mit Sanktionen belegt.

Garri Kasparow, geboren 1960 in Baku, in der Sowjetrepublik Aserbaidschan, wurde als Kind in Botwinniks Schachschule ausgebildet und errang 1979 den Titel des Jugendweltmeisters. 1984 wurde er zum Herausforderer des amtierenden Weltmeisters Karpow, den er im zweiten Anlauf schlug und gegen den er danach seinen Titel dreimal erfolgreich verteidigte. Wegen Unstimmigkeiten zwischen ihm und der FIDE gründete er die Professional Chess Association (PCA) als Alternativ-Verband, unter dem er dann Weltmeister blieb, bis er im Jahre 2000 gegen Kramnik verlor. 2005 zog er sich als Weltranglistenerster vom Schach zurück, betätigte sich umfangreich als Schachautor und betrat die politische Bühne durch Gründung der Oppositionsbewegung „Das andere Russland“.

Diese Partie war die 16. Partie des WM-Kampfes von 1985, und sie war wahrscheinlich die entscheidende in einem Duell, an dessen Ende der amtierende Weltmeister entthront war. Sie ging damals um die Welt und gilt bis heute zweifellos als eine der besten der Schachgeschichte.

1. e2-e4	**c7-c5**
2. Sg1-f3	**e7-e6**
3. d2-d4	**c5xd4**
4. Sf3xd4	**Sb8-c6**

Soweit die Taimanow-Variante im offenen Sizilianer.

5. Sd4-b5	**d7-d6**
6. c2-c4	**Sg8-f6**
7. Sb1-c3	**a7-a6**
8. Sb5-a3	**...**

Jetzt hat Schwarz fast die sogenannte „Igelstellung" erreicht, und normalerweise könnte man jetzt 8. ... Le7 erwarten.

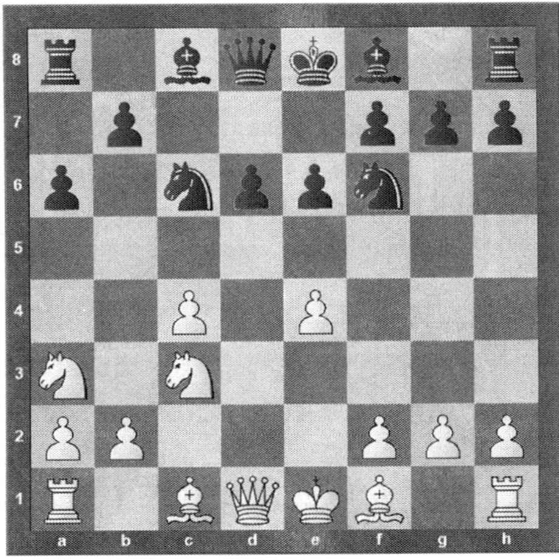

Stattdessen wiederholte Kasparow in dieser Stellung einen Zug, den er schon in der 12. Partie desselben Wettkampfes als Neuerung gespielt hatte, und den man seitdem das „Kasparow-Gambit" nennt.

8. ...	**d6-d5!**

Im Gambitstil wird ein Bauer geopfert, und Weiß nimmt an.

9. c4xd5	**e6xd5**
10. e4xd5	**Sc6-b4**

Die Idee ist natürlich, nach dem Abtausch einen aktiven Springer auf b4 zu haben, der jetzt den Bauern d5 angreift. Weiß könnte ihn mit 11. Lc4 verteidigen, was so in besagter 12. Partie auch geschehen war, die schnell remis endete. Vielleicht war es deswegen, dass Karpow jetzt abwich.

11. Lf1-e2	**Lf8-c5**
12. 0–0	**...**

Nachfolgende Analysen von Karpows Sekundanten zeigten, dass Weiß hier mit 12. Le3! Lxe3 13. Da4+ klar in Vorteil hätte kommen können,

12. ...	**0–0**
13. Le2-f3	**...**

Jetzt hat Karpow sich doch entschieden, den Gambitbauern zu verteidigen und Kasparow nutzt das, um sich gut weiterzuentwickeln.

13. ...	**Lc8-f5**
14. Lc1-g5	**Tf8-e8**

Die beiden letzten Züge von Schwarz sind wesentlich für seinen weiteren Aufbau: Der Läufer f5 hat das Feld d3 im Auge und „wärmt" es schon mal für den Springer vor, und der Turm besetzt die e-Linie.

15. Dd1-d2	**b7-b5**

Das hält den Springer a3 von c4 fern.

16. Ta1-d1	**Sb4-d3!**

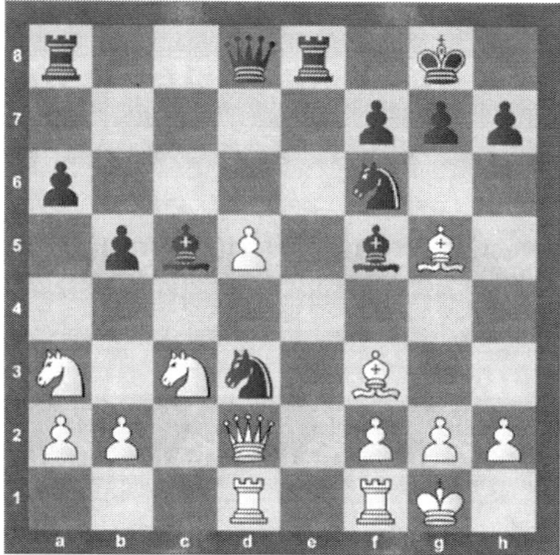

Da ist der Springer bestens positioniert, weil er wichtige Felder im weißen Lager anpeilt, darunter insbesondere e1, dessen Kontrolle die Herrschaft des schwarzen Turmes über die e-Linie sichert.

17. Sa3-b1 h7-h6

Kasparow drängt den Läufer zurück, und der kann nicht nach e3, um den gefährlichen Läufer c5 abzutauschen, denn nach 18. Le3 käme 18. ... Lxe3 19. fxe3 Db6 nebst 20. ... Txe3 mit Rückgewinn des Bauern und weiterhin starker Initiative.

18. Lg5-h4 b5-b4

Der Läufer musste sich schon zurückziehen, und Kasparow legt nach und drängt auch den Springer ab. Dessen Rückzug nach e2 würde mit 19. ... g5 beantwortet werden, und so setzt Karpow lieber aktiv fort.

19. Sc3-a4 Lc5-d6

20. Lh4-g3 Ta8-c8

Damit hat Schwarz auch die c-Linie besetzt und da der Springer d3 auch das Feld c1 kontrolliert, sind die weißen Türme praktisch aus dem Spiel.

21. b2-b3 ...

Das soll dem Springer a4 den Weg nach b2 ermöglichen, um endlich den lästigen Springer d3 loszuwerden.

21. ... g7-g5!

Ein Entlastungsversuch wie 22. Sb2 scheitert an 22. ... Sxb2 23. Dxb2 g4 24. Le2 Tc2, und Schwarz gewinnt Material. Daher tauscht Weiß auf anderem Weg ab.

22. Lg3xd6 Dd8xd6

23. g2-g3 ...

Das schafft neben der Deckung des Feldes f4 dem weißen Läufer ein Schlupfloch auf g2; es schwächt aber auch die weißen Felder.

23. ... Sf6-d7!

Auch das ist gegen den Tausch des Springers d3 gerichtet, denn wenn jetzt 24. Sb2, so folgt 24. ... Df6, und falls dann 25. Sxd3 geschieht, dann freut Schwarz sich nach 25. ... Lxd3 26. Dxd3 Se5 über einen überraschenden Damengewinn.

24. Lf3-g2 Dd6-f6

Das verhindert erneut den Springersprung von a4 nach b2, und da er auch sonst nirgendwo hinkann, ist er praktisch aus dem Spiel; und auch sein Kollege auf b1 ist eher ein Ritter von der traurigen Gestalt.

25. a2-a3 a6-a5

26. a3xb4 a5xb4

Mit den letzten Zügen und dem Bauerntausch wollte Karpow sich am Damenflügel etwas Luft verschaffen, aber wesentlich ist, dass Kasparow den Bauern b4 behält. Der nämlich sorgt dafür, dass der Springer auf b1 bleibt.

27. Dd2-a2 Lf5-g6

28. d5-d6 g5-g4

29. Da2-d2 Kg8-g7

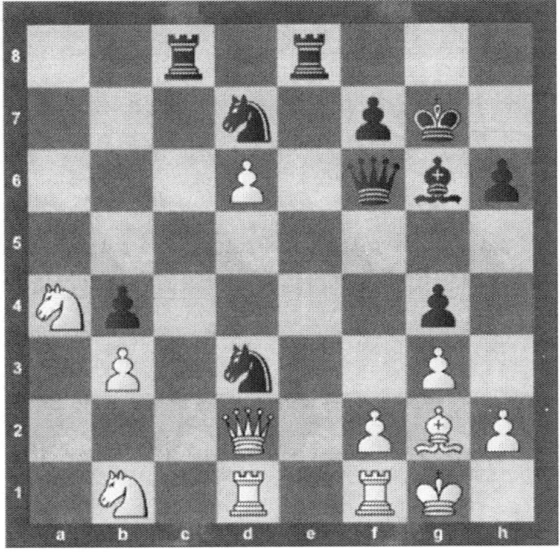

Schwarz bereitet den Schlussangriff am Königsflügel vor: Der Läufer öffnet der Dame den Weg Richtung f2, der g-Bauer bewacht f3, der König deckt den angegriffenen h6. Weiß hingegen zieht mangels Alternativen hin und her – und jetzt öffnet er auch noch den Bauernwall.

30. f2-f3 ...

Natürlich als Angriff auf g4 gedacht und in der Hoffnung, die f-Linie für seinen Turm zu öffnen, aber auch das nutzt Kasparow aus.

30. ... Df6xd6

31. f3xg4 Dd6-d4+

32. Kg1-h1 Sd7-f6

33. Tf1-f4 Sf6-e4

Damit ist Schwarz wunderbar zentral positioniert, um den Angriff zu vollenden. Karpow bleibt nichts mehr übrig, als seine Dame zu opfern – für zwei Springer.

34. Dd2xd3 ...

Wie ein spielentscheidender Fußballer, den der Trainer in der 89. Minute mit Applaus vom Platz gehen lässt, darf die bis dahin „wichtigste" schwarze Figur, der Springer auf d3, das Brett verlassen.

34. ... Se4-f2+

35. Tf4xf2 Lg6xd3

36. Tf2-d2 Dd4-e3

37. Td2xd3 Tc8-c1

Zum Schluss noch ein Damenopfer, wonach die Partie im Falle der Annahme natürlich direkt durch 38. ... Txd1+ entschieden ist.

38. Sa4-b2 De3-f2

39. Sb1-d2 Tc1xd1+

40. Sb2xd1 Te8-e1+

Hier gibt Weiß auf, denn das Matt zwei Züge später ist nicht abzuwenden.

Partie 53

Wladimirow – Jepischin

(Taschkent, 1987)

Sizilianisch

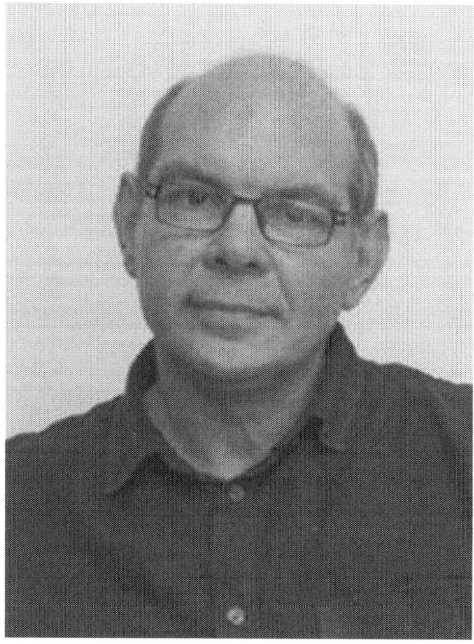

Jewgeni Wladimirow, geboren 1957 in Alma-Ata, Kasachstan, war zunächst bei den Jugend-Welt- und Europameisterschaften aktiv und erfolgreich. 1986 konnte er kurz Kasparow sekundieren, aber der beschuldigte ihn bald der Spionage für seinen Gegner Karpow. Danach spielte er noch in Russland, war aber mehr als Trainer tätig; u.a. in Indien und in seiner Heimat Kasachstan.

Wladimir Jepischin, geboren 1965 in Leningrad/St. Petersburg, spielte zunächst in Russland und war um 1990 herum einer der Sekundanten von Karpow. Er hatte aber auch selber einige gute Turniererfolge und wechselte Anfang der 2000er Jahre in die deutsche Bundesliga, wo er immerhin dreimal Mannschaftsmeister wurde.

Diese Partie wurde anlässlich eines Gedächtnisturnier in Usbekistan gespielt. Sie hat wegen des grandiosen 26. Zuges von Weiß Schachgeschichte geschrieben.

1. e2-e4 c7-c5
2. Sg1-f3 d7-d6
3. d2-d4 c5xd4
4. Sf3xd4 Sg8-f6
5. Sb1-c3 e7-e6

Bis hierher sehen wir die Scheveninger Variante im klassischen Sizilianer, und jetzt entscheidet sich Weiß für den gefährlichen Keres-Angriff.

6. g2-g4 h7-h6
7. h2-h4 Lf8-e7
8. g4-g5 h6xg5

Der Sinn des Keres-Angriffs ist natürlich, Raum am Königsflügel zu gewinnen und den Springer f6 zu vertreiben. Schwarz verhindert letzteres auf Kosten seiner Bauernstruktur am Königsflügel, was allerdings angesichts der Struktur auf der Gegenseite verschmerzbar ist.

9. Lc1xg5 Sb8-c6
10. Dd1-d2 a7-a6
11. 0-0-0 Lc8-d7

Die schwarze Stellung sieht etwas eingeschnürt aus, während Weiß viel Platz hat und nach wie vor angreift.

12. f2-f4 Sc6xd4
13. Dd2xd4 Ld7-c6

Weiß greift an, Schwarz ist bemüht, die Stellung durch Abtausch etwas zu entlasten.

14. Th1-g1 Dd8-a5

Damit bringt er die Dame aus der Schusslinie des Turmes auf d1.

15. Lf1-h3 Da5-c5

Hier wäre 15. f5 schon stark gewesen, aber Weiß wollte den Zug erst noch mit dem Läuferzug vorbereiten.

16. Dd4-d3 b7-b5

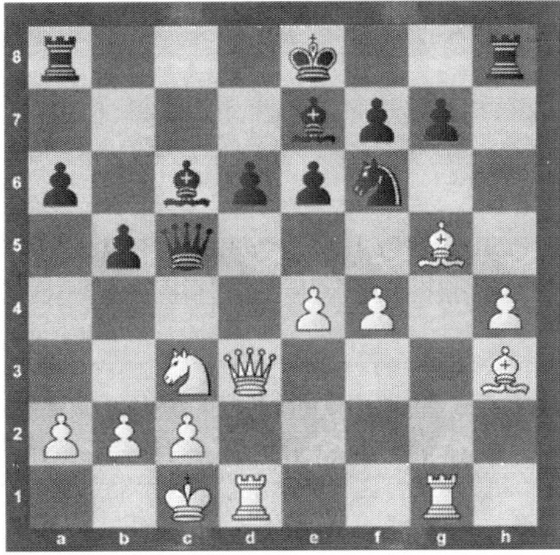

17. f4-f5! b5-b4

18. Lg5-e3 ...

Das greift mit Tempogewinn die Dame an und gibt dem Königsturm die Sicht auf den Bauern g7 frei; außerdem hängt der Bauer e6. Schwarz ist nach wie vor eingeschnürt und Weiß hat Raumvorteil.

18. ... Dc5-a5

Der weiße Springer auf c3 ist angegriffen, aber Weiß lässt ihn einfach stehen und greift seinerseits den Läufer c6 an.

19. Dd3-c4 Lc6-b7

20. f5xe6 b4xc3

Im Interesse eines gefährlichen Durchbruchs in der Mitte hat Weiß den Springer geopfert, und Schwarz hat akzeptiert – vielleicht in der Hoffnung, dass sein Bauer auf c3 dem weißen König gefährlich werden kann.

21. Tg1xg7 ...

Weiß unterstützt den Zentrumsangriff von der Flanke aus.

21. ... d6-d5

Schwarz versucht, die Diagonale c3-f7 zu schließen, aber die weiße Dame zieht sich zurück und greift den Läufer b7 an.

22. Dc4-b3 c3xb2+

23. Kc1-b1 ...

Routiniert nutzt er den feindlichen Bauern als Schutzschild, was viel besser ist als ihn zu schlagen und sich dadurch die Blöße zu geben.

23. ... Da5-b5

Schwarz würde natürlich gern die Damen tauschen, um Druck aus der Stellung zu nehmen, aber Weiß führt hier schon einen genialen Plan im Schilde, wie er den Angriff auch ohne die Dame fortsetzen wird.

24. e6xf7+ Ke8-f8

25. Td1-g1! Db5xb3

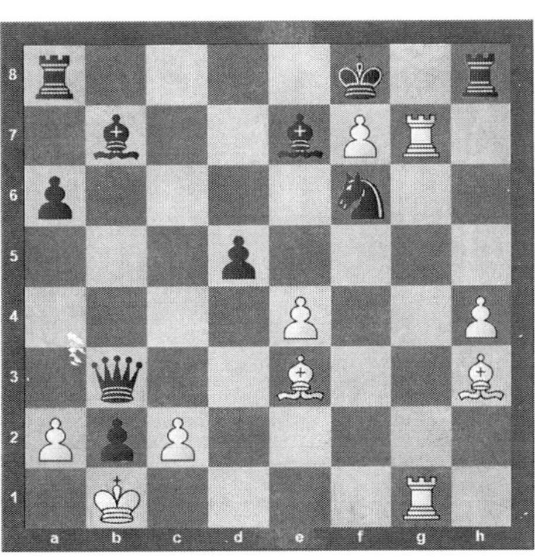

Er hat seine Dame schlagen lassen und die Türme verdoppelt, aber g8 wird zuverlässig von Springer und Turm bewacht. Doch in dieser Stellung offenbart Weiß seinen Plan und spielt einen geschichtsträchtigen Zug:

26. Le3-h6!! ...

Nicht nur, dass er die Dame nicht zurücknimmt, sondern er bietet auch noch den Läufer an. Auf den zweiten Blick sieht man, dass jetzt das Abzugsschach 27. Th7+ sogar ein Matt wäre. Und 26. ... Txh6 scheitert daran, dass dann die gedoppelten Türme zusammen mit dem Freibauern direkt matt setzen: 27. Tg8+ Kxf7 28. T1g7#. Also muss der Läufer anders angegriffen werden, aber das ist schon eine Verzweiflungstat, die das Ende nur hinauszögert.

26. ... Sf6-g4

27. Tg7-h7+ Sg4xh6

28. Th7xh8+ Kf8xf7

29. Th8-h7+

Und Schwarz gibt auf, denn im nächsten Zug fällt die Dame und dann gewinnt Weiß mindestens eine weitere Leichtfigur.

Partie 54

Iwantschuk – Jussupow

(Brüssel, 1991)

Königsindisch

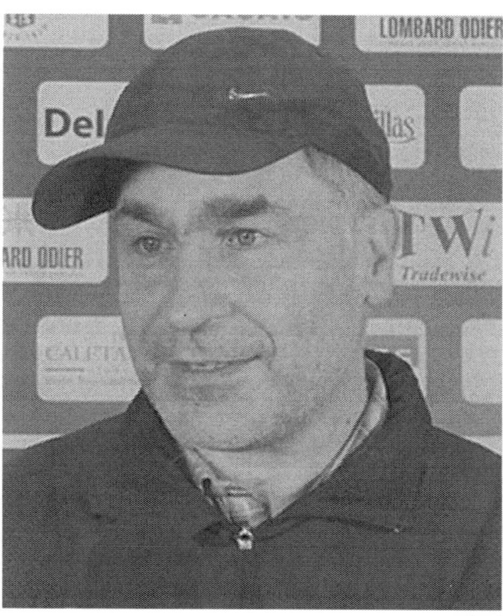

Wassyl Iwantschuk, 1969 in der Ukraine geboren, sowjetischer Jugendmeister, später Mannschaftsweltmeister mit der Ukraine, gehörte Anfang der 90er Jahre zusammen mit Karpow und Kasparow zu den drei besten Spielern der Welt. Er brillierte an vielen internationalen Turnieren und Olympiaden, war Europa- und Vizeweltmeister, und spielte in einer ganzen Reihe nationaler Ligen.

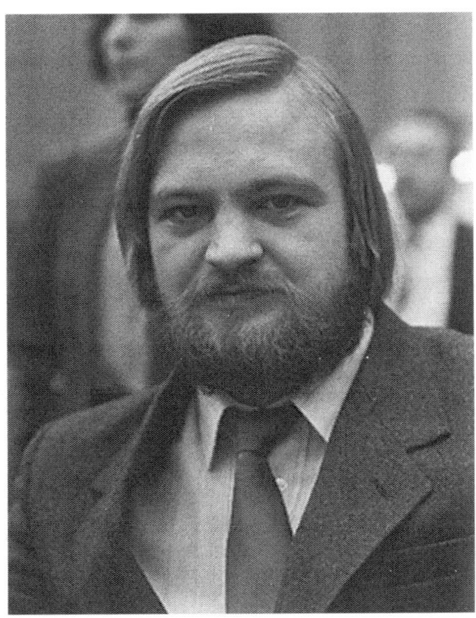

Artur Jussupow, 1960 in Moskau geboren, durchlief die sowjetische Schachschule und war Juniorenweltmeister. Nach dem Zusammenbruch der UdSSR übersiedelte er nach Deutschland und nahm dort auch die Staatsbürgerschaft an. Er spielte in diversen nationalen Ligen in Westeuropa und nahm an einer Reihe von Schacholympiaden für die deutsche Mannschaft teil. Heute ist er im Wesentlichen als Trainer und Autor tätig.

Diese Partie, gespielt im Viertelfinale des Kandidatenturniers von 1991, steht stellvertretend für die grandiose Wettkampfleistung von Jussupow gegen den damals überragenden Iwantschuk. Sie ist **„Jussupows Unsterbliche"**.

1. c2-c4 e7-e5

2. g2-g3 d7-d6

3. Lf1-g2 g7-g6

4. d2-d4 Sb8-d7

Nach der Englischen Eröffnung ist das Spiel übergegangen in eine Variante der Königsindischen Verteidigung mit fianchettiertem Läufer.

5. Sb1-c3 Lf8-g7

Das bedroht den Bauer d4, den der Springer folglich deckt.

6. Sg1-f3 Sg8-f6

7. 0-0 0-0

8. Dd1-c2 Tf8-e8

9. Tf1-d1 c7-c6

10. b2-b3 Dd8-e7

11. Lc1-a3 ...

Fesselt den d-Bauern und drückt somit auf e5. Man hätte auch direkt 11. dxe5 und dann 12. e3 oder 12. e4 erwarten können. Nach dem Läuferzug hatte Iwantschuk wahrscheinlich mit 11. ... exd4 gerechnet, aber Jussupow weicht jetzt von ausgetretenen Pfaden ab.

11. ... e5-e4

12. Sf3-g5 e4-e3

Da sein e-Bauer viermal angegriffen war, musste Schwarz etwas für ihn tun. Mangels Alternativen zieht er ihn vor und schafft so einen Vorposten im weißen Lager, der sich als Keil zwischen den Flügeln entpuppen wird. Natürlich scheitert 13. fxe3 an 13. ... Dxe3+ und 14. ... Dxg5.

13. f2-f4 Sd7-f8

Das öffnet dem Läufer c8 die Diagonale nach h3.

14. b3-b4 Lc8-f5

Weiß leitet den Angriff am Damenflügel ein, Schwarz bringt seine Figuren am Königsflügel in Stellung.

15. Dc2-b3 h7-h6

16. Sg5-f3 Sf6-g4

Der Springer schielt schon nach f2 und deckt auch den Vorposten e3.

17. b4-b5 g6-g5

18. b5xc6 b7xc6

19. Sf3-e5!? ...

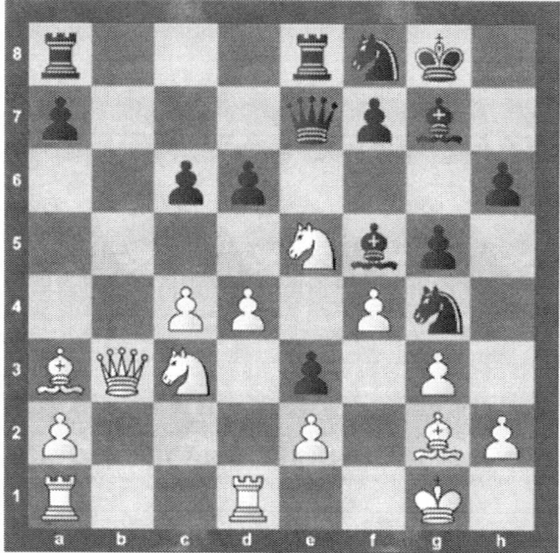

Weiß schickt den Springer zum Angriff Richtung Damenflügel, und auf seinem Durchgangsfeld kann er wegen der Fesselung des Bauern d6 von diesem nicht geschlagen werden.

19. ... g5xf4

20. Se5xc6 ...

Weiß will seine Bauernstruktur nicht durch 20. gxf4 komplett zerstören, sondern holt sich den Bauern auf c6 zurück und greift die Dame an, die er damit aber geradezu in den Angriff am Königsflügel treibt.

20. ... De7-g5

21. La3xd6 ...

Nun verfügt Weiß über zwei gut positionierte verbundene Freibauern, aber Schwarz intensiviert seinen Druck am Königsflügel, wo Weiß mit dem Läufer nur eine einzige Figur hat, um den König zu schützen.

21. ... Sf8-g6

22. Sc3-d5 Dg5-h5

Die Drohung auf h2 ist unangenehm und für Weiß nicht auf schöne Art und Weise zu decken.

23. h2-h4 Sg6xh4!?

Ein interessantes, aber fast erwartbares Springeropfer, denn der König steht blank da, umrundet von einer Handvoll feindlicher Figuren, von denen eine sich leicht opfern kann. Das solidere 23. ... fxg3 24. Lxg3 Sxh4 hätte zu einer unklaren Stellung mit beiderseitigen Chancen geführt.

24. g3xh4 Dh5xh4

Und jetzt sieht 25. ... Df2+ oder 25. ... Dh2+ gefährlich aus. Weiß beseitigt mit Hilfe einer Springergabel zumindest einen der Angreifer.

25. Sd5-e7+ Kg8-h8

26. Se7xf5 Dh4-h2+

27. Kg1-f1 ...

Da Schwarz materiell deutlich im Nachteil ist, muss er den Angriff durchbringen. Interessant wäre es jetzt gewesen, den Läufer g7 über f6 nach h4 zu bugsieren, aber Jussupow startet ein Turmmanöver.

27. ... Te8-e6

28. Db3-b7? ...

Weiß greift seinerseits an und hat vermutlich die Gefahr unterschätzt, denn sonst hätte er mit 28. Sce7 einen Springer zurückgegeben, um den Turm von g6 fernzuhalten.

28. ... Te6-g6!!

Schlagartig ist die schwer zu parierende Mattdrohung da: 29. ... Dh1+ 30. Lxh1 Sh2+ 31. Ke1 Tg1# d.h. Weiß muss Schach geben ...

29. Db7xa8+ Kh8-h7

30. Da8-g8+! ...

... und die Notbremse ziehen, indem er für den gefährlichen Turm auf g6 Dame und Springer hergibt.

30. ... Kh7xg8

31. Sc6-e7+ Kg8-h7

32. Se7xg6 f7xg6

33. Sf5xg7 ...

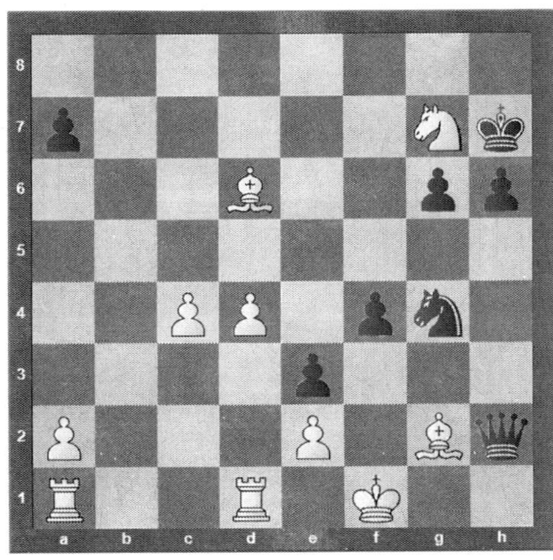

Normalsterbliche würden jetzt mit 33. ... Kxg7 den Springer schlagen, aber Jussupow schüttelt etwas Besseres aus dem Ärmel:

33. ... Sg4-f2!

Jetzt droht 34. ... Sh3 und das Matt durch 35. ... Dg1# oder 35. ... Df2# wäre nicht abzuwenden.

34. Ld6xf4 Dh2xf4

35. Sg7-e6 Df4-h2

Wiederholt die Drohung mit dem vorherigen Mattmanöver.

36. Td1-b1 Sf2-h3

Angesichts der erneuten Mattdrohung 37. ... Dg1#, muss Weiß Schach bieten.

37. Tb1-b7+ Kh7-h8

Und jetzt muss er den Turm opfern, um das Matt abzuwenden ...

38. Tb7-b8+ Dh2xb8

... gewinnt aber den Springer.

39. Lg2xh3 Db8-g3

Und endlich ist Matt durch 40. ... Df2# nicht mehr zu decken.

Partie 55

Short – Timman

(Tilburg, 1991)

Aljechin Verteidigung

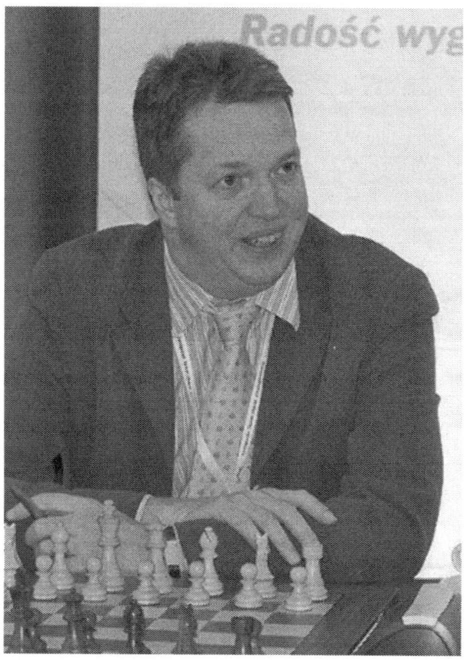

Nigel Short, geboren 1965 in der Nähe von Manchester, England, nahm schon mit 12 Jahren an den englischen Seniorenmeisterschaften teil und wurde später sogar Junioren-Vizeweltmeister. Er spielte in diversen Vereinen, u.a. in der deutschen Bundesliga, und kämpfte sich international an die Weltspitze. Im Kandidatenturnier 1993 traf er auf den Ex-Weltmeister Karpow, den er überraschend schlug, um dann gegen Garri Kasparow um den Titel des Weltmeisters im Alternativverband PCA zu spielen. Das Duell verlor er jedoch klar. Heute ist er einer der Vizepräsidenten des Weltschachverbands.

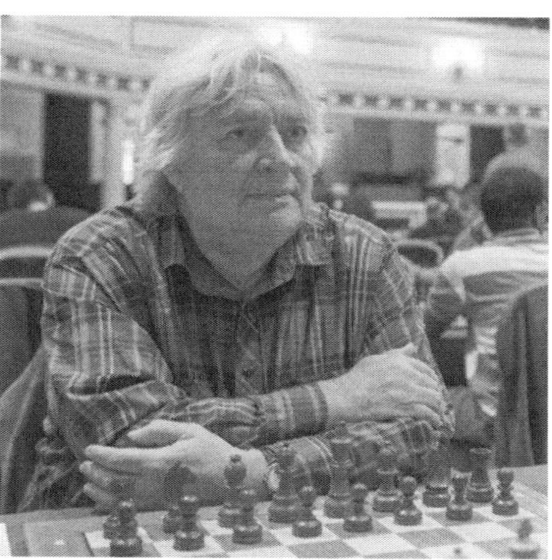

Jan Timman, geboren 1951 in Amsterdam, zeigte als Jugendlicher eine beachtliche Spielstärke und wechselte mit 20 Jahren ins Profilager. Nach vielen nationalen und internationalen Titeln spielte er 1993 um den Weltmeistertitel des traditionellen Weltschachverbands FIDE gegen den Ex-Weltmeister Karpow, dem er allerdings klar unterlag. Er ist Chefredakteur einer Schachzeitschrift und betätigt sich rege als Schachautor.

Diese Partie endet mit einem sensationellen Königsmarsch über das ganze Feld, allerdings zur Abwechslung nicht als „Flüchtling", sondern als entscheidender Angreifer.

1. e2-e4 Sg8-f6

Das ist die Aljechin-Verteidigung, in der Schwarz den weißen e-Bauern zu einem weiteren Schritt verleiten will, was in der Regel auch geschieht. Allerdings kann Weiß meist aufgrund des Raumgewinns einen Vorteil behaupten.

2. e4-e5 Sf6-d5

Jetzt könnte Weiß scharf fortsetzen mit 3. c4, aber Short geht es etwas ruhiger an.

3. d2-d4 d7-d6

4. Sg1-f3 g7-g6

Weiß hat schon zwei Bauern im Zentrum, die Schwarz über den Flügel wird angreifen wollen, aber zunächst greift Weiß nochmal den Springer an und entwickelt sich dabei weiter.

5. Lf1-c4 Sd5-b6

6. Lc4-b3 Lf8-g7

7. Dd1-e2 ...

Weiß will einem möglichen Damentausch aus dem Weg gehen, falls es im Zentrum zum Abtausch und Öffnen von Linien kommt. Mit 7. ... Lg4 den Springer zu fesseln und die Zentrumsbauern anzugreifen, wäre keine gute Idee, denn nach 8. Lxf7+ Kxf7 kommt 9. Sg5+ und Weiß verbleibt mit einem Mehrbauern bei exponiertem schwarzen König.

7. ... Sb8-c6

8. 0-0 0-0

9. h2-h3 ...

Das verhindert nunmehr 9. ... Lg4, was nach der schwarzen Rochade möglich wäre.

9. ... a7-a5

10. a2-a4 d6xe5

11. d4xe5 Sc6-d4

Schwarz bietet Figurentausch im Zentrum an – und zwar einerseits, um sich etwas zu entlasten und andererseits, um im Zentrum jetzt auch Präsenz aufzubauen, was bislang nicht der Fall ist. Dies gelingt allerdings nicht optimal.

12. Sf3xd4 Dd8xd4

13. Tf1-e1 ...

Weiß kümmert sich damit um den Bauern e5, der Schwarz natürlich stört und den er jetzt am Weitergehen hindern will.

13. ... e7-e6

Dieser Zug sperrt zwar den Läufer c8 ein, doch anders war die Entwicklung kaum gut fortzusetzen. Auf der anderen Seite ist Weiß auch noch nicht optimal entwickelt, aber er arbeitet daran.

14. Sb1-d2 Sb6-d5

15. Sd2-f3 Dd4-c5

16. De2-e4! ...

Bei Weiß sieht man einen klaren Plan: Den Springer hatte er zum Königsflügel überführt, und der zielt jetzt auf g5; der Läufer hat h6 im Blick, und jetzt soll die Dame über e4 nach h4 kommen. Das wäre der Aufmarsch einer beeindruckenden Angriffsbatterie gegen die schwarze Königsstellung und wahrscheinlich deswegen bietet Timman mit ...

16. ... Dc5-b4

... Damentausch an, was Weiß jedoch dankend ablehnt.

17. Lb3-c4 Sd5-b6

18. b2-b3! ...

Das deckt den angegriffenen Läufer, aber mehr als das öffnet es dem Läufer auf c1 den Weg nach a3, von wo aus er Dame und Turm f8 aufzuspießen droht.

18. ... Sb6xc4

19. b3xc4 ...

Weiß hat zwar das Läuferpaar aufgegeben und seine Bauernstruktur am Damenflügel entwertet, aber dafür hat er die Drohung 20. La3 mit guter Aussicht auf Angriff über die schwarzen Felder.

19. ... Tf8-e8

20. Te1-d1 Db4-c5

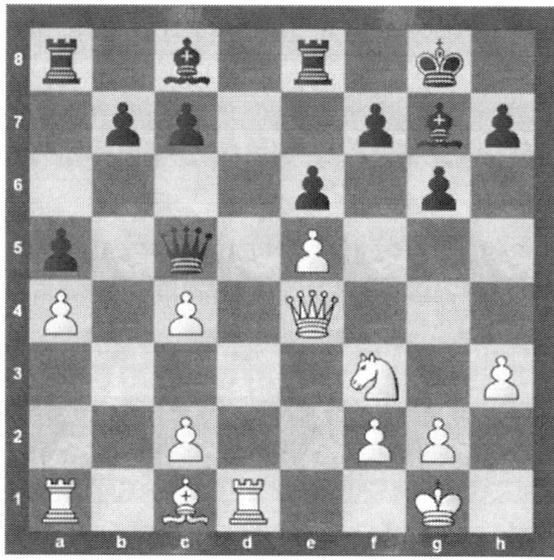

Jetzt beginnt Weiß mit der Umsetzung seines Plans.

21. De4-h4 b7-b6

22. Lc1-e3! Dc5-c6?

Das soll natürlich nach 23. ... Lb7 Gegendruck auf f3 erzeugen, aber gefragt war 22. ... Df8, um beim Kampf um h6 mithalten zu können.

23. Le3-h6 Lg7-h8

24. Td1-d8 ...

Auf jetzt 24. ... Txd8 folgt 25. Dxd8+ und Matt im nächsten Zug.

24. ... Lc8-b7

25. Ta1-d1 Lh8-g7

Jetzt wird Schwarz sich der Ernst der Lage bewusst, und er bietet den Abtausch auf g7 an, was den weißen Angriff nach einem Tausch der Türme auf der Grundreihe zusammenbrechen ließe. Weiß hat aber eher f7 im Blick.

26. Td8-d7! Te8-f8

27. Lh6xg7 Kg8xg7

Damit hat Schwarz sich etwas Luft verschafft, aber die weiße Dominanz auf den schwarzen Feldern bleibt. Weiß möchte nun 28. Df6+ spielen, verhindert aber zunächst, dass die schwarze Dame über e4 zu Hilfe kommt, und da Schwarz sich momentan nicht sinnvoll rühren kann, hat er auch die Zeit, den Angriff in aller Ruhe vorzubereiten.

28. Td1-d4 Ta8-e8

29. Dh4-f6+ Kg7-g8

Die weißen Schwerfiguren sind gefährlich um den schwarzen König herum positioniert, ohne jedoch direkt einen durchschlagenden Angriff zu haben. Der Springer auf f3 kann nicht zu Hilfe eilen, denn falls der wegzieht, kommt 30. ... Dxg2#. Also holt Weiß sich zunächst „bäuerliche" Verstärkung ...

30. h3-h4 h7-h5

... und schiebt den h-Bauern wie einen Stachel nach vorn. Dem kann Schwarz sich in den Weg stellen, und weil der g-Bauer den Springer decken muss, holt Weiß sich auch noch „königliche" Unterstützung.

31. Kg1-h2 ...

Das ist der Beginn eines Manövers, das diese Partie berühmt gemacht hat. Schwarz sieht es wohl noch nicht kommen und macht einen hilflosen Zug.

31. ... Te8-c8?

Hätte er es geahnt, er hätte 31. ... Lc8 gezogen, aber dann wäre 32. Sg5 Lxd7 33. Tf4 nebst 34. Sxf7 gefolgt und der Angriff wäre unter Turmopfer auf d7 durchgedrungen.

32. Kh2-g3!! Tc8-e8

33. Kg3-f4! ...

Schwarz macht unter Zugzwang hilflose Abwartezüge, während der weiße König zum Angriff marschiert.

33. ... Lb7-c8

34. Kf4-g5!

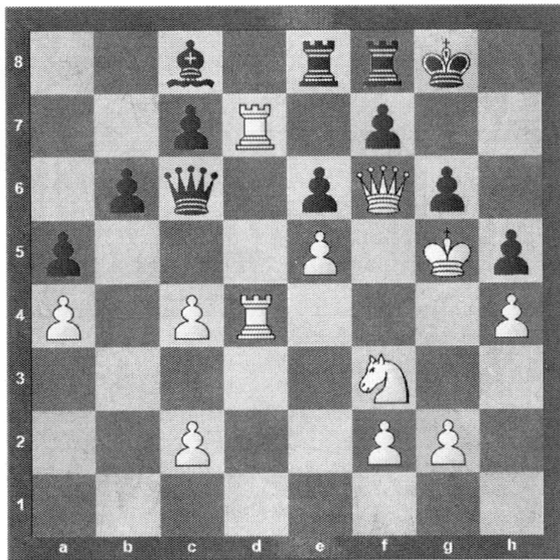

Timman gibt hier auf, denn es droht 35. Kh6 und Dg7#. Falls er vorher noch 34. ... Kh7 spielt, dann gewinnt 35. Dxg6+, weil der f-Bauer dann gefesselt wäre.

Partie 56

Deep Blue – Kasparow

(Philadelphia, 1996)

Sizilianisch

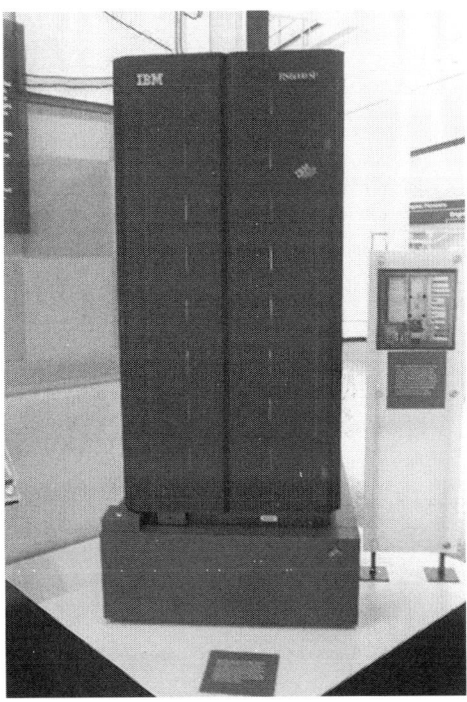

Deep Blue war ein Computer, der von der amerikanischen IBM unter Leitung des taiwanesisch-amerikanischen Informatikers Feng Hsiung Hsu gebaut wurde. Das Projekt startete 1985 unter dem Titel „Deep Thought“, in Anlehnung an den Namen des Computers aus Douglas Adams´ Roman „Per Anhalter durch die Galaxis“. Später wurde der Rechner in Anlehnung an den Spitznamen der Firma IBM („Big Blue“) umbenannt in „Deep Blue“. Nach 10 Jahren Entwicklungsarbeit hatte man einen massiven Parallelrechner, der in diesem ersten Wettkampf der beiden schon über 100 Millionen Stellungen pro Sekunde berechnen konnte. Natürlich war er auch mit Analysen aus Tausenden von Meisterpartien sowie einer umfassenden Eröffnungsbibliothek gefüttert worden.

Garri Kasparow, s. Partie 49

Diese Partie ist die erste des ersten Matches der beiden. Dieses erste Match konnte Kasparow zwar in der Endabrechnung für sich entscheiden, aber die Auftaktpartie gewann überraschend der Computer; und damit schrieb er Geschichte. Hier ist sie.

1. e2-e4 c7-c5

Kasparow wählt gegen 1. e4 einen Sizilianer. Der Rechner antwortet mit der seltenen, aber soliden „Alapin-Variante".

2. c2-c3 d7-d5

Und man hat jetzt schon den Eindruck, dass beide Seiten den Gegner überraschen wollen, denn Kasparow spielte in der Regel 2. ... Sf6.

3. e4xd5 Dd8xd5

4. d2-d4 Sg8-f6

5. Sg1-f3 Lc8-g4

6. Lf1-e2 e7-e6

7. h2-h3 Lg4-h5

8. 0-0 Sb8-c6

9. Lc1-e3 ...

Bis hierher sehen wir praktizierte Theorie: Der Rechner verwendet einprogrammierte Züge, Kasparow wählt nicht-alltägliche, aber doch solide Züge.

9. ... c5xd4

10. c3xd4 Lf8-b4!

Das ist zum ersten Mal eine wirkliche Abweichung von der Theorie seitens des Weltmeisters, und der Computer muss das tun, was er am besten kann – nämlich rechnen.

11. a2-a3 Lb4-a5

12. Sb1-c3 Dd5-d6

13. Sc3-b5 ...

Der Computer folgt Mustern: Er drängt Leichtfiguren zurück – wie hier den Läufer von b4 nach a5 – und attackiert dann die Dame, die evtl. zu früh herausgekommen ist.

13. ... Dd6-e7?!

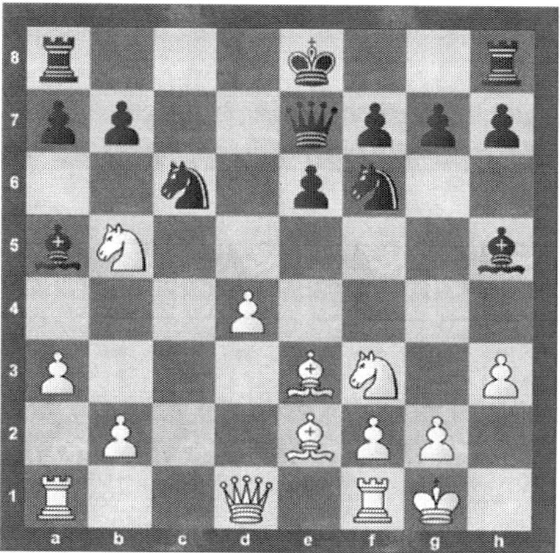

Das ist die erste Ungenauigkeit bei Schwarz. Besser wäre 13. ... Dd5 gewesen. Der Rückzug erlaubt Weiß, seine Figuren aktiv ins Spiel zu bringen.

14. Sf3-e5! ...

Der Springer ist dort – nah am gegnerischen Lager – gut aufgehoben, allerdings kann Schwarz sich nun durch Abtausch der weißfeldrigen Läufer etwas entlasten.

14. ... Lh5xe2

15. Dd1xe2 0-0

16. Ta1-c1 Ta8-c8

Soweit alles logische und wenig aufregende Züge, aber immer kommt die Initiative von Deep Blue, so auch im nächsten Zug.

17. Le3-g5 ...

Das fesselt den Springer auf f6 und führt zur Öffnung des schwarzen Bauernwalls. Schwarz hätte jetzt mit 17. ... a6 den Springer b5 vertreiben sollen, greift aber stattdessen mit ...

17. ... La5-b6

... den Isolani d4 an. Evtl. wollte er danach 18. ... a6 spielen, um dem Bauern die Deckung zu entziehen.

18. Lg5xf6 ...

Jetzt scheitert 18. Dxf6 natürlich an der Springergabel 19. Sd7. Also muss Schwarz die Königsstellung öffnen.

18. ... g7xf6

19. Se5-c4! ...

Jetzt könnte Schwarz versucht sein, durch 19. ... Sxd4 einen Bauern zu gewinnen; tatsächlich aber verlöre er nach 20. Sxd4 Lxd4 21. Dg4+ eine Figur.

19. ... Tf8-d8

Jetzt wäre der d4 reif, aber Weiß tauscht einen der Angreifer ab.

20. Sc4xb6 a7xb6

Damit hat Schwarz zwei Schwachstellen in seiner Bauernstruktur, nämlich die Doppelbauern auf der b- und der f-Linie; außerdem ist die g-Linie vor dem König offen. Außerdem ist der Isolani nun weniger gefährdet, da der Springer auf b5 nicht mehr mit a7-a6 vertrieben werden kann. Weiß unterstützt ihn ein weiteres Mal.

21. Tf1-d1 f6-f5

Das öffnet der schwarzen Dame den Weg Richtung Königsflügel.

22. De2-e3! ...

Nur ein kleiner Schritt, aber eine große Wirkung, denn von dort blickt die weiße Dame nach g3 und h6 sowie über den d-Bauern hinweg schon nach b6.

22. ... De7-f6

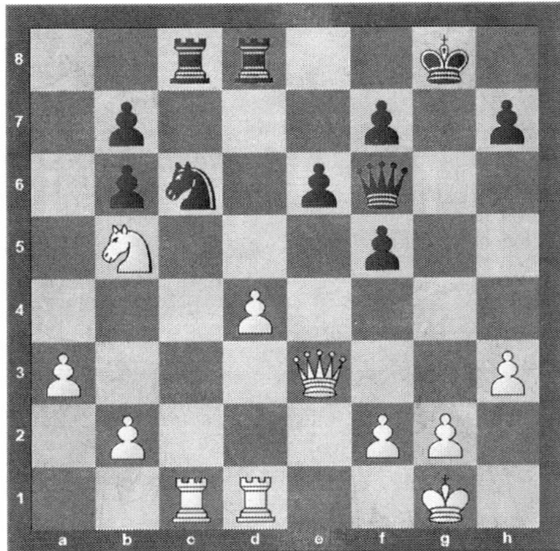

23. d4-d5! ...

Weiß opfert damit den d-Bauern, allerdings nur vorübergehend, aber er legt vor allem die Schwäche der beiden Bauern auf der b-Linie offen. Diese sind jetzt durch die Dame bedroht.

23. ... Td8xd5

24. Td1xd5 e6xd5

25. b2-b3! ...

Statt direkt den Bauern b6 zu schlagen, rettet „er" zunächst den angegriffenen Bauern b2, weil der b6 ihm nicht davon läuft.

25. ... Kg8-h8

Damit macht der schwarze König Platz, um den Turm nach g8 zu holen, was sinnvoll ist, aber auch Zeit kostet. Eine Alternative im Sinne einer Vereinfachung ist 25. ... Se7 mit der möglichen Folge 26. Txc8+ Sxc8 27. De8+ Kg7 28. Dxc8

Da1+ 29. Kh2 De5+ 30. g3 De2, und Schwarz holt sich wegen der Dauerschachdrohung die Figur zurück. Nach 31. Dxf5 Dxb5 hat er zwar einen Freibauern, ist aber aufgrund der schlechten Bauernstruktur trotzdem leicht im Nachteil.

26. De3xb6 Tc8-g8

27. Db6-c5 ...

Weiß greift den Bauern d5 an. Natürlich darf er nicht 27. Dxb7 spielen, denn dann kommt 27. ... Dg5 mit Mattdrohung und gleichzeitigem Angriff auf den Turm c1.

27. ... d5-d4?

Warum Kasparow hier nicht 27. ... Dg5 gespielt hat, ist nicht nachvollziehbar. Auch mit 27. ... f4 und 27. ... Td8 hätte er ausgleichen können; so aber gerät er ins Hintertreffen.

28. Sb5-d6 f5-f4

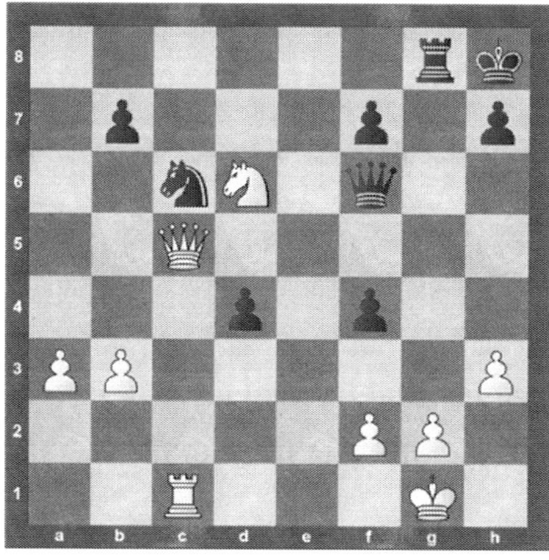

29. Sd6xb7 ...

Dieser Zug wurde später als „typischer Computerzug" beschrieben. Die meisten menschlichen Spieler hätten sich hier wahrscheinlich eher um den vorstürmenden f-Bauern gekümmert, aber mit schierer Rechenpower kommt Deep Blue zu der Erkenntnis, dass von diesem keine Gefahr ausgeht und verspeist erst einmal, was er kriegen kann, eben den Bauern b7. Das entwurzelt förmlich die schwarze Stellung und entzieht dem Springer c6 die Deckung, so dass der in Richtung Geschehen zieht.

29. ... Sc6-e5

Und das ist kein schlechtes Feld, denn dort droht 30. ... Sf3 und 30. ... Sd3. Beides verhindert Weiß mit dem folgenden Zug:

30. Dc5-d5 f4-f3

31. g2-g3 Se5-d3

32. Tc1-c7 ...

Das greift f7 an, zusammen mit der Dame. Kasparow unternimmt den verzweifelten Versuch eines Gegenangriffs, der aber nicht mehr rechtzeitig kommt.

32. ... Tg8-e8

Das riecht nach 33. ... Te1+ 34. Kh2 Sxf2 mit der Mattdrohung 35. ... Th1#, und so kommt es auch, aber Deep Blue bleibt cool.

33. Sb7-d6 Te8-e1+

34. Kg1-h2 Sd3xf2

Es droht das Matt auf h1, aber der Computer hatte das schon auf dem Schirm und verhindert es durch ein eigenes Schachgebot.

35. Sd6xf7+ ...

Und jetzt gibt es viele Varianten, aber keine Rettung. Es geschieht noch:

35. ... Kh8-g7

36. Sf7-g5+ Kg7-h6

37. Tc7xh7+

Nach 37. ... Kg6 käme nun 38. Dg8+ Kf5 39. Sxf3, was die Mattdrohung beseitigt und gleichzeitig mit 40. Sxe1 oder 40. Tf7 nebst Damenfang droht. Beides kann Kasparow nicht parieren und gibt an dieser Stelle auf.

5. Neue Meister

57. Kasparow – Topalow (Wijk aan Zee, 1999)

58. Polgar – Berkes (Budapest, 2003)

59. Aronjan – Anand (Wijk aan Zee, 2013)

60. Carlsen – Gelfand (Zürich, 2014)

61. Wei Yi – Bruzón (Danzhou, 2015)

62. Bai Jinchi – Ding Liren (China, 2017)

63. Aronjan – Kramnik (Berlin, 2018)

64. Sulejmenow – Carlsen (Katar, 2023)

Was das Schach betrifft, wurde das 21. Jahrhundert eingeleitet durch den ersten Sieg des Computers über den Menschen; aber nicht nur *den* Menschen an sich – denn dazu war es schon sehr viel früher gekommen – sondern über den amtierenden Weltmeister und unter Wettkampfbedingungen. Die im letzten Kapitel gezeigte Partie von „Deep Blue" gegen Kasparow war zwar nur die erste in einem Wettbewerb, den Kasparow schließlich gewann, aber dies war sicher der Auftakt zu seiner eigentlichen Niederlage im Revanchematch im darauffolgenden Jahr 1997. Dieses Ereignis war ein gravierender Einschnitt in der neueren Geschichte des Schachsports.

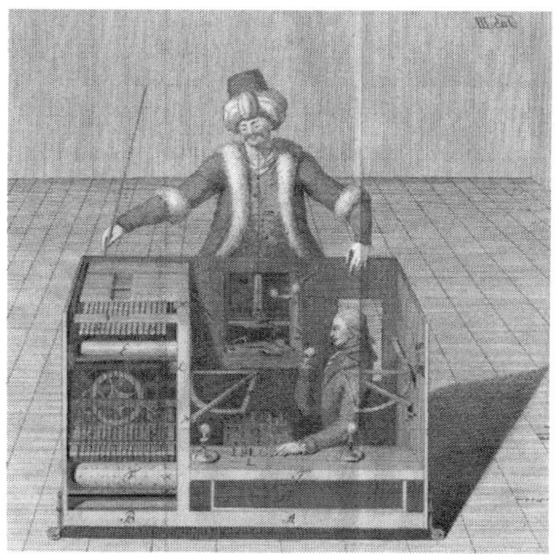

Dabei hatte die Auseinandersetzung „Mensch gegen Maschine" wesentlich früher begonnen, nämlich im ausgehenden 18. Jahrhundert. Damals hatte der Mechaniker Wolfgang von Kempelen aus Pressburg, dem heutigen Bratislava, eine „Maschine" konstruiert, die den Anschein erweckte, als würde eine roboterartige und in anatolische Gewänder gehüllte Figur Schach spielen.

Der „Schachtürke", wie man den Apparat bald nannte, kam durch seine überraschende Spielstärke schnell zu einiger Berühmtheit, so dass sein Erbauer ihn in halb Europa vorführen durfte. In Paris verlor er gegen den damaligen Weltmeister Philidor, in Berlin jedoch besiegte er angeblich den „Alten Fritz", den Preußenkönig Friedrich II. Das allerdings ist historisch nicht belegt und war vermutlich eher eine Werbebotschaft. Gesichert ist jedoch, dass der Automat es später sogar bis nach Amerika schaffte, wo selbst Edgar Allan Poe sich damit befasste und mit kriminalistischem Scharfsinn schloss, dass sich in der Maschine ein *Mensch* befinden müsse. Und damit hatte er auch recht.

Solche Tricksereien konnte man bei „Deep Blue“ sicher ausschließen, und beim Nachspielen von Computerpartien kann man sich des Öfteren nicht des Gefühls erwehren, dass der ein oder andere Zug unmöglich von einem menschlichen Spieler stammen kann – um es ganz vorsichtig zu sagen. In Kasparows erster Partie gegen „Deep Blue” spürt man förmlich die Frustration des menschlichen Meisters, der trotz glänzendem Spiel gegen einen hinreichend tief berechnenden Algorithmus einer „Engine“ letztlich chancenlos bleibt.

Diese Einsicht war für viele Beobachter tiefgreifend und hat das Schach auf vielen Ebenen nachhaltig verändert. Ob zum Besseren oder Schlechteren, lassen wir dahingestellt, aber wir dürfen festhalten, dass die Entwicklung und der Einzug der Engines in das professionelle Schach sicher Fluch und Segen zugleich ist: Einerseits sind sie extrem hilfreich in der Vor- und Nachbereitung von Wettkämpfen, in der Eröffnungsvorbereitung und in der Analyse. Andererseits eröffnen sie auf der Schattenseite aber auch weite Möglichkeiten des Betrugs während der eigentlichen Partien selbst, also im Wettbewerb, und haben dem Sport damit ein ganz eigenes „Doping-Problem“ verschafft.

Prominentes Beispiel dafür ist der Skandal um Magnus Carlsen und Hans Niemann, der sogar Gegenstand juristischer Auseinandersetzungen war, denn es standen und stehen massive Betrugs- und Verleumdungsvorwürfe im Raum – und wie immer ging es auch um Geld, viel Geld: Der Amerikaner Niemann, den Carlsen des Betrugs bezichtigt, verlangte 100 Millionen Dollar Schadensersatz wegen Rufschädigung. Die Klage wurde zwar mittlerweile abgewiesen, aber die Affäre zeigt eindrücklich, dass das moderne Schach auf diese neuen Herausforderungen wird reagieren müssen. Vorschläge in dieser Richtung gibt es, und manche reichen bis in die Zeit von Bobby Fischer zurück, der z.B. das „Fischer Random Chess“ empfahl, eine Variante, bei der die Positionen der Figuren auf den Grundlinien ausgelost werden.

Mit Kasparows Niederlage gegen „Deep Blue” begann also einerseits ein neues und technologisch orientiertes Kapitel in der Schachgeschichte, aber gleichzeitig ging damit zur Jahrtausendwende auch eine menschliche Ära zu Ende, eben die von Kasparow, denn er verlor auch das Match gegen seinen nächsten Herausforderer um den Titel, Wladimir Kramnik. Wenige später beendete er seine Karriere, um sich ganz der Politik zu widmen. Damit dankte ein Spieler ab, der für viele einer der besten aller Zeiten war, und sein Abgang als Weltmeister markierte nicht nur sportlich einen Einschnitt, denn mit seinem Namen war auch die Aufspaltung des Weltverbands verbunden.

Seit 1993 hatten zwei verschiedene und konkurrierende Verbände operiert, nämlich die FIDE und die von Kasparow gegründete PCA. Beide vergaben ihre Titel, so dass es über ein Jahrzehnt lang gleichzeitig zwei Weltmeister aus parallelen Organisationen gab. Diese Spannung wurde erst 2006 nach dem sogenannten Vereinigungswettkampf der Verbände aufgelöst. In diesem trat Wladimir Kramnik gegen Wesselin Topalow an, und am Ende siegte der Russe Kramnik knapp im Tiebreak und war damit alleiniger Weltmeister. Dies währte jedoch nur kurz, denn schon im Jahr darauf übernahm der Inder Viswanathan Anand die Krone und behielt sie, bis er sich sechs Jahre später dem unvergleichlichen Magnus Carlsen geschlagen geben musste.

Nicht umsonst beenden wir das letzte Kapitel des Buches mit einer Partie des Norwegers, und zwar mit einer, die er klar verliert und bei der man sich auch zu Recht fragen darf, wie solch eine Niederlage zustande kommt. Carlsen war seit 2013 Weltmeister und hat das globale Schach der letzten gut 10 Jahre deutlich dominiert, aber 2022 erklärte er seinen Verzicht auf eine erneute Titelverteidigung, und zwar unter impliziten Hinweisen auf mögliche Manipulationen. Danach wurde die WM 2023 zwischen dem Russen Jan Nepomnjaschtschi und Chinas stärkstem Spieler, Ding Liren, ausgetragen. Letzterer konnte sich im Tiebreak durchsetzen und ist damit der aktuelle Weltmeister, der erste aus China. Eine Ära der chinesischen Hegemonie scheint sich aber trotz großer Fortschritte in diesem Land nicht abzuzeichnen. Stattdessen haben zuletzt einige äußerst starke und junge indische Spieler die internationale Schachbühne betreten, und einer davon, der erst 17-jährige Gukesh, wird der erste Herausforderer von Ding Liren sein. Es wird sicher sehr spannend sein, wie der Subkontinent Indien sich in diesem Bereich weiterentwickeln wird.

Partie 57

Kasparow – Topalow
(Wijk aan Zee, 1999)
Pirc Verteidigung

Garri Kasparow, s. Partie 52

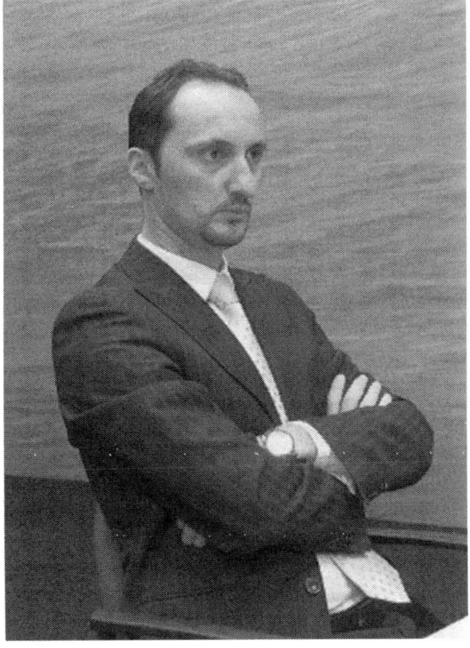

Wesselin Topalow, geboren 1975 in Bulgarien, machte früh auf sich aufmerksam und wurde 1989 U14-Weltmeister. Auf dem Höhepunkt seiner Karriere 2005 gewann er den WM-Titel der FIDE, verlor ihn allerdings nur ein Jahr später im sogenannten „Vereinigungswettkampf" der beiden Schachweltverbände gegen Kramnik. 2010 spielte er erneut im Finale um den Titel als Herausforderer des Weltmeisters Anand, unterlag aber auch da.

Von dieser Partie sagen viele, sie sei Kasparows beste Leistung am Schachbrett. Sie ist auf jeden Fall eine der am meisten kommentierten Partien überhaupt. Gespielt wurde sie am berühmten Turnier von Wijk aan Zee.

1. e2-e4	**d7-d6**
2. d2-d4	**Sg8-f6**
3. Sb1-c3	**g7-g6**

Mit der Pirc-Verteidigung wollte Topalow den Weltmeister Kasparow sicher überraschen, denn sie wird eher selten gespielt. Legitime Idee ist es natürlich, ein starkes Zentrum des Gegners zuzulassen und dieses von der Flanke, hier g7, zu „bewachen" und am Damenflügel aktiv zu werden.

4. Lc1-e3	**Lf8-g7**
5. Dd1-d2	**c7-c6**
6. f2-f3	**b7-b5**

Beide Seiten folgen der Logik der Eröffnung: Weiß bereitet die lange Rochade vor und stabilisiert das Zentrum von der Königsseite her. Schwarz macht erste Schritte am anderen Flügel.

7. Sg1-e2	**Sb8-d7**
8. Le3-h6	**Lg7xh6**
9. Dd2xh6	**...**

Der Abtausch ist typisch für diese Eröffnung: Weiß lässt es sich einige Aufwand kosten, den Fianchettoläufer auf g7 zu beseitigen und die kurze Rochade zu verhindern. Somit verbleibt Schwarz mit Schwächen auf den dunklen Feldern am Königsflügel.

9. ...	**Lc8-b7**
10. a2-a3	**e7-e5**
11. 0-0-0	**Dd8-e7**
12. Kc1-b1	**a7-a6**

Schwarz geht am Damenflügel etwas ruhiger vor, da er sich die lange Rochade vorbehalten möchte. Der Textzug deckt den Bauern b5, um gegebenenfalls c6-c5 zu ermöglichen.

13. Se2-c1 0-0-0

14. Sc1-b3 ...

Durch das Springermanöver wird der Läufer befreit und nach der langen Rochade des Schwarzen macht es für Weiß auch Sinn, seine Figuren in Richtung Damenflügel zu entwickeln. Beide Seiten sind damit solide aufgestellt, aber Weiß hat durchaus Raumvorteil im Zentrum, was Topalow jetzt ausgleichen will.

14. ... e5xd4!

15. Td1xd4 c6-c5

16. Td4-d1 Sd7-b6!

Mit den letzten beiden Zügen gelingt es ihm, den Vorstoß des d-Bauern nach d5 vorzubereiten, so dass er im Zentrum ein Gegengewicht haben wird. Kasparow hingegen verschafft nun dem brachliegenden Läufer auf f1 die Perspektive, über h3 aktiviert werden zu können.

17. g2-g3 Kc8-b8

In vorauseilendem Gehorsam wirkt das dem erwartbaren 18. Lh3+ entgegen, mit dem Weiß den Läufer aktivieren und seine Türme verbinden würde. Jetzt könnte Weiß aber besser mit 18. Df4 den d-Bauern am Vormarsch hindern; falls darauf 18. ... Ka7 kommt, dann wäre 19. Dd2 mit der Drohung 20. Sxb5+ axb5 21. Da5+ stark.

18. Sb3-a5 Lb7-a8

19. Lf1-h3 d6-d5

Der erwartete Vorstoß nach d5 und der Angriff auf den e4 schafft Raum für Schwarz, entblößt aber auch den König noch weiter, was Weiß sofort ausnutzt.

20. Dh6-f4+ Kb8-a7

Da die schwarze Dame jetzt an den angegriffenen Springer gebunden ist, verstärkt Weiß den Druck in der e-Linie.

21. Th1-e1 d5-d4

Dadurch kann Schwarz seiner Dame wieder etwas Ruhe geben und versucht gleichzeitig, den weißen Springer abzudrängen, aber der springt stattdessen mitten ins Geschehen.

22. Sc3-d5 Sb6xd5

23. e4xd5 De7-d6

Schwarz bietet Damentausch an, aber danach hätte Weiß den d-Bauern nicht halten können, und Kasparow hat etwas völlig anderes vor.

24. Td1xd4!! ...

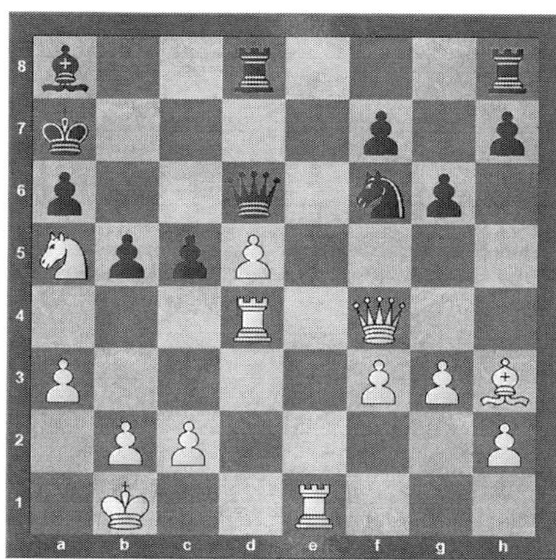

Ein Turmopfer, das auf den ersten Blick fragwürdig erscheint und offenbar auch Topalow nicht erklärlich war, so dass er es annahm.

24. ... c5xd4?

Das Fragezeichen ist zwar berechtigt, aber Topalow ist hier kein Vorwurf zu machen. Der Rechner findet 24. ... Kb6 nebst Damentausch als Übergang zu einer ausgeglichenen Stellung. Der Textzug hingegen verliert die Partie, und man muss Kasparow zu Gute halten, dass er das gesehen hat. Er setzt nun nicht etwa mit dem naheliegenden 25. Dxd4+ fort, sondern mit ...

25. Te1-e7+! Ka7-b6

Auf 25. ... Dxe7 folgt 26. Dxd4+ Kb8 27. Db6+ Lb7 28. Sc6+ Ka8 29. Da7#

26. Df4xd4+ Kb6xa5

Auf 26. ... Dc5 würde 27. Dxf6+ Kxa5 28. b4+ die Dame gewinnen, bzw. nach dem stärkeren 27. ... Dd6 sichert 28. Le6! den Sieg.

27. b2-b4+ Ka5-a4

Jetzt wird der weiße Gewinnplan mit Dc3 und Db3 klar. Der Weg dahin ist allerdings weniger klar. Direkt 28. Ta7 hätte es am schnellsten geschafft, aber Kasparow nimmt den offenkundigen Weg, der etwas länger ist.

28. Dd4-c3 ...

Topalow stemmt sich nun mit allen Kräften gegen die Drohung 29. Db3.

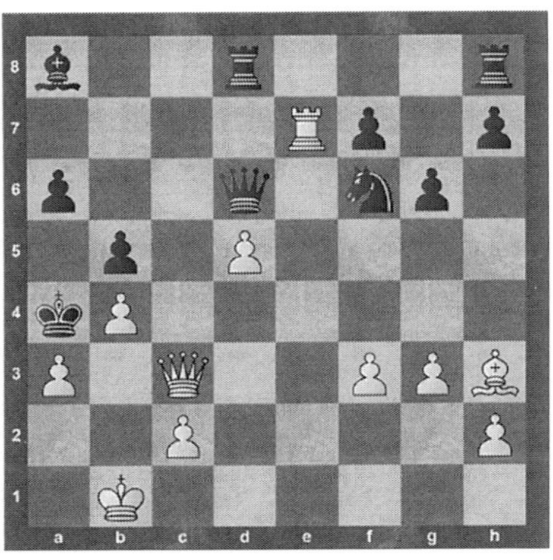

28. ... Dd6xd5

29. Te7-a7! La8-b7

30. Ta7xb7 Dd5-c4

Schwarz ist verständlicherweise an einem Damentausch interessiert, aber dem kann Weiß nicht entsprechen. Stattdessen sammelt er Material und stellt die nächste Mattdrohung auf.

31. Dc3xf6 Ka4xa3?

Jetzt stellt sogar Schwarz mit 32. ... Td1# eine Mattdrohung auf – und begeht damit den vorläufig letzten Fehler. Tatsächlich hätte er mit 31. ... Td1+ 32. Kb2 Ta8 33. Db6 Dd4+ evtl. noch Aussichten auf Remis halten können, aber so spielt Kasparow das Ding elegant nach Hause.

32. Df6xa6+ Ka3xb4

33. c2-c3+! ...

Nach dieser grandiosen Ablenkung der Dame würde 33. ... Dxc3 mit 34. Dxb5+ und 35. Ta7# beantwortet, aber darauf fällt Topalow nicht herein.

33. ... Kb4xc3

34. Da6-a1+ Kc3-d2

Der schwarze König flüchtet Richtung Mitte und wähnt sich vielleicht gerettet, aber Weiß zwingt ihn auf die Grundreihe.

35. Da1-b2+ Kd2-d1

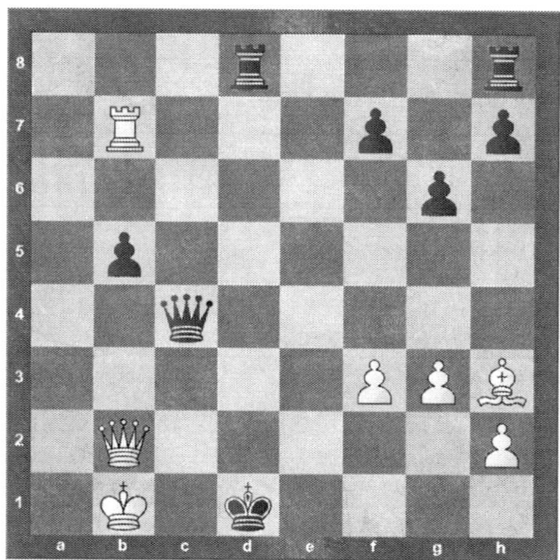

In dieser kuriosen Stellung findet Kasparow einen Zug für die Ewigkeit.

36. Lh3-f1!! ...

Dabei ist es eigentlich so einfach: Weiß greift die Dame an, die die Kontrolle über das Feld e2 nicht aufgeben darf, und nach 36. ... Dxf1 setzen Dame und Turm über c2 und e7 matt. Schwarz bleiben nur noch Verzweiflungszüge.

36. ... Td8-d2

37. Tb7-d7! ...

Topalow macht nochmals einen Gegenangriff, aber Kasparow fesselt den Angreifer, und dann wird es eine Materialschlacht.

37. ... Td2xd7

38. Lf1xc4 b5xc4

39. Db2xh8 Td7-d3

Schwarz versucht noch, wenigstens ein paar Bauern abzuräumen, aber auch da geht Weiß dazwischen.

40. Dh8-a8 c4-c3

41. Da8-a4+ Kd1-e1

42. f3-f4 f7-f5

43. Kb1-c1 Td3-d2

44. Da4-a7

Angesichts der Doppeldrohung 45. Dxh7 mit Gewinn weiterer Bauern sowie 45. De3 mit Gewinn des c-Bauern gibt Topalow sich geschlagen.

Partie 58

Polgar – Berkes

(Budapest, 2003)

Französisch

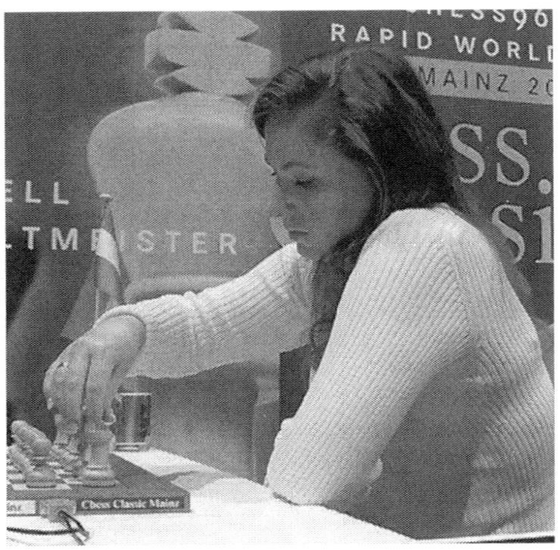

Judit Polgar, geboren 1976 in Budapest, Ungarn, stammt aus einer „Schachfamilie". Ihr Vater trainierte seine drei Töchter von Kindesbeinen an und schon 1992 wurde die erst 15-jährige Judit Großmeisterin im Sinne des Titels der Männer. In der Folge spielte sie fast nur noch an Männerturnieren und erzielte nennenswerte Erfolge, so dass sie sich schliesslich – als erste Frau überhaupt – auch in der Top 10 der Weltrangliste der Männer platzieren konnte. 2014 erklärte sie ihren Rückzug vom aktiven Spitzensport, ist aber nach wie vor am Rande des Geschehens als Kommentatorin präsent.

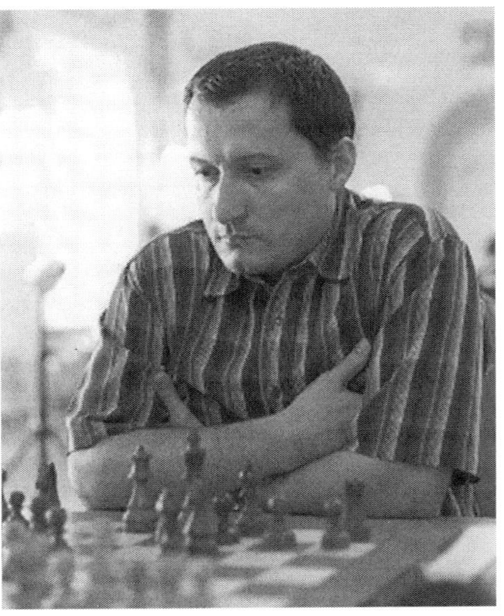

Ferenc Berkes, geboren 1985 in Baja, Ungarn, errang in seinem Heimatland schon als Jugendlicher viele nationale Titel und wurde auch bei den Senioren in den Jahren zwischen 2004 und 2018 mehrfacher ungarischer Landesmeister. Mit der ungarischen Nationalmannschaft spielte er Schacholympiaden und Mannschaftswettbewerbe, und er trat in der deutschen, der österreichischen und der dänischen Bundesliga an.

Diese Partie wurde bei einem Turnier in Ungarn gespielt, das Judit Polgar als Zweitplatzierte beendete.

1. e2-e4 e7-e6

2. d2-d4 d7-d5

Die klassische französische Verteidigung, in der Weiß häufig 3. Sd2 oder 3. Sc3 spielt. Hier entscheidet Polgar sich für den letzteren, etwas aggressiveren Springerzug.

3. Sb1-c3 Sg8-f6

4. Lc1-g5 d5xe4

5. Sc3xe4 Lf8-e7

Es geht zunächst um den e4 Bauern. Nach Auflösung der Spannung im Zentrum hat Weiß Raumvorteil und einen leichten Entwicklungsvorsprung, den sie auszubauen versucht.

6. Lg5xf6 Le7xf6

Jetzt geht es um den Bauern d4, den Weiß mit einem Entwicklungszug deckt.

7. Sg1-f3 0-0

8. Dd1-d2 Sb8-d7

Weiß hat mit dem Damenzug die lange Rochade vorbereitet, d.h. beide Seiten rochieren zu verschiedenen Seiten, was oft zu lebhaftem Spiel führt.

9. 0-0-0 Lf6-e7

Der Läufer räumt das Feld f6 für den Springer und bereitet 10. ... c5 vor.

10. Lf1-d3 b7-b6

11. Se4-g5 ...

Weiß nutzt den Entwicklungsrückstand des Schwarzen und geht mutig in den Angriff Richtung h7 über.

11. ... h7-h6

Nun hätte Weiß auch mit 12. h4 antworten können. Der Springer darf nicht geschlagen werden, da die Öffnung der h-Linie für Schwarz verheerend wäre. Stattdessen setzt sie aggressiv fort.

12. Ld3-h7+ Kg8-h8

13. Lh7-e4 ...

Den Angriff auf den Turm a8 kann Schwarz noch kontern.

13. ... h6xg5?

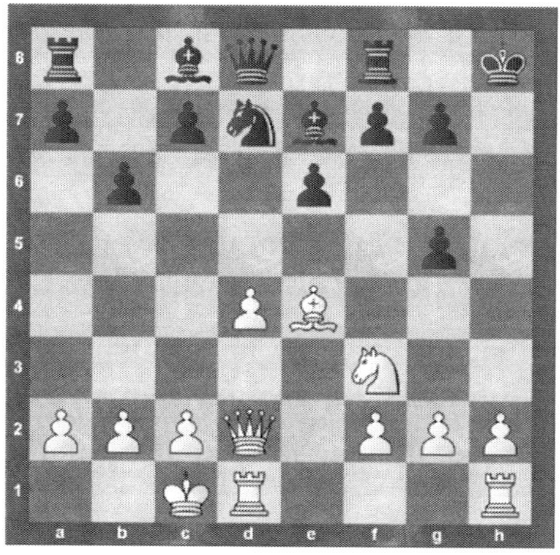

Besser wäre 13. ... Lxg5 gewesen, weil Weiß nach 14. Sxg5 Tb8 nur leichten Vorteil gehabt hätte. Nach dem Textzug wäre Polgar 14. Lxa8 nicht zu empfehlen, da Berkes dann mit 14. ... g4 den Springer bedrohen würde, der wegen der Drohung 15. ... Lg5 mit Damengewinn nicht ziehen dürfte. Stattdessen tut sie das Richtige, indem sie den g-Bauern blockiert, um anschließend mit tödlicher Wirkung die h-Linie zu öffnen.

14. g2-g4! ...

Jetzt muss Schwarz doch den Turm sichern ...

14. ... Ta8-b8

... und Weiß arbeitet weiter an der Öffnung der h-Linie.

15. h2-h4 ...

Jetzt würde es nach 15. ... gxh4 mit 16. g5 nebst 17. Txh4 weitergehen, was offensichtlich durchschlagend wäre.

15. ... g7-g6

16. h4xg5+ Kh8-g7

17. Dd2-f4! Lc8-b7

Schwarz sucht Entlastung durch Abtausch, während Weiß die Dame über h2 nach h7 bringen will. Auch das etwas zähere 17. ... Th8 hätte jetzt angesichts von 18. Txh8 Dxh8 19. Se5 nicht mehr geholfen.

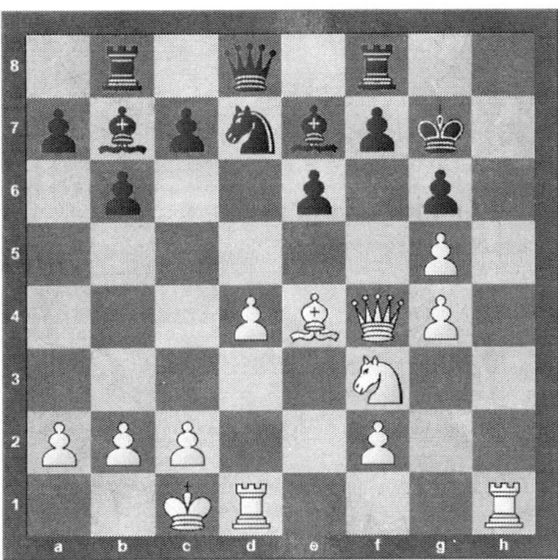

In dieser Stellung bringt Polgar ein fantastisches Turmopfer:

18. Th1-h7+! Kg7xh7

Die Annahme des Opfers ist alternativlos, denn sonst hätte 19. Tdh1 die Partei direkt beendet.

19. Df4-h2+ Kh7-g8

20. Td1-h1 ...

Schon droht Matt auf h8 und Schwarz kann das nur noch durch Schachgebote unter Opfern verhindern.

20. ... Le7xg5+

21. Sf3xg5 Dd8xg5+

22. f2-f4 Dg5xf4+

23. Dh2xf4 Lb7xe4

Jetzt hätte 24. Dh6 nicht gereicht. Also nimmt Weiß den Läufer noch mit ...

24. Df4xe4

... und Schwarz hat genug gesehen.

Partie 59

Aronjan – Anand

(Wijk aan Zee, 2013)

Damengambit

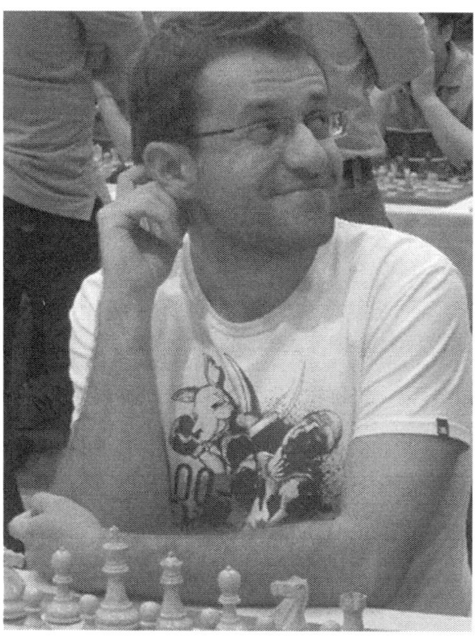

Lewon Aronjan, geboren 1982 in Armenien, spielte schon als 10-Jähriger international, wurde 1994 U12-Weltmeister und 2002 Junioren-Weltmeister in der Klasse U20. Mit dem armenischen Team holte er Gold bei der Schacholympiade 2006 und gehört seitdem zur absoluten Weltspitze. Er gewann viele internationale Turniere und den Weltpokal 2017, allerdings konnte er bis heute nicht um die eigentliche Weltmeisterschaft spielen.

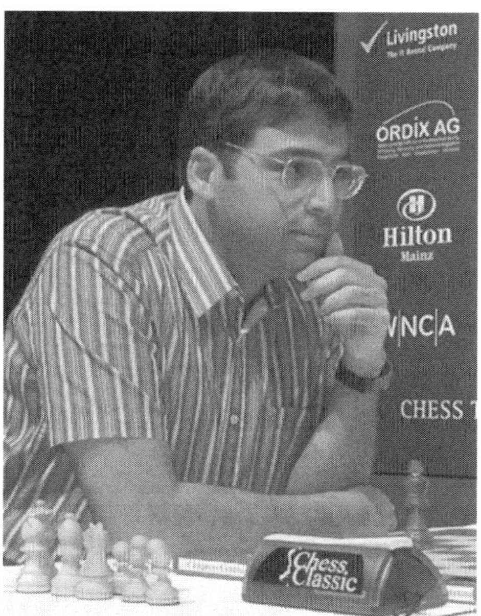

Viswanathan (Vishy) Anand geboren 1969 in Madras, Indien, dem heutigen Chennai, wird auch der „Tiger von Madras" genannt. Er spielte schon als 14-Jähriger in der indischen Nationalmannschaft der Männer und wurde 1983 indischer Meister in den Klassen U16 und U19. Ab den 90er Jahren nahm er Anlauf auf die Weltmeisterschaft. 1995 unterlag er Kasparow noch, aber im Jahr 2000 siegte er in der FIDE-Weltmeisterschaft gegen Alexej Schirow, und 2007 wurde er auch Weltmeister der wiedervereinigten Verbände. Diesen Titel verteidigte er mehrfach, bis er sich 2013 Magnus Carlsen geschlagen geben musste.

Diese Partie ist eine **Partie für die Ewigkeit,** sagte der ehemalige Weltmeister Carlsen. Wie so oft, hatte er recht.

1. d2-d4 d7-d5

2. c2-c4 c7-c6

3. Sg1-f3 Sg8-f6

4. Sb1-c3 e7-e6

In der halbslawischen Verteidigung des abgelehnten Damengambits setzt Weiß mit der ruhigen „Meraner Variante" fort.

5. e2-e3 Sb8-d7

6. Lf1-d3 ...

Jetzt kann Schwarz dem Weißen einen Tempoverlust zufügen.

6. ... d5xc4

7. Ld3xc4 b7-b5

8. Lc4-d3 ...

Soweit alles erwartbare Züge, aber jetzt weicht Anand von der üblichen Fortsetzung 8. ... a6 ab.

8. ... Lf8-d6

9. 0-0 0-0

10. Dd1-c2 Lc8-b7

Weiß greift die schwarze Königsstellung bzw. das Feld h7 an, während Schwarz 11. ... Tc8 und den Vorstoß des c-Bauern und somit Gegenspiel am Damenflügel vorbereitet.

11. a2-a3 Ta8-c8

12. Sf3-g5 ...

Weiß verstärkt den Druck auf h7, aber Schwarz bleibt unbeeindruckt und setzt seinen Plan auf der anderen Seite des Brettes mit einer theoretischen Neuerung fort.

12. ... c6-c5

Stattdessen wäre auch 12. ... Lxh2+ in Frage gekommen, denn nach 13. Kxh2 Sg4+ und 14. ... Dxg5 steht Schwarz gut. Mit dem Textzug opfert Schwarz den b-Bauern und bestärkt Weiß in seinen Angriffsplänen.

13. Sg5xh7 ...

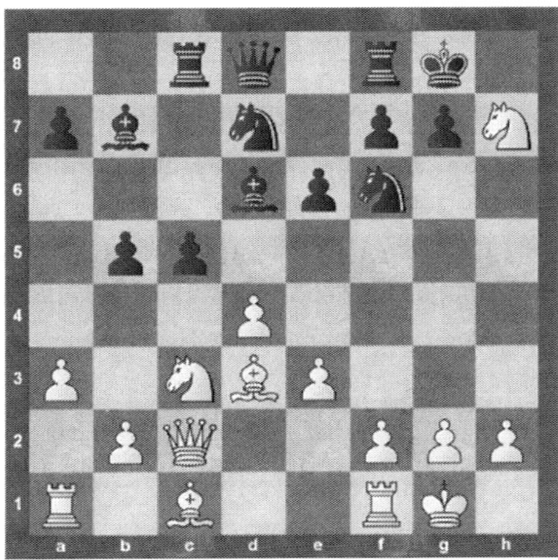

Vielleicht hat Aronjan jetzt mit der Antwort 13. ... Sxh7 gerechnet, was ihn nach 14. Lxh7+ Kh8 15. Le4 im Vorteil belassen hätte, da Schwarz keine ausreichende Kompensation für den Bauern hat. Anand aber hat ehrgeizigere Pläne.

13. ... Sf6-g4

Damit sind auf einmal drei Leichtfiguren gegen den weißen König in Stellung gebracht und es droht 14. ... Dh4. Nach jetzt 14. Sxf8 würde 14. ... Lxh2+ nebst 15. ... Dh4 direkt gewinnen. Also unterbricht Aronjan die Linie des Läufers nach h2.

14. f2-f4 ...

14. h3 wäre besser gewesen, auch wenn Schwarz dann nach 14. ... Lh2+ gefolgt von 15. ... Dh4 ausreichende Kompensation gehabt hätte. Aber so schwächt Weiß seine Bauernstruktur im Zentrum und ermöglicht die traumhafte Kombination des Inders.

14. ... c5xd4

15. e3xd4? ...

Anstelle des automatischen Zurückschlagens wäre das „coole" 15. Sxf8 bedenkenswert gewesen. So aber spielt Anand das erste Opfer:

15. ... Ld6-c5!

Nach 16. dxc5 käme der Springer d7 über c5 nach d3 und zusammen mit Dd4+ würde damit ein empfindlicher Angriff beginnen, der zwar nicht zwingend die weiße Niederlage bedeutet hätte, aber Schwarz zumindest deutlichen Vorteil eingebracht hätte. Auf all das möchte Aronjan sich nicht einlassen, sondern zunächst den Springer von g4 vertreiben – wofür er sogar den Turm auf f8 stehen lässt.

16. Ld3-e2 ...

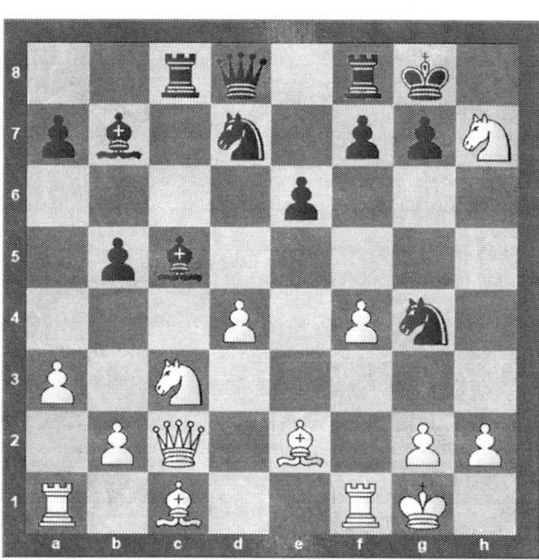

In dieser Stellung macht Anand noch ein Angebot, das Weiß nicht annehmen kann.

16. ... Sd7-e5!!

Wieder kommt jetzt 17. ... Dd4+ ins Spiel, und zusammen mit dem Springer auf g4 wäre das verheerend; z.B. 17. fxe5 Dxd4+ 18. Kh1 Dg1+ 19. Txg1 und der Springer „erstickt" den König durch 19. ... Sf2#. Also entledigt sich Weiß zunächst dieser Gefahr ...

17. Le2xg4 Lc5xd4+

18. Kg1-h1 Se5xg4

19. Sh7xf8 ...

... aber kurz darauf kann Schwarz wieder einen gefährlichen Springer auf g4 platzieren. Und die weiße Drohung, nach 20. Dh7+ den Damentausch auf d8 zu erzwingen, unterbindet Schwarz mit dem nächsten Zug. Hier würde das verlockende 19. ... Dh4 zum Damentausch auf h7 führen und der Angriff würde zusammenbrechen.

19. ... f7-f5

20. Sf8-g6 ...

Das deckt h4, aber Schwarz findet einen anderen Weg auf die h-Linie.

20. ... Dd8-f6

21. h2-h3 Df6xg6

Es droht Matt auf der h-Linie, falls 22. hxg4.

22. Dc2-e2 Dg6-h5

23. De2-d3 ...

Das deckt den h-Bauern, aber Schwarz findet einen Weg, um die Deckung auszuhebeln.

23. ... Ld4-e3

Ein sehr ähnliches Motiv hatten wir schon in Partie 22 (Rotlewi – Rubinstein) gesehen; und hier wie dort gibt Weiß auf, ohne sich das Matt zeigen zu lassen.

Partie 60
Carlsen – Gelfand
(Zürich, 2014)
Grünfeld Indisch

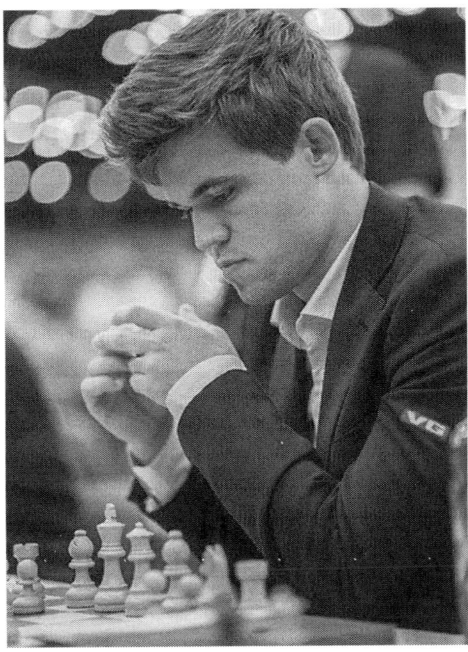

Magnus Carlsen, geboren 1990 im Süden Norwegens, wurde schon als 13-Jähriger Großmeister, als einer der jüngsten Spieler überhaupt, und mit 20 Jahren war er Weltranglistenerster, auch ein Altersrekord. U. a. trainiert von Garri Kasparow, erklomm er schnell die Weltspitze und spielte 2013 erstmals um die Krone der Schachwelt gegen den damals amtierenden Weltmeister Anand. Carlsen gewann relativ klar und konnte seinen Titel in der Folge mehrfach verteidigen, bis er 2022 erklärte, auf den Titel zu verzichten; dies – übrigens ähnlich wie Kramnik – auch unter implizitem Hinweis auf die Rolle der „Engines" im Schach. Carlsen ist der Spieler mit der höchsten jemals erreichten ELO Zahl, nämlich 2882.

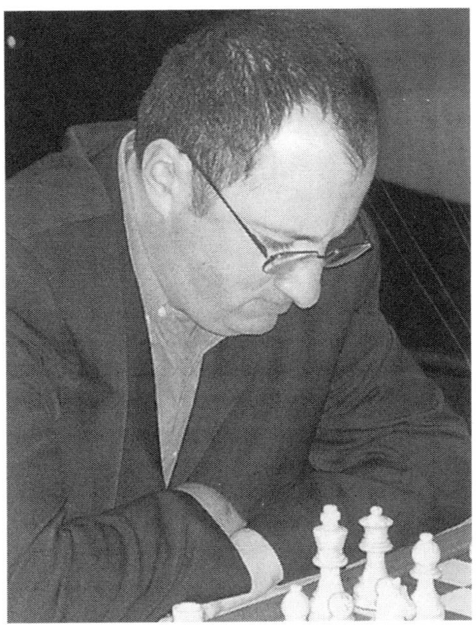

Boris Gelfand, geboren 1968 in Minsk, war in der Sowjetunion Juniorenmeister, später Junioren-Europameister und ab 1989 Großmeister. Seit den 90er Jahren hält er sich beständig in der Weltspitze und qualifizierte sich mehrmals für die Kandidatenturniere zur Weltmeisterschaft. Nach mehreren Anläufen wurde er 2012 tatsächlich Herausforderer des damals amtierenden Weltmeisters Anand, dem er denkbar knapp, nämlich erst im Tiebreak, unterlag. Seit dem Jahr 2000 spielt er für seine Wahlheimat Israel.

Diese Partie war die erste, die Magnus Carlsen als frischgebackener Weltmeister in einem offiziellen Turnier spielte, nämlich der **Zurich Chess Challenge.** Sie war eine taktische Meisterleistung, und am Ende wurde der neue Champion durch den souveränen Turniersieg allen Erwartungen gerecht.

1. c2-c4 g7-g6

2. d2-d4 Sg8-f6

3. Sg1-f3 Lf8-g7

4. g2-g3 ...

Wir sehen die sogenannte „Neo-Grünfeld-Verteidigung". In der klassischen Variante würde Schwarz nun 4. ... d5 spielen, aber danach kann Weiß durch 5. cxd5 Sxd5 6. e4 ein starkes Zentrum bekommen. Deswegen bereitet Schwarz den Vorstoß des d-bauern durch eine Rückdeckung vor.

4. ... c7-c6

5. Lf1-g2 d7-d5

Weiß muss sich nun um den angegriffenen Bauern c4 kümmern, und der simple Abtausch 6. cxd5 cxd5 ist wenig ehrgeizig. Üblich ist hier der Entwicklungszug 6. 0-0, aber Carlsen wählt eine interessante Alternative.

6. Dd1-a4 ...

Das deckt natürlich den Bauern c4, aber es fesselt gleichzeitig den schwarzen Bauern c6 und verstärkt somit den Druck auf d5.

6. ... 0-0

7. 0-0 Sf6-d7

Nun droht 8. ... Sb6 mit Bauerngewinn. Wahrscheinlich wollte Gelfand 8. cxd5 provozieren, um damit dem Springer den Weg nach c6 zu öffnen, aber Carlsen vermeidet dies.

8. Da4-c2 Sd7-f6

Der Zug ist eine Neuerung Gelfands, die zu einer Stellung führt, die bereits mit Schwarz am Zug bekannt war. Schwarz hat durch das mehrfache Ziehen des Springers zwar ein Tempo mehr verloren als Weiß, aber mit dem Mehrtempo kann dieser wenig anfangen, und die Partei scheint etwas zu verflachen.

9. Lc1-f4 Lc8-f5

10. Dc2-b3 Dd8-b6

11. Sb1-d2 ...

Auch das sind eher wenig aufregende Züge, aber nun macht Schwarz erste Schritte in Richtung Offensive.

11. ... Sf6-e4

Das bringt den Springer an die „Front" und gibt den Druck des Läufer g7 gegen d4 und b2 frei – allerdings zu Lasten des Bauern d5.

12. e2-e3 ...

Nach 12. cxd5 Dxb3 13. Sxb3 cxd5 hätte Schwarz keine Probleme. Carlsen hält mit dem Zug die Spannung aufrecht ...

12. ... Db6xb3

13. a2xb3 ...

... und der entstandene Doppelbauer ist wegen der nun halb-offenen a-Linie kein Nachteil für ihn.

13. ... Sb8-a6

Schwarz scheint es aufgegeben zu haben, den Springer nach c6 zu bringen, und das nutzt Weiß für einen ersten Durchbruch.

14. c4xd5! c6xd5

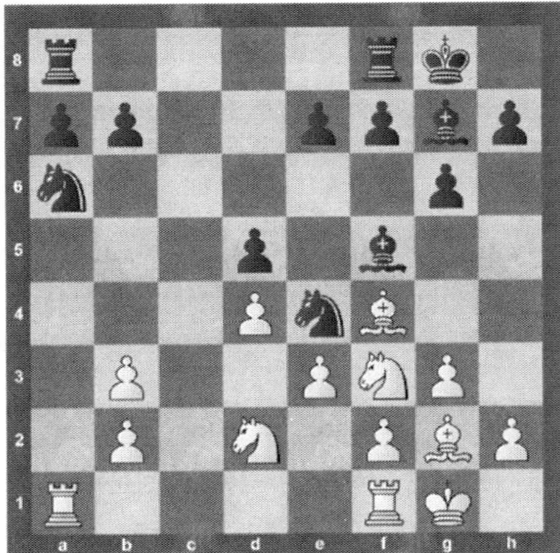

Das bricht die Bauernkette am Damenflügel auf, und jetzt befreit Weiß elegant seinen komplett eingeschlossenen Königsläufer.

15. g3-g4! ...

Dieses Bauernopfer ist eine „gesunde Mischung aus objektiven Vorzügen und einem Schuss Provokation", laut Carlsens Sekundant Nielsen. Als prinzipienorientierter Spieler nimmt Gelfand es an und legt damit dem weißen Läufer die Diagonale g2-a8 frei, was für das weitere Spiel entscheidend sein wird.

15. ... Lf5xg4

16. Sd2xe4 dxe4

17. Sf3-d2 f7-f5

Um den Bauern e4 zu halten, stellt Schwarz seinen Läufer g4 kalt, der nun für die Verteidigung der langen Diagonale ausfällt.

18. f2-f3 e7-e5!?

Nun muss Schwarz sich der Gefahr bewusst geworden sein, denn damit gibt er den Bauern zurück, verpasst allerdings Weiß immerhin einen zweiten isolierten Doppelbauern. Besser wäre 18. ... exf3 gewesen, denn nach 19. Sxf3 Tad8 kann Schwarz sich so gerade behaupten.

19. d4xe5 e4xf3

20. Sd2xf3 Ta8-e8

Gelfand spielt gegen den Bauern e5 und setzt darauf, dass er 21. Sd4?! nun mit 21. ... Lxe5 22. Lxb7 Sb4 beantworten könnte. Dem aber schiebt Carlsen mit ...

21. Ta1-a5! ...

... einen Riegel vor, denn das deckt e5 und droht mit 22. Sd4, d.h. der Freilegung des Läufers g2 Richtung b7. Als Gegenmaßnahme bringt Gelfand seinen Randspringer ins Geschehen.

21. ... Sa6-b4

22. Sf3-d4 b7-b6

Carlsen macht seine Drohung wahr, aber Schwarz arbeitet unbeirrt weiter an der Eroberung des Bauern e5.

23. Ta5xa7 Lg7xe5

24. Lf4-h6! Tf8-f6

Auf das natürlichere 24. ... Tf7 folgt 25. Ta4! Ld6 (oder 25. ... Sd3 26. Ld5!) 26. Tfa1 mit den gefährlichen Drohungen, den Turm auf die Grundreihe zu bringen oder den Läufer g2 über f1 mit Schach nach c4 zu manövrieren. Jetzt wäre 25. Ta4 mit Angriff auf den Springer immer noch gut, aber Carlsen spielt anders und drängt den Läufer noch weiter ab.

25. h2-h3 Lg4-h5

Besser wäre jetzt die „Notbremse" 25. ... Lxd4! gewesen. Nach 26. exd4 Le2 27. Tc1 g5! könnte Weiß zwar vorteilhaft fortsetzen mit 28. Tg7+ Kh8 29. Te7! Tg8 30. Lxg5 Txg5 31. Tc8+ Tg8 32. Txg8+ Kxg8 33. Txe2, aber Schwarz hätte noch reelle Rettungschancen (Nielsen).

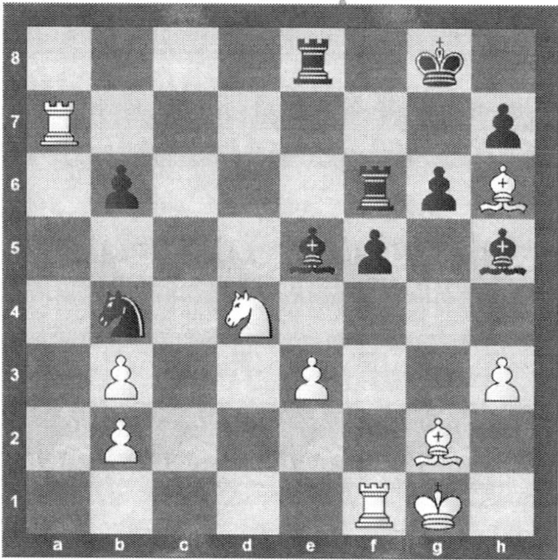

In dieser Stellung aber kann Carlsen den entscheidenden Hebel ansetzen:

26. Sd4-c2! ...

Auf die Annahme des Springeropfers mit 26. ... Sxc2 folgt das tödliche 27. Ld5+ mit Mattangriff. Das ist Gelfand nicht entgangen, und so findet er den einzigen Rettungszug:

26. ... g6-g5

27. Lh6xg5 Tf6-g6

28. Tf1xf5 h7-h6

29. Lg5xh6 Tg6xh6

Das einfachere 29. Sxb4 wäre besser gewesen, denn nach dem Textzug hätte – rechnergestützt – 29. ... Lf3! noch Aussichten auf Remis gebracht, aber das wäre ein Zug, den ein menschlicher Spieler schwerlich in Erwägung ziehen würde.

30. Sc2xb4 Le5xb2

31. Sb4-d5 Kg8-h8

32. Ta7-b7 ...

Weiß könnte den Bauern b6 auch mit dem Springer nehmen, aber der soll eher aus dem Zentrum heraus den Königsangriff unterstützen, und der Turm kann verlustfrei die Bauern einsammeln.

32. ... Lh5-d1

33. b3-b4 Te8-g8

Das fesselt den Läufer, aber dagegen kann Weiß sich leicht wehren.

34. Sd5-e7 Tg8-d8

35. Lg2-e4 ...

Jetzt sind alle weißen Figuren zentral positioniert und zielen auf den freistehenden schwarzen König.

35. ... Lb2-f6

Gelfand stellt in Zeitnot seinen letzten Bauern ein, aber auch andere Züge hätten die Partie nicht mehr gerettet.

36. Tb7xb6 Kh8-g7

Verzweifelt schaltet sich auch der König in die Verteidigung ein, aber Carlsen beendet die Partie mit einem grandiosen Schlussakkord:

37. Tf5-f2!

Danach gibt Schwarz auf, denn der Turm hat das Feld f5 für die Gabel 38. Sf5+ frei gemacht. Und auf 37. ... Lxe7 kommt Weiß nach 38. Tg2+ Kf7 39. Txh6 materiell entscheidend in Vorteil.

Partie 61
Wei Yi – Bruzón
(Danzhou, 2015)
Sizilianisch

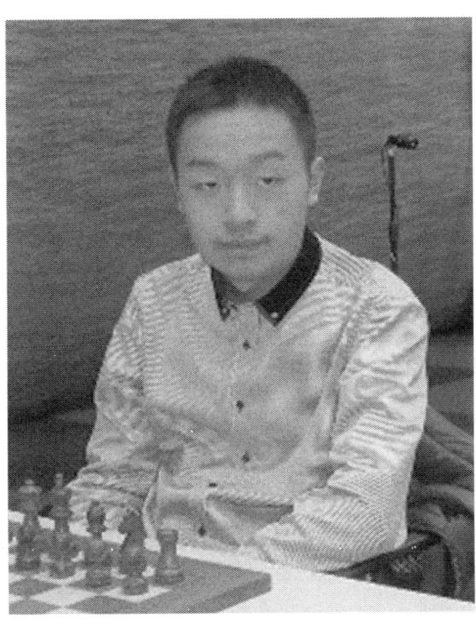

Wei Yi, geboren 1999 an der chinesischen Ostküste, war schon als Kind und Jugendlicher in China sehr erfolgreich. 2015 wurde er erstmals chinesischer Meister und konnte den Titel in der Folge noch mehrfach erringen. Mit der chinesischen Nationalmannschaft nahm er erfolgreich an Schacholympiaden teil.

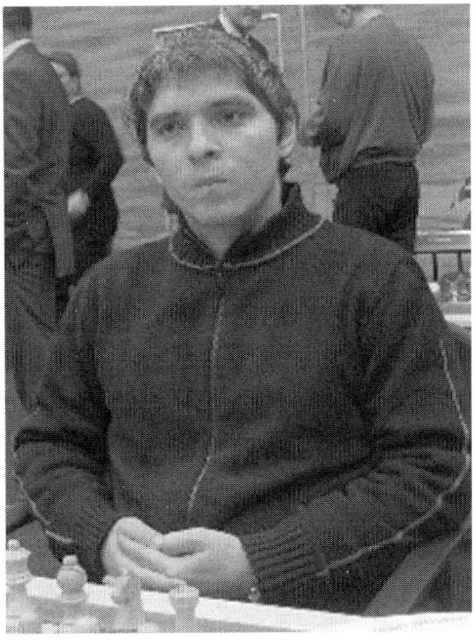

Lázaro Bruzón, geboren 1982 in Kuba, wurde als Jugendlicher intensiv gefördert und 1999 zum Großmeister ernannt. Im Jahr darauf wurde er Junioren-Weltmeister und hat als solcher mit der kubanischen Nationalmannschaft wiederholt an internationalen Turnieren und Schacholympiaden teilgenommen.

Diese Partie des erst 16-jährigen Wei Yi wurde unisono in den höchsten Tönen gelobt und ist in eine Reihe mit Partien von Morphy und Fischer gestellt worden. Den Titel „**Chinas Unsterbliche**“ hat sie also durchaus verdient.

1. e2-e4 c7-c5

2. Sg1-f3 ...

Wie sehen den offenen Sizilianer, ...

2. ... e7-e6

3. Sb1-c3 a7-a6

4. Lf1-e2 Sb8-c6

5. d2-d4 c5xd4

6. Sf3xd4 Dd8-c7

... in dem beide Seiten sich noch nicht so ganz in die Karten schauen lassen wollen, sich jedoch an der „Taimanow-Variante" orientieren.

7. 0-0 Sg8-f6

8. Lc1-e3 Lf8-e7

9. f2-f4 d7-d6

Nach einigen Zugumstellungen haben wir eine typische Stellung der „Scheveninger Variante" erreicht.

10. Kg1-h1 0-0

11. Dd1-e1 ...

Weiß deutet an, dass seine Figuren eher zum Königsflügel hintendieren, wo beispielsweise die Dame mit g3 liebäugelt.

11. ... Sc6xd4

12. Le3xd4 b7-b5

Schwarz hingegen – ganz sizilianisch – konzentriert sich auf den Damenflügel, insbesondere auf die b- und die c-Linie.

13. De1-g3 Lc8-b7

Das ist wie erwartet ...

14. a2-a3 ...

... und das stemmt sich gegen den weiteren Vormarsch des b-Bauern.

14. ... Ta8-d8

15. Ta1-e1 Td8-d7

16. Le2-d3 ...

Auch der zweite Läufer bringt sich in Richtung der schwarzen Königsstellung in Position.

16. ... Dc7-d8

Naheliegender wäre 16. ... Te8 gewesen.

17. Dg3-h3 ...

Weiß verschiebt seine Zielscheibe nach h7 und droht mit 18. e5 und Spiel gegen den Springer f6, der sich wegen der Mattdrohung auf h7 nicht bewegen darf. Dem setzt Schwarz den g-Bauern entgegen.

17. ... g7-g6

18. f4-f5 e6-e5

Weiß versucht natürlich, Linien zu öffnen, die Schwarz geschlossen halten will.

19. Ld4-e3 Tf8-e8

Auch das Läuferpaar verschiebt das Ziel weiter zum Flügel, und Schwarz macht dem König ein potentielles Fluchtfeld frei. Danach kann Weiß die erste Linie freiräumen.

20. f5xg6 h7xg6

21. Sc3-d5 ...

Und jetzt will er natürlich auch den Springer f6 vertreiben, der das Feld h7 bewacht.

21. ... Sf6xd5?

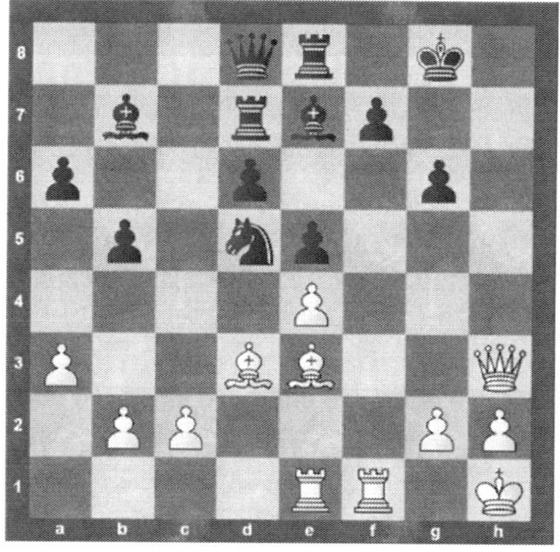

21. ... Lxd5 wäre besser gewesen. Jetzt hat die Dame freie Bahn nach h7, aber vorher kommt noch ein anderer Mitstreiter zu Wort.

22. Tf1xf7! ...

Was zunächst wie ein Bauernopfer aussah, wird nun zum Springeropfer, da Weß nicht zurückschlägt. Stattdessen gibt er noch einen Turm hinterher, um die zweite Linie zu öffnen und den König ins Freie zu zerren.

22. ... Kg8xf7

Andere Varianten, z.B. 22. ... Sf6 23. De6 Lf8 24. Te7+ führen zum schnellen Matt. Weiß wird den Schwarzen König Feld um Feld weiter auf das offene Brett lotsen.

23. Dh3-h7+ Kf7-e6

24. e4xd5+ Ke6xd5

25. Ld3-e4+! Kd5xe4

Der Läuferzug verhindert die Flucht des Königs in Richtung c6, und das Schlagen ist erzwungen; ein Rückzug nach e6 führt zum gewinnbringenden Angriff nach 26. Dxg6+ und auf 25. ... Kc4 käme 26. Df7+.

26. Dh7-f7 ...

Noch ein wunderbarer stiller Zug. Man hätte 26. Dxg6 erwartet, aber so droht Df3# – und diverse Abzugsschachs durch den Läufer wären auch tödlich.

26. ... Le7-f6

27. Le3-d2+ Ke4-d4

28. Ld2-e3+ Kd4-e4

29. Df7-b3! ...

Fast spiegelbildlich zur Situation nach dem 26. Zug droht jetzt 30. Dd3#.

29. ... Ke4-f5

30. Te1-f1+ Kf5-g4

31. Db3-d3 ...

Jetzt drohen empfindliche Schachs durch die Dame auf g6 und e2. Beide kann Schwarz nicht decken. Also gibt er noch ein paar „Racheschachs".

31. ... Lb7xg2+

32. Kh1xg2 Dd8-a8+

33. Kg2-g1 ...

Und das war´s schon: Weiß wird jetzt die Initiative zurückgewinnen und das Spiel zu Ende bringen.

33. ... Lf6-g5

34. Dd3-e2+ Kg4-h4

35. Le3-f2+ Kh4-h3

36. Lf2-e1

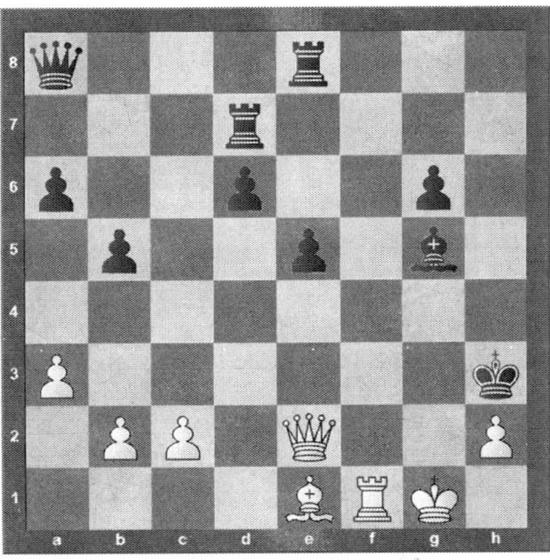

Den Schlusspunkt setzt wieder ein stiller Zug, der die Drohung 37. Tf3+ aufstellt, und danach wäre das Matt durch 38. Dg2# unabwendbar. Schwarz gibt auf.

Partie 62

Bai Jinchi – Ding Liren

(China, 2017)

Nimzowitsch-Indisch

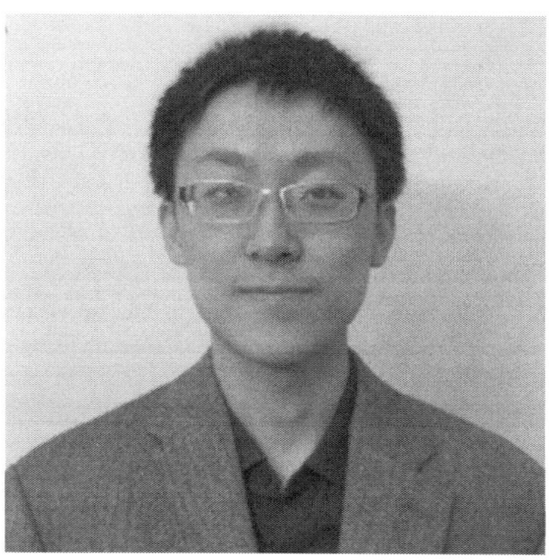

Bai Jinchi, geboren 1999 in Chinas Nordosten, gewann 2009 schon die U10-Weltmeisterschaft und gehört spätestens seit 2018 zu den chinesischen Top-Spielern. Als solcher hat er bis heute eine Reihe von internationalen Erfahrungen sammeln können.

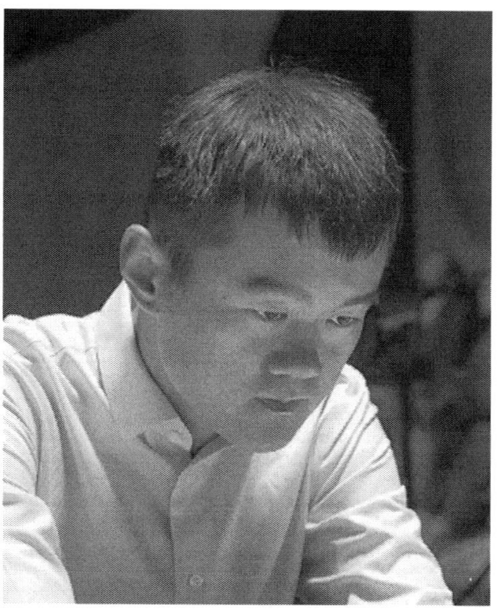

Ding Liren, geboren 1990 an der Ostküste Chinas, siegte schon als Kind bei chinesischen Wettkämpfen und errang als 17-Jähriger die letzte Großmeisternorm. Seit 2015 führt er unangefochten die chinesische Rangliste an und konnte 2022 am Kandidatenturnier teilnehmen. Dort wurde er Zweiter hinter Jan Nepomnjaschtschi. Da Carlsen auf eine Verteidigung des Titels verzichtete, spielten die beiden Erstplatzierten des Kandidatenturniers gegeneinander um den Titel, und diesen Wettbewerb konnte Ding Liren im Tie-break für sich entscheiden. Er ist 2024 der amtierende Weltmeister.

Diese Partie könnte auch „Chinas Unsterbliche" heissen, aber da der Titel schon vergeben ist (s. Partie 61), nennen wir sie „**Chinas Immergrüne**".

1. d2-d4 Sg8-f6

2. c2-c4 e7-e6

3. Sb1-c3 Lf8-b4

Ding Liren wählt die klassische Nimzowitsch-Indische Verteidigung und Bai Jinchi setzt mit der Drei-Springer-Variante fort.

4. Sg1-f3 0-0

5. Lc1-g5 c7-c5

6. e2-e3 c5xd4

7. Dd1xd4 Sb8-c6

8. Dd4-d3 ...

Das weiße Damenmanöver ist eher selten anzutreffen, und ein Fragezeichen wäre durchaus erlaubt. Jedenfalls kann Schwarz es für seine Entwicklung des Springers nutzen.

8. ... h7-h6

9. Lg5-h4 d7-d5

Damit steht Schwarz schon leicht besser: Er hat rochiert und ist im Zentrum etwas stärker vertreten.

10. Ta1-d1 g7-g5

Das beseitigt die Fesselung des Springers und zeigt, dass der Schwarze diesen im Zentrum einsetzen will, was jetzt auch ganz schnell geschieht.

11. Lh4-g3 Sf6-e4

12. Sf3-d2 ...

Das stellt sich dem gegnerischen Springer e4 entgegen und entfesselt den eigenen Springer auf c3.

12. ... Se4-c5

13. Dd3-c2 d5-d4!

Ein starker Zug, der den schwarzen Angriff deutlich vorantreibt. Einerseits ist er gegen den Springer c3 gerichtet und andererseits droht er die Öffnung der d-Linie an. Weiß kann den Bauern aber zunächst durch Abzug des Springers fesseln.

14. Sd2-f3 e6-e5

15. Sf3xe5 ...

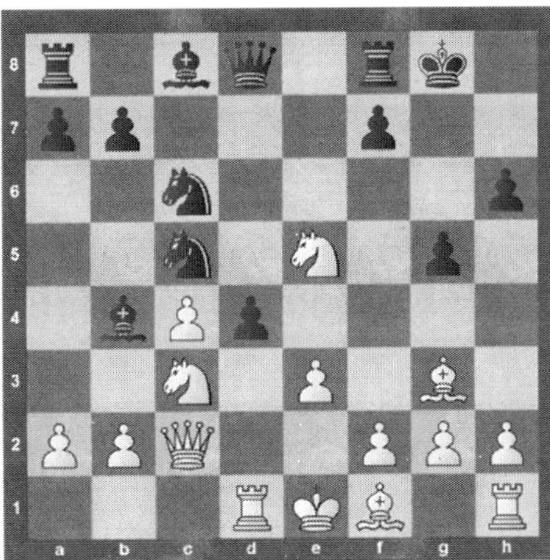

Vermutlich besser wäre 15. Lxe5 gewesen.

15. ... d4xc3!

Ein wunderbares Damenopfer!

16. Td1xd8 c3xb2+

17. Ke1-e2? ...

17. Td2 hätte ihm gute Aussichten auf eine erfolgreiche Verteidigung gegeben. So aber ist er verloren.

17. ... Tf8xd8

18. Dc2xb2 ...

Bai Jinchi ist bestimmt froh, den vorgerückten Bauern zu beseitigen, aber nun erhält Schwarz die Möglichkeit, die Jagd auf Dame und König zu eröffnen.

18. ...	**Sc5-a4**
19. Db2-c2	**Sa4-c3+**
20. Ke2-f3	**...**

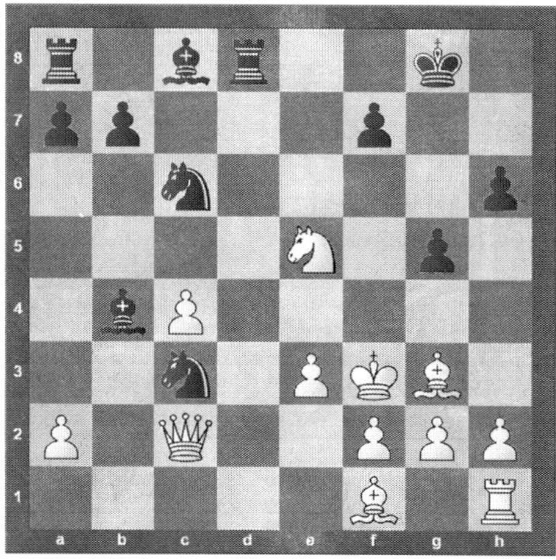

In dieser interessanten Stellung scheint intuitiv 20. ... g4+ die richtige Fortsetzung zu sein, aber Ding Liren findet etwas Besseres:

20. ...	**Td8-d4!**

Der Turm besetzt die 4. Reihe und verhindert die Königsflucht nach vorn. Außerdem droht 21. ... g4+ nebst Matt, und der Turm ist natürlich tabu, denn nach 21. exd4 folgt die königliche Springergabel 21. ... Sxd4+.

21. h2-h3	**h6-h5**

Weiß hat dem Läufer ein dringend benötigtes Schlupfloch geschaffen, aber Schwarz setzt den Angriff am Königsflügel massiv fort.

22. Lg3-h2	**g5-g4+**
23. Kf3-g3	**Td4-d2!**

Wieder ein starker und überraschender Zug, der bei Lichte betrachtet jedoch die einzig spielbare Fortsetzung des Schwarzen darstellt. 24. Dxd2 geht jetzt nicht wegen der Gabel 24. ... Se4+, d.h. Schwarz drängt die Dame ab, bedroht f2 und greift weiter an.

24. Dc2-b3	**Sc3-e4+**
25. Kg3-h4	**...**

Nach der Alternative 25. Kf4 treibt 25. Txf2+ den weißen König hinaus und in ein Mattnetz in der Brettmitte. So aber bleibt er am Rand.

25. ...	**Lb4-e7+**
26. Kh4xh5	**Kg8-g7**

Die zusätzliche Einbindung des Königs in den Angriff ist eine Pointe. Der Zug sorgt dafür, dass der Turm a8 hinüberschwenken kann, sobald auch der Läufer aus dem Weg ist.

27. Lh2-f4	**Lc8-f5**
28. Lf4-h6+	**Kg7-h7**
29. Db3xb7	**Td2xf2**
30. Lh6-g5	**...**

Das verhindert das tödliche 30. ... Sf6+, aber Schwarz hat noch eine andere Möglichkeit.

30. ...	**Ta8-h8**

Es droht Matt nach Abzug des Königs, und Weiß kann sich jetzt nicht mehr lange wehren.

31. Se5xf7	**Lf5-g6+**
32. Kh5xg4	**Sc6-e5+**

Weiß gibt auf, denn auf 33. Sxe5 folgt jetzt Matt in drei Zügen beginnend mit 33. ... Lf5+.

Partie 63

Aronjan – Kramnik

(Berlin, 2018)

Spanisch

Lewon Aronjan, s. Partie 60

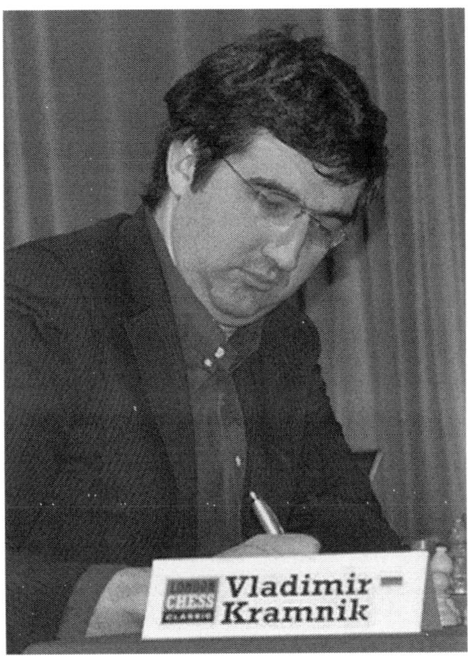

Wladimir Kramnik, geboren 1975 im russischen Tuapse, durchlief dort eine typische Schachkarriere: Als Kind entdeckt und in der Schachschule Botwinniks gefördert, wurde er U18-Jugendweltmeister und spielte sich in der Folge kontinuierlich an die Weltspitze, so dass er im Jahre 2000 zum Herausforderer des amtierenden Weltmeisters Kasparow wurde und diesen überraschenderweise relativ klar besiegte. Den Titel konnte er zweimal erfolgreich verteidigen, verlor ihn aber 2007 gegen Anand. Danach spielte er immer noch auf Weltklasseniveau und zog sich erst 2019 vom professionellen Schach zurück, auch weil er das Spiel durch den Einsatz von Computern und Software als gefährdet ansieht.

Diese spektakuläre Partie des Kandidatenturniers 2018 war eine der letzten von Kramnik und ein Meisterwerk. Hier spielt er zum wiederholten Mal eine alte Verteidigung, der er zu neuer Popularität verholfen hatte: Die „Berliner Verteidigung" in der Spanischen Partie.

1. e2-e4	**e7-e5**
2. Sg1-f3	**Sb8-c6**
3. Lf1-b5	**Sg8-f6**

Nach diesem Gegenangriff auf den Bauern e4 geht es üblicher Weise mit der Rochade weiter. So entsteht beispielsweise nach 4. 0-0 Sxe4 5. d4 Sd6 6. Lxc6 dxc6 7. dxe5 Sf5 8. Dxd8+ Kxd8 die berühmte „Berliner Mauer", an der sich Kasparow im WM-Kampf 2000 gegen Kramnik mehrfach die Zähne ausgebissen hatte. Vielleicht deswegen wählte Aronjan hier den „Anti-Berliner-Mauer"-Zug ...

4. d2-d3	**Lf8-c5**
5. Lb5xc6	**d7xc6**

Für die augenscheinlich geschwächte Bauernstruktur hat Schwarz als Gegenwert das Läuferpaar und gute Entwicklungsmöglichkeiten.

6. 0-0	**Dd8-e7**
7. h2-h3?!	**...**

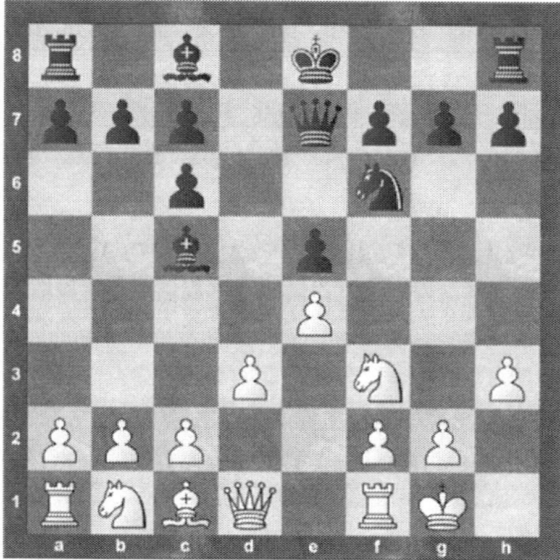

Das ist gegen das unangenehme 7. ... Lg4 gerichtet, aber es ist der erste Fehler von Aronjan, denn der Zug schwächt die weiße Königsstellung, und Kramnik nutzt das mit einem auf diesem Niveau bis dahin selten gesehen Zug:

7. ... Th8-g8!

Zwar war dieser Zug damals nicht etwa neu, aber doch ungewöhnlich. Die Absicht dahinter ist unmittelbar klar: Vorstoß des g-Bauern mit Angriff auf f3 und h3 sowie die Öffnung der g-Linie für den Turm. Es droht direkt 8. ... g5, da Weiß wegen 9. ... Lxh3 nebst 10. ... h6 nicht mit dem Läufer auf g5 schlagen könnte.

8. Kg1-h1 ...

Weiß bringt den König aus der Schusslinie, was ein direktes 9. ... g5 verhindert, aber Kramnik hat eine Alternative.

8. ... Sf6-h5!

Das droht erneut mit dem Vorstoß nach g5, weil der Bauer jetzt die Unterstützung der Dame auf e7 hätte. Außerdem kann der Springer von h5 aus f4 und g3 erreichen, was zusammen mit Dame auf der g- oder h-Linie sehr gefährlich wäre. Der Zug, bei dem es sich um eine Neuerung handelt, verhindert außerdem eine Entlastung mittels Le3, da darauf nun Abtausch und die Gabel auf g3 folgt.

9. c2-c3? ...

Aronjan sieht den Angriff am Königsflügel scheinbar gelassen. Besser wäre 9. Sc3 oder 9. d4 gewesen, aber er geht es etwas langsamer an, und in der Folge entfalten beide Seiten ihre Angriffsbemühungen parallel.

9. ... g7-g5

10. Sf3xe5 ...

Dieser Zug ist taktisch begründet durch den nun hängenden Springer h5, aber Kramnik verschmäht den damit ins Spiel gebrachten Abtausch.

10. ... g5-g4!

Ein Zug, so universell wie ein Schweizer Taschenmesser: Er schirmt den eigenen Springer ab und droht damit, den gegnerischen Springer auf e5 zu schlagen. Außerdem greift er den Bauern h3 an und macht der Dame den Weg frei nach h4. Natürlich scheitert 11. Sxg4 an 11. ... Lxg4 12. hxg4 Dh4+ 13. Kg1 Sg3 nebst matt, denn der Bauer f2 ist gefesselt.

11. d3-d4 ...

Auch ein Zug mit zwei Absichten: Der Springer wird verteidigt und der Läufer angegriffen. 11. ... gxh3 würde jetzt den Angriff zusammenbrechen lassen, aber Kramnik hat andere Optionen.

11. ... Lc5-d6

Drückt noch mal auf den Springer e5, der nach wie vor nicht auf g4 schlagen kann, denn es würde 12. ... Lxg4 und Matt in zwei Zügen folgen. Also deckt Aronjan mit seinem nächsten Zug einige neuralgische Punkte und stemmt sich so gegen die Öffnung der g-Linie.

12. g2-g3 Ld6xe5

13. d4xe5 De7xe5

Damit macht die Dame aus dem Zentrum heraus Druck gegen g3.

14. Dd1-d4 De5-e7

Aronjan bietet Damentausch an – vergebens. Kramnik verfolgt weiter seinen Königsangriff.

15. h3-h4 c6-c5

16. Dd4-c4? ...

Das ist der entscheidende Fehler: Weiß provoziert 16. ... Le6, um den Läufer von der langen Diagonalen fernzuhalten. Besser war laut Kramnik 16. Dd3 mit der Folge 16. ... Ld7 17. c4 0-0-0 18. c3 und Weiß kann die Diagonale bei Bedarf mit Sd5 stopfen. Allerdings steht Schwarz auch hier klar besser.

16. ... Lc8-e6

17. Dc4-b5+ c7-c6

Eine perfekte Antwort, die die Dame vertreibt und den Bauern b7 deckt.

18. Db5-a4 ...

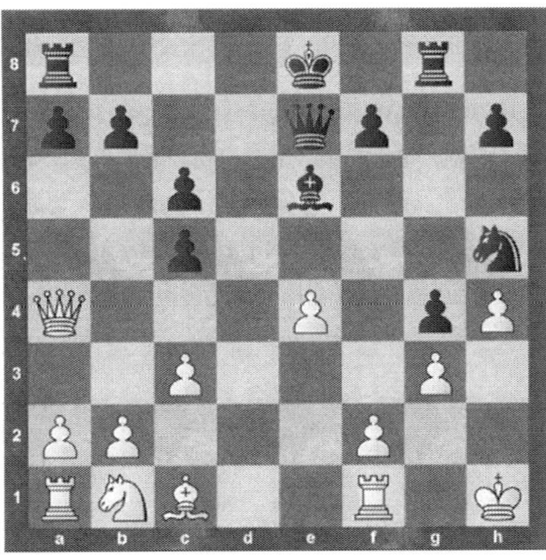

18. ... f7-f5!

Der Zug lag in der Luft und bringt jetzt den Durchbruch. Nach 19. exf5 käme 19. ... Sg3+ 20. fxg3 Ld5+ mit sicherem Matt. Wieder versucht Weiß den Gegenangriff.

19. Lc1-g5 Tg8xg5

Ein schönes und entscheidendes Qualitätsopfer.

20. h4xg5 f5-f4

Damit sind die beiden g-Bauern nicht mehr zu halten, sodass die Dame reumütig von ihrer Rundreise zurückeilt.

21. Da4-d1 Ta8-d8

22. Dd1-c1 f4xg3

23. fxg3 verbietet sich natürlich wegen der dann folgenden Springergabel auf g3, aber alles andere ist ebenfalls hoffnungslos.

23. Sb1-a3 Td8-d3

24. Tf1-d1 ...

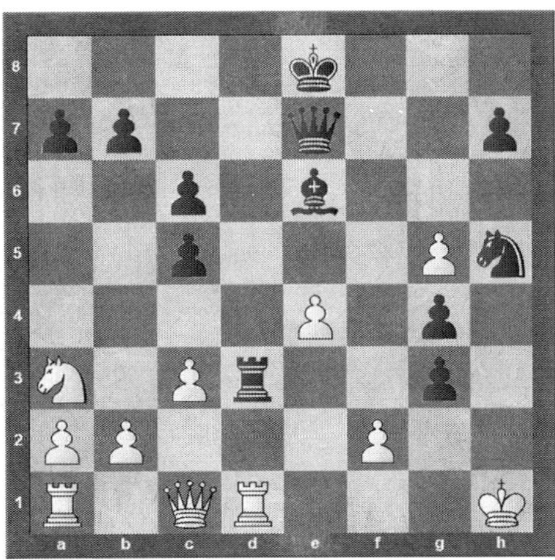

Ein letztes Bittgesuch um Abtausch, aber Kramnik hat wieder eine fantastische Ablehnung:

24. ... Le6-d5!

Er lässt nicht nur den Turm hängen, sondern bietet auch den Läufer an. Und jetzt gewinnt er zwingend: Auf 25. exd5 folgt 25. ... De4+ und das Matt ist ersichtlich. Komplexer ist es nach 25. Txd3. Dann kommt 25. ... Dxe4+ 26. f3 gxf3 27. Te3 f2 28. Txe4 Lxe4#, was ein wunderbares und seltenes Mattbild ergeben hätte. Genau das versucht Aronjan früh zu verhindern.

25. f2-f3	**g4xf3**
26. e4xd5	**De7-e2**
27. Td1-e1	**...**

Noch eine Fesselung, aber die kann Kramnik leicht umgehen.

27. ...	**g3-g2+**

Weiß gibt auf, denn nach 28. Kg1 f2+ oder 28. Kh2 g1+ wird er kurzzügig matt gesetzt.

Partie 64
Sulejmenow – Carlsen
(Katar, 2023)
Damenindisch

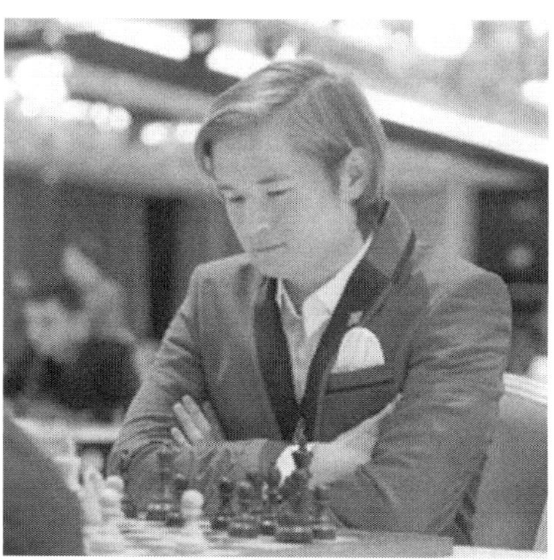

Alischer Sulejmenow, geboren 2000 in Kasachstan, ist in der Fachwelt durchaus schon bekannt geworden, u.a. durch seine Teilnahme am Schach-Welt-Cup 2023. „Berühmt" geworden ist er jedoch eigentlich nur durch diese Partie hier gegen den Ex-Weltmeister.

Magnus Carlsen, s. Partie 60

Diese Partie wurde bei einem Turnier in Katar gespielt. Für Carlsen war es seit fast 20 Jahren die erste Niederlage gegen einen Spieler vom Niveau Sulejmenows, gemessen an dessen ELO-Zahl von unter 2500. Aber es war eine Niederlage, die er vorbehaltlos sportlich anerkannte mit den Worten: „I was crushed."

1. d2-d4	**Sg8-f6**
2. c2-c4	**e7-e6**
3. Sg1-f3	**b7-b6**

Die Damenindische Verteidigung, in der man jetzt klassisch mit dem g-Bauern fortsetzen würde, aber die beiden bewegen sich in moderneren Bahnen: Weiß wählt die Petrosjan-Variante.

4. a2-a3 ...

Weiß plant Sc3 und will mit diesem Zug vorausschauend die dann mögliche Fesselung des Springers durch Lb4 verhindern.

4. ... Lc8-a6

Schwarz gibt ein Tempo dafür, die weiße Dame durch den Läuferangriff auf den Bauern c4 nach c2 zu locken, was auch gelingt. Das wird ihm nämlich c7-c5 erlauben, ohne das Weiß dann mit d4-d5 einfach vorbeiziehen kann.

5. Dd1-c2 La6-b7

6. Sb1-c3 c7-c5

7. e2-e4 ...

Jetzt hat Weiß das Zentrum vollständig in Besitz genommen und könnte 8. d5 spielen, was Schwarz durch Abtausch unterbindet.

7. ... c5xd4

8. Sf3xd4 Lf8-c5

9. Sd4-f3 ...

Dadurch hat Weiß ein Tempo verloren und Schwarz könnte jetzt mit 9. ... Sg4 fortsetzen und f2 angreifen, aber er entwickelt sich erst einmal ruhig weiter.

9. ... Sb8-c6

10. b2-b4 Lc5-e7

11. Lc1-b2 ...

Damit hat jetzt auch Schwarz ein Tempo verloren, und Weiß richtet seine Figuren Richtung Königsflügel aus.

11. ... Dd8-b8

Die Dame will das Feld e5 kontrollieren bzw. auf h2 zielen. Auf c7 wäre sie 12. Sb5 ausgesetzt, aber auf b8 wirkt sie wie in die Ecke gestellt.

12. Ta1-d1 0-0

13. Lf1-e2 ...

Weiß entwickelt sich ruhig weiter und bereitet die Rochade vor.

13. ... d7-d6

14. 0-0 Tf8-c8

Den Turm gegenüber der Dame zu platzieren, ist zwar ein beliebtes Motiv, aber die Stellung wirkt jetzt etwas gedrängt am Damenflügel. Vor allem der Springer c6 wirkt fehlplatziert, weil er die c-Linie blockiert. Auf d7 würde er eine deutlich bessere Figur machen.

15. Tf1-e1 Le7-f8

16. Le2-f1 Sc6-e7

Das schwarze Manöver hat den Sinn, den unglücklich platzierten Springer von c6 nach g6 zu bringen, was auch dem Läufer b7 und dem Turm c8 wieder Perspektiven eröffnet; dazu hätte er jedoch besser 16. ... Se5 gezogen.

17. Sc3-b5 ...

Weiß bedroht damit den Bauern d6 und den Springer auf f6. „Menschlich" betrachtet kann Schwarz beide Drohungen mit seinem nächsten Zug entkräften ...

17. ... Sf6-e8

... der Computer allerdings „weiß", dass nur 17. ... Sg6 Rettungschancen geboten hätte.

18. Sf3-g5 ...

Schwarz bewegt sich rückwärts und Weiß vorwärts. Der Springer g5 greift drei neuralgische Punkte in der schwarzen Stellung an, nämlich e6, f7 und h7; und nach einem nachfolgenden 19. e5 würde er auch Teil der Mattdrohung 20. Dxh7#. Der Versuch, ihn mit 18. .... h6 zu vertreiben, scheitert an 19. Sxf7! Kxf7 20. e5 mit starkem Angriff; und nach 18.

... g6 entscheidet die weiße Dame nach 19. Sxd6 Sxd6 mit 20. Dc3. Die schwarze Dame hingegen hat sich vollkommen abgemeldet.

18. ... Se7-g6

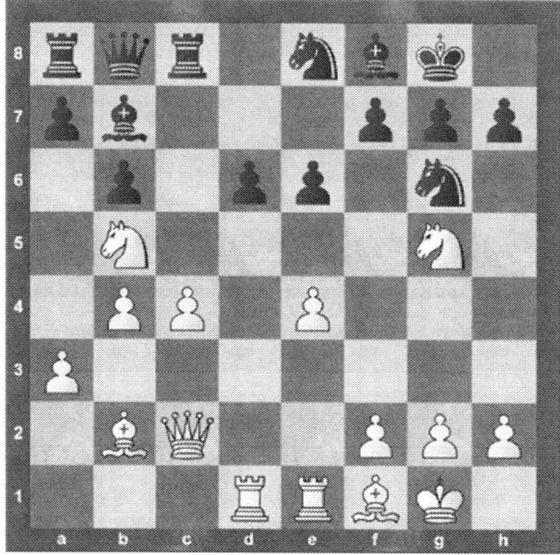

Damit hat Carlsen zwar das wichtigste Feld h7 abgeschirmt, aber die Stellung ist schon verloren. Sulejmenow nimmt sie mit einem wahren Kraftzug auseinander:

19. e4-e5! ...

Der Bauer ist tabu, denn z.B. nach 19. ... dxe5 kommt 20. Lxe5 mit empfindlichem und materiell gewinnendem Angriff auf die eingesperrte Dame; und 19. ... Sxe5 würde natürlich mit 20. Dh7# bestraft.

19. ... d6-d5

20. Dc2-b3 Lf8-e7

Schwarz aktiviert seine Figuren, aber es hilft nichts mehr. Jetzt öffnet Weiß die Schleusen mit einem schönen, wenn auch erwartbaren, Springeropfer.

21. Sg5xf7 Kg8xf7

22. c4xd5 Lb7xd5

23. Td1xd5 e6xd5

Weiß opfert nach dem Springer noch die Qualität, also insgesamt bereits einen Turm, um die Dame zentral zu positionieren, wo sie eine tödliche Wirkung erzielen kann.

24. Db3xd5+ Kf7-f8

25. Sb5-d4 ...

Nach dem drohenden 26. Se6+ wäre das Abzugsschach verheerend. Dies kann Carlsen auf zwei Arten verhindern, die ihn aber beide nicht mehr retten: Einerseits mit 25. ... Sc7, aber dann entscheidet 26. Df3+ Ke8 nebst 27. Lc4+ oder 26. ... Kg7 27. Sc6+, und andererseits mit ...

25. ... Sg6-f4

26. Dd5-f3 Kf8-g8

27. Df3xf4 Db8-b7

Carlsen hatte die Dame früh in die Ecke gestellt und kann sie erst jetzt – zu spät – aktivieren.

28. Sd4-f5 ...

Droht mit 29. Lc4+ oder auch 29. La6 gefolgt von 30. Sxe7+. Also schiebt Schwarz den b-Bauern dazwischen.

28. ... b6-b5

Aber Weiß kann jetzt durchziehen.

29. Lf1xb5 ...

Der Läufer ist tabu, denn auf 29. ... Dxb5 folgt 30. Sxe7+ nebst Matt.

29. ... Le7-f8

30. Lb5-c4+ Kg8-h8

31. Sf5-h6

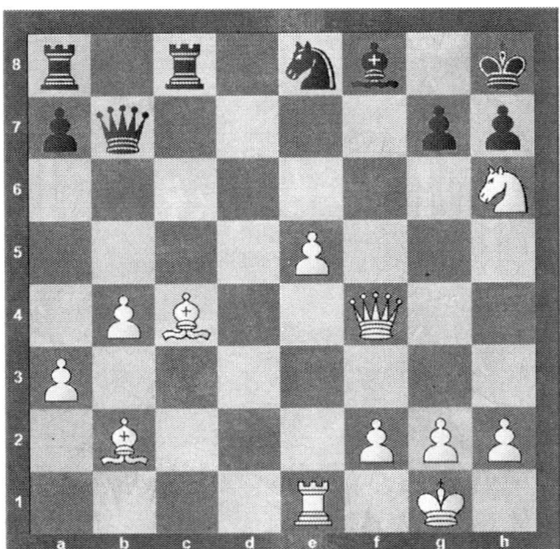

Es droht 32. Dxf8#, was am ehesten durch 31. ... De7 verhindert werden könnte, aber dann würde nach 32. Sf7+ Kg8 das Abzugsschach 33. Sd6+ oder 33. Lb3 entscheiden. Nett anzuschauen wäre 31. ... Le7 32. Df7 Sc7 33. Dg8+ Txg8 34. Sf7#. Aber das will Schwarz nicht mehr sehen und gibt auf.

Nachwort

Zurückkommend auf das Vorwort wiederholen wir am Schluss die Frage, ob und inwieweit es heute noch Sinn macht, ein Schachbuch zu schreiben.

Wer hier zweifelt, wird – zu Recht – fragen, ob es denn nicht reicht, dass das gesammelte Schachwissen in mehr oder weniger frei verfügbaren Datenbanken abgelegt ist. Und was für uns als Autoren erschwerend hinzu kommt, ist die Tatsache, dass die klassische Schachliteratur eh schon überwältigend ist: Man schätzt, dass es an die 500.000 Schachbücher gibt; und denen haben wir jetzt noch eines hinzugefügt! Und das nicht etwa, weil wir meinen, dass es bei einer halben Million Exemplaren auf eines mehr oder weniger auch nicht mehr ankommt, sondern weil wir bei der Ansicht bleiben, dass eine gute Schachpartie ein Genussmittel ist, und dass der Genuss sich am ehesten einstellt, wenn man die Partien an einem wirklichen Brett und mittels der Bewegung echter Figuren nachspielt. Und dazu passt ein Buch besser als ein Bildschirm – jedenfalls, wenn das Buch in einer genießbaren Form daherkommt, d.h. mit les- und nachvollziehbaren Kommentaren statt mit weit verästelten Analysen, in denen man leicht vor lauter Zügen die Partie nicht mehr sieht, bzw. den Blick auf das Wesentliche verliert.

Denn das Wesentliche ist und bleibt die gespielte Partie, so wie die beiden Kontrahenten sie geschaffen haben. Wir wollten hier einige der schönsten und besten schachlichen Kreationen zusammenstellen, wohl wissend, dass unsere Auswahl – wie jede andere auch – rein subjektiv bleiben muss, und dass es noch sehr, sehr viele andere Partien gibt, die man hier nicht findet, aber durchaus hätte finden können. Vielleicht werden wir diese in zukünftigen Büchern dieser Art antreffen.

Unser Anspruch war es also, in Form und Inhalt die Schachliteratur ein wenig zu bereichern, indem wir dem einigermaßen fortgeschrittenen Schachenthusiasten eine direkt nachspielbare Sammlung von 64 unsterblichen Partien anbieten. Wir hoffen, dem gerecht geworden zu sein.

Last but not least, danken wir sehr herzlich unserem Korrekturleser **Lothar Nikolaiczuk** für die vielen wertvollen Hinweise und Anregungen; und ein ganz besonderer Dank geht an unseren Freund und Kollegen **Thomas Lengfeld**, der uns durch die Erstellung der Diagramme tatkräftig unterstützt hat.

Und natürlich gebührt unser Dank auch dem Beyer Verlag, der früh an das Projekt geglaubt und damit dessen Umsetzung ermöglicht hat.

Roland Voggenauer

Carsten Peters

Register

Die Zahlen stehen jeweils für die Nummer der Partie.

Unterstreichung, z.B. 7, heißt Partie 7 endet mit Sieg für Schwarz.

Das sind etwa 40% der Partien.

A – Spieler / Partien

B – Eröffnungen / Partien

C – Bildnachweise und -quellen

Kapitel 1

Café de la Régence
https://www.europe-echecs.com/art/1856-la-regence-2-6339.html

Damiano
Fibe101 (https://commons.wikimedia.org/wiki/File:Damiano_de_Odemira.jpg), https://creativecommons.org/licenses/by-sa/4.0/legalcode

Ruy López, Giovanni Bona
Luigi Mussini artist QS:P170,Q304383 (https://commons.wikimedia.org/wiki/File:Luigi_Mussini-_Leonardo_da_Cutro_e_Ruy_Lopez_giocano_a_scacchi_alla_corte_di_Spagna.jpg), „Luigi Mussini- Leonardo da Cutro e Ruy Lopez giocano a scacchi alla corte di Spagna", als gemeinfrei gekennzeichnet, Details auf Wikimedia Commons: https://commons.wikimedia.org/wiki/Template:PD-old

Greco
Gioachino Greco (https://commons.wikimedia.org/wiki/File:Greco_book.jpg), „Greco book", als gemeinfrei gekennzeichnet, Details auf Wikimedia Commons: https://commons.wikimedia.org/wiki/Template:PD-old

Legall
https://www.chessgames.com/perl/chessplayer?pid=77039

Bowdler
https://www.wikiwand.com/en/The_Family_Shakespeare

Conway
William Hoare artist QS:P170,Q1983389 (https://commons.wikimedia.org/wiki/File:Hon._Henry_Seymour_Conway.jpg), „Hon. Henry Seymour Conway", als gemeinfrei gekennzeichnet, Details auf Wikimedia Commons: https://commons.wikimedia.org/wiki/Template:PD-old

Philidor
Jules Porreau creator QS:P170,Q3188856 (https://commons.wikimedia.org/wiki/File:François-André_Philidor_(1726-1795).jpg), „François-André Philidor (1726-1795)", als gemeinfrei gekennzeichnet, Details auf Wikimedia Commons: https://commons.wikimedia.org/wiki/Template:PD-old

Kapitel 2

Zeitungsbild mit Morphy
https://www.chesshistory.com/winter/pics/cn3889_morphy4.jpg

McDonnell
https://musichess.com/project/alexander-mcdonell-1798-1835/

La Bourdonnais
The original uploader was Jaapvanderkooij at Dutch Wikipedia. (https://commons.wikimedia.org/wiki/File:Louisdelabourdonnais.jpg), „Louisdelabourdonnais“, als gemeinfrei gekennzeichnet, Details auf Wikimedia Commons: https://commons.wikimedia.org/wiki/Template:PD-old

Petrow
Gezeichnet von P. F. Borel, graviert von L. A. Seryakov
https://de.wikipedia.org/wiki/Alexander_Dmitrijewitsch_Petrow, als gemeinfrei gekennzeichnet, Details auf Wikimedia Commons:
https://commons.wikimedia.org/wiki/Template:PD-old

Anderssen
The original uploader was Stefan64 at German Wikipedia. (https://commons.wikimedia.org/wiki/File:Anderssen.jpeg), „Anderssen“, als gemeinfrei gekennzeichnet, Details auf Wikimedia Commons: https://commons.wikimedia.org/wiki/Template:PD-old

Kieseritzky
anonym (https://commons.wikimedia.org/wiki/File:Kieseritzky.jpg), „Kieseritzky“, als gemeinfrei gekennzeichnet, Details auf Wikimedia Commons:
https://commons.wikimedia.org/wiki/Template:PD-old

Dufresne
The original uploader was Samson1964 at German Wikipedia. (Original text: unbekannt) (https://commons.wikimedia.org/wiki/File:Dufresne_jean.jpg), „Dufresne jean“, als gemeinfrei gekennzeichnet, Details auf Wikimedia Commons: https://commons.wikimedia.org/wiki/Template:PD-old

Paulsen
https://www.chessgames.com/player/louis_paulsen.html

Morphy
anonym (https://commons.wikimedia.org/wiki/File:Paul_Morphy_standing_New_York_1859.jpg), „Paul Morphy standing New York 1859“, als gemeinfrei gekennzeichnet, Details auf Wikimedia Commons: https://commons.wikimedia.org/wiki/Template:PD-US

Opernpartie
https://www.chesshistory.com/winter/extra/morphy.html

Lange
anonym (https://commons.wikimedia.org/wiki/File:Maxlange.jpg), „Maxlange“, als gemeinfrei gekennzeichnet, Details auf Wikimedia Commons:
https://commons.wikimedia.org/wiki/Template:PD-old

Steinitz
Unknown author (https://commons.wikimedia.org/wiki/File:Wilhelm_Steinitz2.jpg), „Wilhelm Steinitz2“, als gemeinfrei gekennzeichnet, Details auf Wikimedia Commons:
https://commons.wikimedia.org/wiki/Template:PD-old

Mongredien
http://www.bidmonfa.com/mongredien_a.htm

Hamppe
https://www.chessgames.com/perl/chessplayer?pid=27380

Meitner
https://www.chessgames.com/player/philipp_meitner.html

Knorre
Unknown photographer (https://commons.wikimedia.org/wiki/File:Victor_Knorre.jpg), „Victor Knorre“, als gemeinfrei gekennzeichnet, Details auf Wikimedia Commons: https://commons.wikimedia.org/wiki/Template:PD-old

Tschigorin
The original uploader was Miastko at German Wikipedia. (https://commons.wikimedia.org/wiki/File:Tschigorin.jpg), „Tschigorin“, als gemeinfrei gekennzeichnet, Details auf Wikimedia Commons: https://commons.wikimedia.org/wiki/Template:PD-old

Zukertort
The original uploader was Miastko at German Wikipedia. (https://commons.wikimedia.org/wiki/File:Zukertort.jpg), „Zukertort“, als gemeinfrei gekennzeichnet, Details auf Wikimedia Commons: https://commons.wikimedia.org/wiki/Template:PD-old

Blackburne
anonym (https://commons.wikimedia.org/wiki/File:Blackburne.jpg), „Blackburne“, als gemeinfrei gekennzeichnet, Details auf Wikimedia Commons: https://commons.wikimedia.org/wiki/Template:PD-old

Lasker
Trans-Ocean News Service (https://commons.wikimedia.org/wiki/File:Emanuel_Lasker.jpg), „Emanuel Lasker“, https://creativecommons.org/licenses/by/3.0/legalcode

Bauer
https://www.chess.com/blog/simaginfan/lasker-and-bauer-two-beautiful-lines-in-chess-history

Tarrasch
anonym (https://commons.wikimedia.org/wiki/File:Dr._Siegbert_Tarrasch.jpg), „Dr. Siegbert Tarrasch“, als gemeinfrei gekennzeichnet, Details auf Wikimedia Commons: https://commons.wikimedia.org/wiki/Template:PD-old

Marco
anonym (https://commons.wikimedia.org/wiki/File:Georg_Marco.jpg), „Georg Marco“, als gemeinfrei gekennzeichnet, Details auf Wikimedia Commons: https://commons.wikimedia.org/wiki/Template:PD-old

Bardeleben
anonym (https://commons.wikimedia.org/wiki/File:Bardeleben.jpg), „Bardeleben“, als gemeinfrei gekennzeichnet, Details auf Wikimedia Commons: https://commons.wikimedia.org/wiki/Template:PD-old

Pillsbury
https://de.chessbase.com/post/genie-und-wahnsinn-des-henry-nelson-pillsbury

Kapitel 3

Picasso
https://www.metmuseum.org/art/collection/search/500444

Rotlewi
https://www.chess.com/blog/introuble2/georg-rotlewi

Rubinstein
https://www.chess.com/de/players/akiba-rubinstein

Réti
anonym (https://commons.wikimedia.org/wiki/File:RichardReti.jpg), „RichardReti", als gemeinfrei gekennzeichnet, Details auf Wikimedia Commons: https://commons.wikimedia.org/wiki/Template:PD-old

Tartakower
anonym (https://commons.wikimedia.org/wiki/File:Ksawery_Tartakower.jpg), „Ksawery Tartakower", als gemeinfrei gekennzeichnet, Details auf Wikimedia Commons: https://commons.wikimedia.org/wiki/Template:PD-old

Schlage
https://www.chessgames.com/player/willi_schlage.html

2001 Odyssee im Weltraum
Marmolejo1489 (https://commons.wikimedia.org/wiki/File:2001_A_Space_Odyssey_movie_black_logo.png), „2001 A Space Odyssey movie black logo", https://creativecommons.org/publicdomain/zero/1.0/legalcode

Capablanca
Unknown author (https://commons.wikimedia.org/wiki/File:José_Raúl_Capablanca_young_cr.jpg), „José Raúl Capablanca young cr", als gemeinfrei gekennzeichnet, Details auf Wikimedia Commons: https://commons.wikimedia.org/wiki/Template:PD-anon-1923

Bernstein
Jack de Nijs for Anefo (https://commons.wikimedia.org/wiki/File:Ossip_Bernstein_(1961).jpg), „Ossip Bernstein (1961)", https://creativecommons.org/licenses/by-sa/3.0/nl/deed.en

Lewitski
Unknown author (https://commons.wikimedia.org/wiki/File:Stepan_Levitskij_1913.jpg), „Stepan Levitskij 1913", als gemeinfrei gekennzeichnet, Details auf Wikimedia Commons: https://commons.wikimedia.org/wiki/Template:PD-old

Marshall
Oxford and Dilhoff (https://commons.wikimedia.org/wiki/File:Frank_Marshall_(chess_player).jpg), „Frank Marshall (chess player)", als gemeinfrei gekennzeichnet, Details auf Wikimedia Commons: https://commons.wikimedia.org/wiki/Template:PD-old

Lasker Ed.
Unknown (Bain News Service, publisher) (https://commons.wikimedia.org/wiki/File:Edward_Lasker.jpg), „Edward Lasker", als gemeinfrei gekennzeichnet, Details auf Wikimedia Commons: https://commons.wikimedia.org/wiki/Template:PD-US

Thomas
https://www.chessgames.com/player/george_alan_thomas

Bogoljubow
Unknown author (https://commons.wikimedia.org/wiki/File:Efim_Bogoljubov.jpg), „Efim Bogoljubov", als gemeinfrei gekennzeichnet, Details auf Wikimedia Commons: https://commons.wikimedia.org/wiki/Template:PD-Russia

Aljechin
Alexandre_Alekhine_01.jpg: George Grantham Bain Collection (Library of Congress) derivative work: JesusAngelRey (talk) (https://commons.wikimedia.org/wiki/File:Alexandre_Alekhine_Color.jpg), „Alexandre Alekhine Color", als gemeinfrei gekennzeichnet, Details auf Wikimedia Commons: https://commons.wikimedia.org/wiki/Template:PD-US

Sämisch
https://www.chess-international.com/?p=44790

Nimzowitsch
Not mentioned (https://commons.wikimedia.org/wiki/File:Aron_Nimzowitsch.jpg), „Aron Nimzowitsch", als gemeinfrei gekennzeichnet, Details auf Wikimedia Commons: https://commons.wikimedia.org/wiki/Template:PD-old

Najdorf
Bert Verhoeff / Anefo (https://commons.wikimedia.org/wiki/File:Hoogoven-schaaktoernooi_Wijk_aan_Zee,_nummer_7_Najdorf;_Bestanddeelnr_926-1759.jpg), „Hoogoven-schaaktoernooi Wijk aan Zee, nummer 7 Najdorf; Bestanddeelnr 926-1759", https://creativecommons.org/publicdomain/zero/1.0/legalcode

Kashdan
https://en.wikipedia.org/wiki/Isaac_Kashdan

Canal
https://www.chessgames.com/player/esteban_canal.html

Menchik
M. Kalezic (https://commons.wikimedia.org/wiki/File:Vera_Menchik_2001_Yugoslavia_stamp.jpg), „Vera Menchik 2001 Yugoslavia stamp", als gemeinfrei gekennzeichnet, Details auf Wikimedia Commons: https://commons.wikimedia.org/wiki/Template:PD-SCGGov

Graf
Unknown author (https://commons.wikimedia.org/wiki/File:SonjaGraf1934.jpg), „SonjaGraf1934", als gemeinfrei gekennzeichnet, Details auf Wikimedia Commons: https://commons.wikimedia.org/wiki/Template:PD-anon-70

Botwinnik
Harry Pot creator QS:P170,Q27877051Anefo (https://commons.wikimedia.org/wiki/File:Mikhail_Botvinnik_1962.jpg), „Mikhail Botvinnik 1962", https://creativecommons.org/licenses/by-sa/3.0/nl/deed.en

Cabral
https://www.chessgames.com/perl/chessplayer?pid=13581

Kapitel 4

Buchcover
https://www.amazon.com/Fischer-Spassky-Times-Report-Century/dp/B001HY1750

Geller
Peters, Hans / Anefo (https://commons.wikimedia.org/wiki/File:Efim_Geller_1973.jpg), „Efim Geller 1973", https://creativecommons.org/licenses/by-sa/3.0/nl/deed.en

Euwe
Harry Pot creator QS:P170,Q27877051Anefo (https://commons.wikimedia.org/wiki/File:Max_Euwe_1963.jpg), „Max Euwe 1963", https://creativecommons.org/licenses/by-sa/3.0/nl/deed.en

Byrne
https://worldchesshof.org/hof-inductee/donald-byrne

Fischer
https://worldchesshof.org/hof-inductee/robert-bobby-james-fischer

Reshevsky
https://www.britannica.com/biography/Samuel-Herman-Reshevsky

Polugajewski
https://www.chessgames.com/player/lev_polugaevsky.html.*

Neschmetdinow
https://www.chess.com/blog/Spektrowski/why-rashid-nezhmetdinov-never-became-a-grandmaster

Spasski
Rob Croes / Anefo (https://commons.wikimedia.org/wiki/File:Eerste_ronde_IBM-schaaktoernooi,_Boris_Spasski,_Bestanddeelnr_926-5521.jpg), „Eerste ronde IBM-schaaktoernooi, Boris Spasski, Bestanddeelnr 926-5521", https://creativecommons.org/publicdomain/zero/1.0/legalcode

Bronstein
Joop van Bilsen / Anefo (https://commons.wikimedia.org/wiki/File:David_Bronstein_in_1954.jpg), „David Bronstein in 1954", https://creativecommons.org/publicdomain/zero/1.0/legalcode

Tal
Croes, Rob C. for Anefo (https://commons.wikimedia.org/wiki/File:Mikhail_Tal_1982.jpg), „Mikhail Tal 1982", https://creativecommons.org/licenses/by-sa/3.0/nl/deed.en

Hecht
Stefan64 (https://commons.wikimedia.org/wiki/File:Hajo_Hecht.jpg), „Hajo Hecht", https://creativecommons.org/licenses/by-sa/3.0/legalcode

Cholmow
https://de.chessbase.com/post/ratmir-kholmov-1925-2006-

Larsen
Hans Peters / Anefo (https://commons.wikimedia.org/wiki/File:De_Deen_Larsen,_Bestanddeelnr_929-0503.jpg), „De Deen Larsen, Bestanddeelnr 929-0503", https://creativecommons.org/publicdomain/zero/1.0/legalcode

Bagirow
Jack de Nijs for Anefo (https://commons.wikimedia.org/wiki/File:Vladimir_Bagirov_(1965).jpg), „Vladimir Bagirov (1965)", https://creativecommons.org/publicdomain/zero/1.0/legalcode

Gufeld
Gennadiy Titkov (https://commons.wikimedia.org/wiki/File:Gufeldweb.jpg), „Gufeldweb", https://creativecommons.org/licenses/by-sa/3.0/legalcode

Gaprindaschwili
Jack de Nijs for Anefo / Anefo (https://commons.wikimedia.org/wiki/File:Wereldkampioene_schaken_de_Russin_Nona_Geprindasjwili_op_Schiphol_(kop),_Bestanddeelnr_914-7094_(cropped).jpg), „Wereldkampioene schaken de Russin Nona Geprindasjwili op Schiphol (kop), Bestanddeelnr 914-7094 (cropped)", https://creativecommons.org/publicdomain/zero/1.0/legalcode

Liu Wenzhe
https://alchetron.com/Liu-Wenzhe

Donner
Bert Verhoeff for Anefo (https://commons.wikimedia.org/wiki/File:Jan_Hein_Donner_1978.jpg), „Jan Hein Donner 1978", https://creativecommons.org/publicdomain/zero/1.0/legalcode

Portisch
Eric Koch for Anefo (https://commons.wikimedia.org/wiki/File:Lajos_Portisch_1968color.jpg), „Lajos Portisch 1968color", https://creativecommons.org/publicdomain/zero/1.0/legalcode

Pinter
GFHund (https://commons.wikimedia.org/wiki/File:Pinter,Jozsef_1998_Recklinghausen.jpeg), https://creativecommons.org/licenses/by-sa/4.0/legalcode

Karpow
https://de.chessbase.com/post/70-jahre-anatoly-karpov

Kasparow
Copyright 2007, S.M.S.I., Inc. – Owen Williams, The Kasparov Agency. (https://commons.wikimedia.org/wiki/File:Kasparov-34.jpg), „Kasparov-34", https://creativecommons.org/licenses/by-sa/3.0/legalcode

Wladimirow
https://www.chessgames.com/perl/chessplayer?pid=15815

Iwantschuk
GibChess (https://commons.wikimedia.org/wiki/File:Vasyl_Ivanchuk,_January_2018.jpg), „Vasyl Ivanchuk, January 2018", https://creativecommons.org/licenses/by/3.0/legalcode

Jussupow
Rob Croes for Anefo (https://commons.wikimedia.org/wiki/File:Portret_van_Artur_Joesoepov_bij_aanvang_van_de_kandidatenmatch_in_Tilburg,_Bestanddeelnr_933-5372.jpg), „Portret van Artur Joesoepov bij aanvang van de kandidatenmatch in Tilburg, Bestanddeelnr 933-5372", https://creativecommons.org/publicdomain/zero/1.0/legalcode

Short
This photo was taken by Przemek Jahr / Wikimedia Commons (https://commons.wikimedia.org/wiki/File:Nigel_Short_2013.jpg), „Nigel Short 2013", https://creativecommons.org/licenses/by-sa/3.0/legalcode

Timman
https://www.chess.com/players/jan-timman

Deep Blue
James the photographer (https://commons.wikimedia.org/wiki/File:Deep_Blue.jpg), „Deep Blue", https://creativecommons.org/licenses/by/2.0/legalcode

Kapitel 5

Schachtürke
Joseph Racknitz (https://commons.wikimedia.org/wiki/File:Racknitz_-_The_Turk_3.jpg), „Racknitz – The Turk 3", als gemeinfrei gekennzeichnet, Details auf Wikimedia Commons: https://commons.wikimedia.org/wiki/Template:PD-old

Topalow
Stefan64 (https://commons.wikimedia.org/wiki/File:VeselinTopalov12a.jpg), „VeselinTopalov12a", https://creativecommons.org/licenses/by-sa/3.0/legalcode

Polgar
Stefan64 (https://commons.wikimedia.org/wiki/File:Judit_Polgar.jpg), „Judit Polgar", https://creativecommons.org/licenses/by-sa/3.0/legalcode

Berkes
This photo was taken by Krzysztof Szelag / Wikimedia Commons (https://commons.wikimedia.org/wiki/File:2021-Ferenc-Berkes.JPG), https://creativecommons.org/licenses/by-sa/4.0/legalcode

Aronjan
Sarah Hund (https://commons.wikimedia.org/wiki/File:Aronian,Levon_2012_Istanbul.jpg), „Aronian,Levon 2012 Istanbul", https://creativecommons.org/licenses/by-sa/3.0/legalcode

Anand
Stefan64 (https://commons.wikimedia.org/wiki/File:VishyAnand09.jpg), „VishyAnand09", https://creativecommons.org/licenses/by-sa/3.0/legalcode

Carlsen
Andreas Kontokanis from Piraeus, Greece (https://commons.wikimedia.org/wiki/File:Carlsen_Magnus_(30238051906).jpg), „Carlsen Magnus (30238051906)", https://creativecommons.org/licenses/by-sa/2.0/legalcode

Gelfand
No machine-readable author provided. Stefan64 assumed (based on copyright claims). (https://commons.wikimedia.org/wiki/File:Boris_Gelfand.jpg), „Boris Gelfand", https://creativecommons.org/licenses/by-sa/3.0/legalcode

Wei Yi
Stefan64 (https://commons.wikimedia.org/wiki/File:WeiYi17a.jpg), https://creativecommons.org/licenses/by-sa/4.0/legalcode

Bruzón
Stefan64 (https://commons.wikimedia.org/wiki/File:LazaroBruzon12.jpg), „LazaroBruzon12", https://creativecommons.org/licenses/by-sa/3.0/legalcode

Register

Bai Jinchi
https://www.chess.com/players/bai-jinshi

Ding Liren
Frans Peeters (https://commons.wikimedia.org/wiki/File:Ding_Liren_in_2023_(cropped).jpg), „Ding Liren in 2023 (cropped)“, https://creativecommons.org/licenses/by-sa/2.0/legalcode

Kramnik
PaweB□Grochowalski (https://commons.wikimedia.org/wiki/File:London_Chess_Classic_2010_Kramnik_04.jpg), „London Chess Classic 2010 Kramnik 04“, https://creativecommons.org/licenses/by-sa/3.0/legalcode

Sulejmenow
https://www.chess.com/players/alisher-suleymenov